2021

Training

Abschlussprüfung

Realschule Niedersachsen

Mathematik

Bildnachweis
S. VI: Foto: Wolfgang Matschke, Marc Möllers
S. 1: © JoeGough / Dreamstime.com
S. 13: © Olga Vasilkova / Dreamstime.com
S. 14: © Raddiscount
S. 15: Fernseher: © Neckermann; Bücher: © Andrzej Tokarski / Dreamstime.com
S. 16: Sparschwein: © PhotoCase.com; Urlaub: © Marie Jeanne Iliescu / www.sxc.hu
S. 34: © soupstock / FOTOLIA
S. 37: © PhotoCase.com
S. 62: © BMW Group
S. 63: Foto: Redaktion
S. 68: © Philippe Ramakers / www.sxc.hu
S. 110: © Stephen Bazely / www.sxc.hu
S. 112: © Alex Flint / PhotoCase.com
S. 117: © Fabrizio Turco / www.sxc.hu
S. 124: © NASA / Visipix.com
S. 145: © Florea Marius Catalin / FOTOLIA
S. 151: © NASA / Visipix.com

16. ergänzte Auflage
www.stark-verlag.de

Inhalt

Das Corona-Virus hat im vergangenen Schuljahr auch die Prüfungsabläufe durcheinandergebracht und manches verzögert. Daher ist die Prüfung 2020 in diesem Jahr nicht im Buch abgedruckt, sondern erscheint in digitaler Form. Sobald die Original-Prüfungsaufgaben 2020 zur Veröffentlichung freigegeben sind, können sie als PDF auf der Plattform **MyStark** heruntergeladen werden (Zugangscode vgl. vorne im Buch).

Dieses Buch ist in zwei Versionen erhältlich: mit und ohne ActiveBook. Hast du die Ausgabe **mit ActiveBook (31500ML)** erworben, kannst du mit dem **Interaktiven Training** online mit vielen zusätzlichen interaktiven Aufgaben zu allen prüfungsrelevanten Kompetenzbereichen trainieren.

Die **interaktiven Aufgaben** sind im Buch mit diesem Button gekennzeichnet. Am besten gleich ausprobieren! 

Ausführliche Infos inkl. Zugangscode findest du in der Ausgabe mit ActiveBook auf den **Farbseiten** vorne in diesem Buch.

Autorin und Autoren:
Jan-Hinnerk Ahlers, Ursula Hollen, Olaf Klärner, Wolfgang Matschke, Marc Möllers, Dietmar Steiner, Henner Striedelmeyer

Vorwort

Liebe Schülerin, lieber Schüler,

mit dem vorliegenden Buch kannst du dich langfristig und nachhaltig auf die zentrale Prüfung zum Realschulabschluss in Mathematik vorbereiten. Das Buch ist so konzipiert, dass es bereits zu Beginn der 9. Klasse zur Vorbereitung auf Klassenarbeiten und zur langfristigen Vorbereitung auf die Abschlussprüfung verwendet werden kann.
Gerade bei einer zentral gestellten Prüfung ist das Grundlagenwissen besonders wichtig. Denn in der Prüfung geht es nicht um irgendwelche Spezialkenntnisse, die du vielleicht gut beherrschst, sondern die Aufgaben werden auf einem möglichst breiten Grundlagenwissen aufbauen. Es geht vor der Prüfung also um eine Gesamtwiederholung.

- Daher beginnen wir in diesem Buch mit einem ausführlichen **Trainingsteil**. Im ersten Kapitel werden die wichtigsten Themen der 5. bis 9. Klasse so kurz wie möglich wiederholt, die Kapitel 2 bis 10 behandeln intensiv sämtliche prüfungsrelevanten Bereiche der 9. und 10. Klasse. In allen zehn Kapiteln findest du über 200 Aufgaben, anhand derer du überprüfen kannst, ob du den Stoff sicher beherrschst.

- Wenn die einzelnen Themen „sitzen", du die Aufgaben also gut lösen kannst, geht es weiter mit der **Aufgabe im Stil der Abschlussprüfung**. Deren Aufgaben sind nicht mehr nach Themengebieten unterteilt, sondern – wie in der Prüfung – aus den verschiedensten Bereichen zusammengestellt. Es kommt also darauf an zu erkennen, *wie* die Aufgabe gelöst werden könnte und welchem Themengebiet sie zuzuordnen ist. Der Rest sollte mit deinem Vorwissen aus dem Trainingsteil ganz einfach gehen.
  Wenn du merkst, dass du immer wieder über dasselbe Problem stolperst, solltest du das entsprechende Trainingskapitel wiederholen.

- Jetzt kannst du dich an die **Original-Abschlussprüfungen 2019 und 2020** wagen. Schaffst du es, diese in der vorgegebenen Zeitspanne und nur mit den zulässigen Hilfsmitteln zu bearbeiten, bist du optimal vorbereitet.
  Eine umfangreiche **Sammlung der Prüfungsaufgaben 2014 bis 2020** enthält übrigens das Buch „Realschule Mathematik Niedersachsen 2021" (Bestell-Nr. 315001). Es ist insbesondere für die **Vorbereitungsphase unmittelbar vor der Abschlussprüfung** gedacht und hilft dir dabei, noch mehr Sicherheit im Umgang mit Prüfungsaufgaben zu gewinnen.

Zu allen Aufgaben gibt es in einem separaten Buch (Bestell-Nr. 31500L) **ausführliche Lösungen**, die von unserer Autorin und unseren Autoren ausgearbeitet wurden und in denen jeder Rechenschritt genau erklärt ist. Zahlreiche Skizzen zur Veranschaulichung dienen dem besseren Verständnis der Lösungen und helfen dir beim Nachvollziehen von Sachverhalten.
Beachte: Du solltest immer versuchen, die Lösung selbst zu finden, und erst dann mit dem Lösungsbuch vergleichen. Nur wenn man sich selbst anstrengt, bleibt der Stoff auch im Gedächtnis und man lernt dazu. Halte dich deswegen konsequent daran, jede Aufgabe zunächst selbst zu rechnen.

Sollten nach Erscheinen dieses Bandes noch wichtige Änderungen in der Abschluss-Prüfung vom Kultusministerium bekannt gegeben werden, findest du aktuelle Informationen dazu auf der **Plattform MyStark** (Zugangscode vgl. Umschlaginnenseite).

Die Autorin, die Autoren und der Stark Verlag wünschen dir für die Prüfung viel Erfolg!

Hinweise zur Prüfung

Die Prüfung besteht aus einem hilfsmittelfreien Hauptteil I und dem Hauptteil II mit 4 Wahlaufgaben. Die Bearbeitungszeit beträgt insgesamt **150 Minuten**.

- Der Hauptteil I (ohne Hilfsmittel) und der Hauptteil II ohne Wahlaufgaben sind für alle Schüler*innen gleich und werden von allen bearbeitet.
- Von den 4 Wahlaufgaben musst du 2 Wahlaufgaben auswählen und bearbeiten.

Zugelassene Arbeitsmittel sind in allen Teilen:

- Geodreieck
- Parabelschablone
- Zirkel

Weitere Hilfsmittel (Taschenrechner und Formelsammlung) dürfen nur im Hauptteil II verwendet werden. Der zugelassene Taschenrechner ist weder grafikfähig noch programmierbar.

Zu Beginn der Prüfung erhältst du den **Hauptteil I**, für den du **maximal 50 Minuten** Bearbeitungszeit hast. Bei der Bearbeitung des Hauptteils I ist die Nutzung von Taschenrechner und Formelsammlung **nicht** gestattet. Die Punktzahl beträgt ein Drittel der Gesamtpunktzahl.

Erst nach der (eventuell auch vorzeitigen) Abgabe des Hauptteils I werden die zugelassene Formelsammlung und der Taschenrechner ausgeteilt. Du erhältst außerdem den Hauptteil II mit den 4 Wahlaufgaben, von denen du 2 Wahlaufgaben auswählen musst. Für die Auswahl hast du maximal 15 Minuten Zeit. Du musst die Wahlaufgaben, die du bearbeiten willst, auf dem Titelblatt ankreuzen und die anderen Wahlaufgaben durchstreichen.

Falls du den Hauptteil I nach 50 Minuten abgibst, bleiben dir für den **Hauptteil II** mit den **2 gewählten Wahlaufgaben** noch **100 Minuten**. Gibst du den Hauptteil I vorzeitig ab, verlängert sich die Bearbeitungszeit des Hauptteils II um diesen Betrag (z. B. Abgabe des Hauptteils I nach 40 Minuten erlaubt 110 Minuten für den Hauptteil II). In jedem Fall hast du aber für beide Teile **zusammen** nicht mehr als **150 Minuten** Zeit.

Hinweise und Tipps

1 Wie man für die Prüfung lernen kann

Mit Tricks und Kniffen mag man vielleicht einmal einen Test oder gar eine Klassenarbeit hinbekommen, bei Abschlussprüfungen dürfte dieses „Verfahren“ aber wohl versagen. Gut: Ganz ohne Arbeit wird die Vorbereitung auf die Prüfung wohl keinem gelingen. Beherzigt man aber einige Grundregeln, dann fällt das Lernen leichter und es stellen sich rasch Erfolge ein – und Erfolg bringt meistens auch Spaß bei der Sache.

Vorbereitung auf die Abschlussprüfung

Wichtig ist die innere Einstellung: Betrachte die Mathematik nicht als deine Gegnerin. Wer sich selbst etwas zutraut und mit gesundem Selbstvertrauen an eine Sache herangeht, wer sich positiv einer Aufgabe nähert, wer bereit ist zu lernen und sich anzustrengen, lernt leichter und erfolgreicher.
Wer immer an sich selbst zweifelt, lernt verunsichert, tut sich schwer und hat meistens weniger Erfolg.
Allerdings: Ein Überschätzen der Fähigkeiten – typische Aussage: „Alles kein Problem“ – und die späte Erkenntnis, dass doch nicht alles sitzt, führen zu dem Ergebnis, dass die Prüfungsvorbereitung zu spät beginnt.

Ein realistischer Blick auf das, was zu leisten ist, sowie langfristiges, systematisches Lernen und Arbeiten, gepaart mit einer positiven inneren Einstellung – „Ich werde das schaffen“ – führen am sichersten zum Erfolg.

Regeln zur Vorbereitung auf die Abschlussprüfung

- Rechtzeitig mit den Prüfungsvorbereitungen beginnen (ca. 12 Wochen vor dem Prüfungstermin)
  - Sichtung der Themengebiete
  - Persönliche Schwierigkeiten mit bestimmten Themengebieten selbstkritisch erkennen
  - Persönliches Zeitraster entwickeln – wann lerne ich was?

Strategien beim Lösen von Aufgaben – Vorbereitung auf die Prüfung

- Lerne nach dem „ICH-DU-WIR“-Prinzip
  - ICH: Beim Lösen von Aufgaben musst du dich immer zuerst selbst auf den Weg machen. Es gehört zu einer sicheren Prüfungsvorbereitung, Aufgaben und Problemstellungen alleine zu lösen. Versuche also immer, zuerst selbst ohne Hilfen das Problem bzw. die Aufgabe zu lösen, das stärkt mit der Zeit dein Selbstvertrauen. Hilfen – in diesem Buch sind es die Lösungen und die Lösungswege – sind sparsam einzusetzen. Also: Nur dann in der Lösung nachschauen, wenn du nicht mehr weiterkommst.

- DU: Um Fortschritte in den Themengebieten zu machen, ist es oft auch sinnvoll, mit einer Partnerin oder einem Partner zu arbeiten. Ihr lernt dabei, über Aufgaben und Lösungswege zu diskutieren. Du kannst deine Lösungsideen mit den Ideen anderer vergleichen und merkst dabei, was man anders machen könnte.
- WIR: Erst wenn du ein Themengebiet richtig erkundet und deine persönlichen Lern- und Lösungswege gefunden hast, ist es sinnvoll, in Gruppen – nicht mehr als vier oder fünf Personen – noch einmal spezielle Fragen zu besprechen.

▸ Lege dir einen eigenen Ordner für die Prüfungsvorbereitung an.

▸ Ständiges Wiederholen ist notwendig.
- Beim Üben und Vertiefen von Themengebieten musst du die bereits gelernten Themengebiete zwischendurch immer wiederholen. Hier helfen dir die fachspezifischen Übungsaufgaben zum Training Grundwissen.
- Sinnvoll ist auch immer wieder das Üben über einzelne Themengebiete hinaus – vernetztes Üben. Hier helfen dir die Aufgaben im Stil einer Abschlussprüfung.

▸ Auswendig lernen?
- Wichtige Definitionen, Regeln und Formeln zu den einzelnen Themengebieten solltest du auswendig lernen – auch hier gilt: in kleinen „Portionen“ speichern und immer wieder wiederholen.

2 Das Lösen einer mathematischen Aufgabe

Das Lösen einer mathematischen Aufgabe lässt sich in der Regel in vier Phasen unterteilen:

1. Phase

Lesen und Verstehen der Aufgabe

Habe ich alle Wörter verstanden?

- Ist die Aufgabe klar und deutlich?
- Finde ich in der Aufgabe eine Fragestellung?
- Was ist gegeben?
- Was ist gesucht?
- Sind bestimmte Informationen unwichtig?

2. Phase

Suchen eines Lösungsweges und Entwerfen eines Lösungsplanes

Für das Lösen von Aufgaben gibt es zwei Strategien, die auch miteinander kombiniert werden können:

- **Das Vorwärtslösen:** Der Lösungsweg geht davon aus, was **gegeben** ist.
- **Das Rückwärtslösen:** Der Lösungsweg geht davon aus, was **gesucht** ist.

Zwei Fragen können dir behilflich sein:

1. Welches **Themengebiet** wird angesprochen?
   (Welche Regeln, Sätze, Formeln kannst du bei der Lösung der Aufgabe verwenden?)
2. Wie kommst du vom Gegebenen zum Gesuchten?
   - Arbeite mit Skizzen, Figuren etc.
   - Markiere Größen/Stücke, die du berechnen willst, farbig.
   - Entwickle einen **Lösungsplan** und halte die einzelnen Schritte zur Lösung in der zu bearbeitenden Reihenfolge fest.

3. Phase

Das Lösen der Aufgabe

1. Bearbeite die Aufgabe nach deinem Lösungsplan.
2. Löse die Aufgabe sauber und klar strukturiert – lieber einen Zwischenschritt mehr machen.

4. Phase

Kontrolle – Überprüfung der gefundenen Lösung

Überprüfe, ob deine Lösung mit der Aufgabenstellung übereinstimmen kann. Führe, falls möglich, eine Probe durch. Schreibe zu Fehlern, die du gemacht hast, eine Korrektur und markiere sie deutlich.

Der Umgang mit Formeln

Alle vier Phasen zum Lösen einer Aufgabe sind ganz wichtig. Die meisten Schwierigkeiten und Probleme hast du vermutlich mit der 2. Phase (Suchen eines Lösungsweges und Entwerfen eines Lösungsplanes) und der 3. Phase (Lösen der Aufgabe), in der du häufig mit Formeln umgehen musst.

Damit du gezielt üben kannst, wollen wir an einem Beispiel zeigen, wie du mit **wenigen Schritten** zum Erfolg kommen kannst.

Schritt 1

Welcher Themenbereich?

Überlege zunächst, zu welchem Themenbereich diese Aufgabe gehört. Nimm dir dann deine Formelsammlung vor (sie sollte Formeln und Beziehungen zwischen einzelnen Größen aller im Unterricht behandelten Themenbereiche umfassen) und suche die Formeln heraus, die zu diesem Themenbereich passen könnten. Als Hilfestellung bieten wir dir auf den Seiten IX und X eine Auswahl von wichtigen und nützlichen Formeln an.

Schritt 2

Welche Formel passt?

Du musst aus der Formelsammlung eine geeignete Formel heraussuchen, die einen Zusammenhang zwischen den gegebenen und gesuchten Größen beschreibt.

Schritt 3

Muss ich die Formel anpassen?

Häufig stimmen die Bezeichnungen in der Aufgabe und in der Formel nicht überein. Das liegt meistens daran, dass denselben Angaben unterschiedliche Namen gegeben werden können. Der eine sagt „Pyramidenhöhe“, ein anderer spricht von „Höhe h des Körpers“; beide meinen das Gleiche.
Dann müssen die Bezeichnungen oder die Formel angepasst werden. Tipp: Benutze die Bezeichnungen, die du im Unterricht kennen gelernt hast. Manchmal muss die Formel zusätzlich nach einer anderen Variablen umgestellt werden.

Diese drei Schritte sollen an einer Beispielaufgabe verdeutlicht werden.

Beispiel

Berechne die Körperhöhe einer quadratischen Pyramide, deren Grundseiten je 6,0 cm und deren Seitenhöhen je 5,0 cm lang sind.

Schritt 1

Welcher Themenbereich?

Klar, diese Aufgabe kommt aus dem Themenbereich Körperberechnung → Pyramiden → quadratische Pyramiden. Die Formelsammlung bietet uns allerdings keinen Zusammenhang zwischen a, h_a und h_K.
Beim farbigen Markieren der gegebenen und gesuchten Stücke stellst du fest, dass h_a, h_K und ein Teil von a ein rechtwinkliges Dreieck bilden. Jetzt sind wir im Themenbereich Flächen → Dreieck → rechtwinkliges Dreieck.

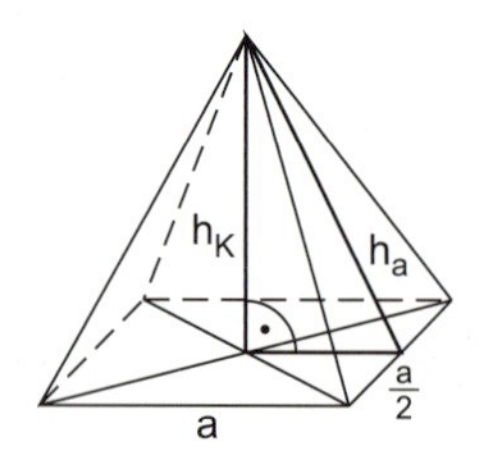

gegeben: $a = 6{,}0$ cm
$h_a = 5{,}0$ cm
gesucht: $h_K = ?$

Schritt 2 **Welche Formel passt?**

In rechtwinkligen Dreiecken besteht zwischen den drei Seitenlängen ein besonderer Zusammenhang. Du kennst ihn unter dem Begriff „Satz des Pythagoras“:
$a^2 + b^2 = c^2$

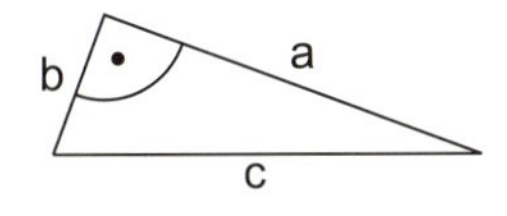

Schritt 3 **Muss ich die Formel anpassen?**

Die Bezeichnungen in der Formel stimmen nicht mit denen in der Aufgabe überein. Du musst die Formel also anpassen. Die Hypotenuse ist in diesem Fall nicht c, sondern h_a, die Katheten heißen in dieser Aufgabe dann h_K und $\frac{a}{2}$.

Deine Formel lautet also:

$$h_K{}^2 + \left(\frac{a}{2}\right)^2 = h_a{}^2$$

Jetzt musst du die Formel noch nach h_K umstellen.

$$h_K{}^2 + \left(\frac{a}{2}\right)^2 = h_a{}^2 \qquad \left| -\left(\frac{a}{2}\right)^2 \right.$$

$$h_K{}^2 = h_a{}^2 - \left(\frac{a}{2}\right)^2 \qquad |\sqrt{}$$

$$h_K = \sqrt{h_a{}^2 - \left(\frac{a}{2}\right)^2}$$

Jetzt kannst du die Zahlen einsetzen:

$$h_K = \sqrt{(5{,}0\ \text{cm})^2 - \left(\frac{6{,}0\ \text{cm}}{2}\right)^2}$$

$$h_K = 4{,}0\ \text{cm}$$

Die Pyramide hat eine Körperhöhe von 4,0 cm.

Der wichtigste – aber auch schwierigste – Teil der Lösung war die **Einordnung in den richtigen Themenbereich**, also der 1. Schritt.
Je mehr Aufgaben du bearbeitest, umso leichter wird dir die vollständige Lösung fallen.

Bei der Prüfung wirst du die Aufgaben jedoch in der Regel in Themengebieten gestellt bekommen, sodass du innerhalb einer Aufgabe die Einordnung in den richtigen Themenbereich gleich mehrfach vornehmen musst.

Bei der folgenden Aufgabe, die wie ein Aufgabenblock in der Abschlussprüfung aussieht, sollst du dich ganz besonders mit diesen drei Lösungsschritten befassen. Löse die Teilaufgaben und beschreibe jeden Schritt wie in der obigen Beispielaufgabe.

Getreidemühle

Die beiden Bilder zeigen eine Getreidemühle. Der Trichter hat die Form einer auf dem Kopf stehenden quadratischen Pyramide mit einer 15 cm langen Grundseite und einer Körperhöhe von 15 cm.

a) Zeichne ein maßstabsgetreues Schrägbild des Trichters.

b) Die Mühle mahlt das Getreide gleichmäßig. Zeichne einen Graphen, der den Zusammenhang von Füllhöhe des Trichters und Zeit während des Mahlvorgangs beschreibt.

c) Paul überlegt: „Wie hoch ist die Mühle gefüllt, wenn noch die Hälfte der Getreidemenge des ursprünglich vollen Trichters gemahlen werden muss?"
Kennst du die Antwort?
Berechne zunächst die Getreidefüllmenge – der Trichter ist zu Beginn gestrichen voll (glatte Oberfläche).

d) Die Seitenteile des Trichters werden aus Rechteckplatten mit dem Maß 16 cm × 18 cm hergestellt.
Begründe, warum eine quadratische Platte von 15 cm × 15 cm dafür zu klein wäre.

Bedenke: Erst selbst lösen, dann mit der Musterlösung vergleichen.

Lösung:

a) Du solltest das Schrägbild einer auf den Kopf gestellten Pyramide zeichnen – beachte dabei, dass das Erscheinungsbild deiner Pyramide vom gewählten Maßstab abhängt. Hier ein Beispiel im Maßstab 1 : 3.

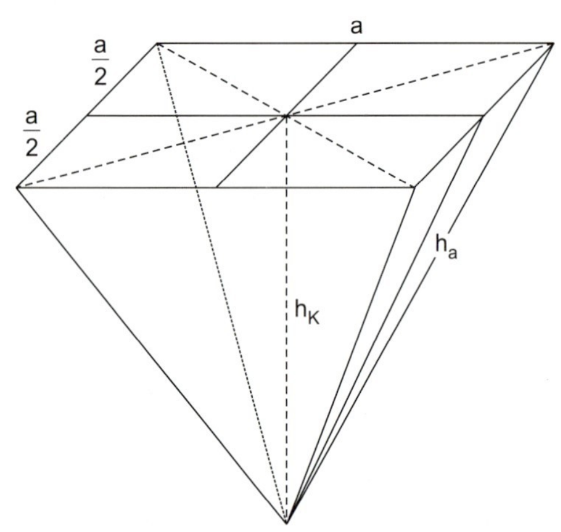

b) Diese Teilaufgabe kommt aus dem Themenbereich Zuordnung. Du solltest beachten: Der Trichter leert sich für das Auge zunächst sehr langsam, dann immer schneller (wobei man annimmt, dass in gleichen Zeitintervallen immer die gleiche Kornmenge gemahlen wird). Deshalb könnte der Graph wie nebenstehend aussehen.

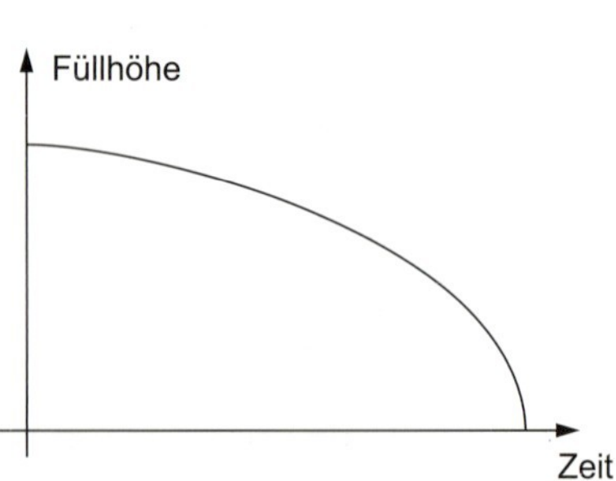

c) Berechne zunächst die Getreidefüllmenge bzw. das Volumen des vollen Trichters.

Schritt 1

Welcher Themenbereich?
Diese Teilaufgabe kommt aus dem Themenbereich Körperberechnung → Volumen einer Pyramide.

Aus der Aufgabenstellung ist bekannt:
Grundseite a der Pyramide: Innenseitenlänge $a = 15$ cm
Körperhöhe h_K der Pyramide: Innenhöhe $h_K = 15$ cm

Schritt 2

Welche Formel passt?
Die Formel für das Volumen einer Pyramide lautet: $V = \frac{1}{3} \cdot G \cdot h$

Schritt 3

Muss ich die Formel anpassen?
Da die Pyramide eine quadratische Grundfläche hat forme um zu:

$$V = \frac{1}{3} \cdot a^2 \cdot h_K$$

Durch Einsetzen der Werte erhältst du:

$$V = \frac{1}{3} \cdot (15\text{ cm})^2 \cdot 15\text{ cm}$$

$$V = 1125\text{ cm}^3$$

Der Trichter fasst bei gestrichener Füllhöhe also 1 125 cm^3 Getreide.

Eigentlich ist gesucht:
Die Füllhöhe, wenn noch die Hälfte Getreide gemahlen werden muss.

Schritt 1

Welcher Themenbereich?
Diese Teilaufgabe kommt aus dem Themenbereich Ähnlichkeit → Verkleinern und Vergrößern von Figuren und wieder aus Körperberechnung → Volumen einer Pyramide.

Zeichne zunächst den Querschnitt durch den Trichter und beschrifte die notwendigen Abschnitte. Da es sich um eine zentrische Streckung mit der Pyramidenspitze als Zentrum handelt, werden $\frac{a}{2}$ und h_K um den gleichen Faktor k gestreckt:

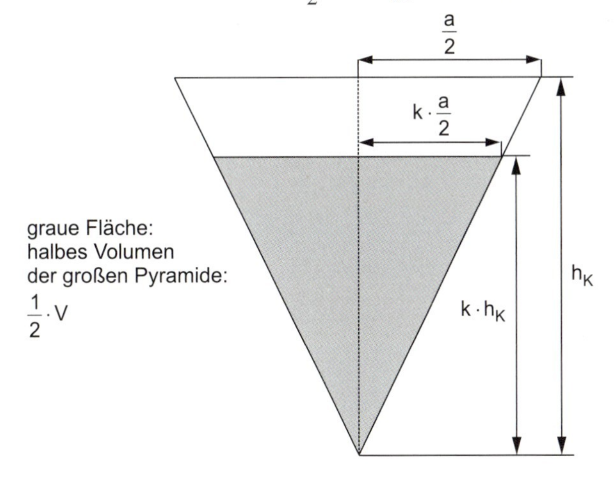

Schritt 2

Welche Formel passt?
Benötigt wird die Volumenformel für Pyramiden:

$$V = \frac{1}{3} \cdot G \cdot h$$

Schritt 3

Muss ich die Formel anpassen?
Für den noch halbvollen Trichter gilt folgende Volumenformel:

$$V_{\frac{1}{2}} = \frac{1}{3} \cdot G_{\frac{1}{2}} \cdot h_{K_{\frac{1}{2}}}$$

$V_{\frac{1}{2}}$, $G_{\frac{1}{2}}$ und $h_{K_{\frac{1}{2}}}$ stehen für die halbvolle Pyramide

$$\frac{1}{2} \cdot V = \frac{1}{3} \cdot \left(2 \cdot k \cdot \frac{a}{2}\right)^2 \cdot (k \cdot h_K)$$

$$\frac{1}{2} \cdot V = \frac{1}{3} \cdot a^2 \cdot h_K \cdot k^3$$

Umformen und 3. Wurzel ziehen

$$k = \sqrt[3]{\frac{3 \cdot \frac{1}{2} \cdot V}{a^2 \cdot h_K}}$$

Einsetzen der Zahlenwerte

$$k = \sqrt[3]{\frac{3 \cdot \frac{1}{2} \cdot 1125\ \text{cm}^3}{(15\ \text{cm})^2 \cdot 15\ \text{cm}}} \approx 0{,}79$$

Damit beträgt die Füllhöhe noch $k \cdot h_K \approx 15\ \text{cm} \cdot 0{,}79 \approx 11{,}9\ \text{cm}$.

Der Trichter muss noch ca. 11,9 cm hoch gefüllt sein. Anders ausgedrückt: Ist die Hälfte des Getreides gemahlen, so beträgt die Füllhöhe des Trichter noch ca. 80 %.

d) Gehe zur Lösung wieder schrittweise vor:

Schritt 1

Welcher Themenbereich?
Diese Teilaufgabe gehört in den Themenbereich des Satz des Pythagoras. Du kannst die Aufgabe aber auch durch eine schlüssige und nachvollziehbar Argumentation lösen: → Argumentieren/Begründen
Da die Innengrundseite $a = 15$ cm beträgt und die Innenhöhe $h_K = 15$ cm beträgt, lässt sich ein Teildreieck der Mantelfläche nicht aus einem Quadrat der Seitenlänge 15 cm schneiden, da die Flächenhöhe h_a des Dreiecks größer als 15 cm sein muss und das Außenmaß der Holzplatte (Brettstärke) ebenfalls größer als 15 cm sein muss.
Wenn du Schwierigkeiten beim Argumentieren/Begründen hast, kannst du auch eine rechnerische Lösung erstellen:

Schritt 2

Welche Formel passt?
Anwendung findet hier der Satz des Pythagoras: $a^2 + b^2 = c^2$

Schritt 3

Muss ich die Formel anpassen?
Die Hypotenuse ist in diesem Fall nicht c, sondern h_a, die Katheten heißen h_K und $\frac{a}{2}$.

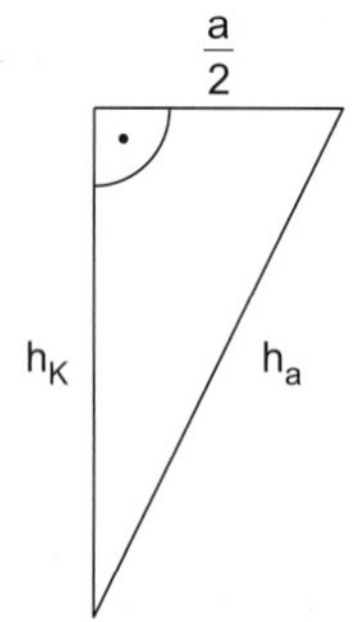

$$h_K^2 + \left(\frac{a}{2}\right)^2 = h_a^2$$

Jetzt kannst du die Zahlen einsetzen:

$$h_a^2 = (15\ \text{cm})^2 + (7{,}5\ \text{cm})^2 \quad |\sqrt{\ }$$

$$h_a = \sqrt{225\ \text{cm}^2 + 56{,}25\ \text{cm}^2}$$

$$h_a \approx 16{,}77\ \text{cm}$$

Man muss eine Rechteckplatte von 16 cm × 18 cm nehmen, da aus einer quadratischen Grundfläche von 15 cm x 15 cm nach obiger Berechnung keine genügend große Platte geschnitten werden kann. Außerdem sind die 15 cm nur das Innenmaß des Trichters, es kommt noch die Wandstärke des Holzes dazu.
Alternative Formulierung: Aus einer quadratischen Platte von 15 cm × 15 cm lässt sich kein Seitenteil schneiden, da die Dreieckshöhe h_a bereits ca. 16,8 cm lang ist.

3 Formelsammlung

Flächenberechnung

Parallelogramm

$A = a \cdot h_a = b \cdot h_b$

$u = 2a + 2b$

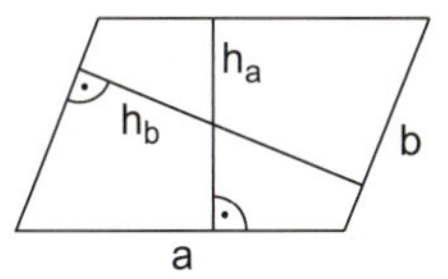

Raute

$A = \frac{e \cdot f}{2}$

$u = 4a$

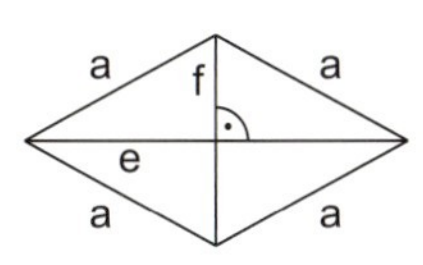

Drachen

$A = \frac{e \cdot f}{2}$

$u = 2a + 2b$

Trapez

$A = \frac{a + c}{2} \cdot h$

$u = a + b + c + d$

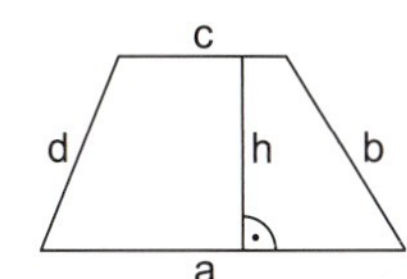

Kreis

$A = \pi \cdot r^2$ $\qquad u = 2\pi \cdot r$

Kreisring

$A_{KR} = \pi \cdot r_a^2 - \pi \cdot r_i^2$

$u_{KR} = 2\pi \cdot r_a + 2\pi \cdot r_i$

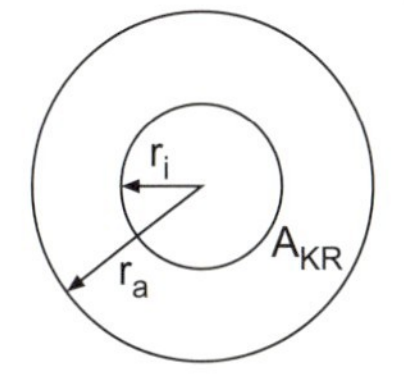

Kreisausschnitt

$A_{KA} = \pi \cdot r^2 \cdot \frac{\alpha}{360°}$

$b = 2\pi \cdot r \cdot \frac{\alpha}{360°}$

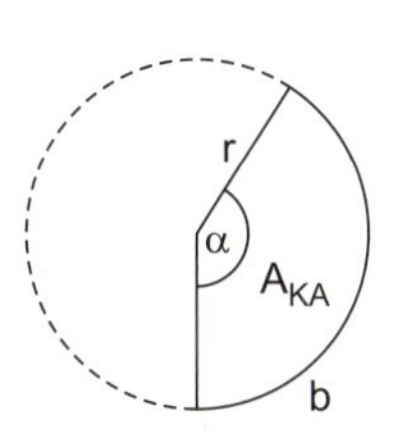

Körperberechnung

Prismen und Zylinder

$V = G \cdot h_K$ $\qquad M = u \cdot h_K$ $\qquad O = 2G + M$

Spitze Körper

$V = \frac{1}{3} G \cdot h_K$ $\qquad O = G + M$

Quadratische Pyramide

$V = \frac{1}{3} a^2 \cdot h_K$

$M = 2a \cdot h_a$

$O = a^2 + 2a \cdot h_a$

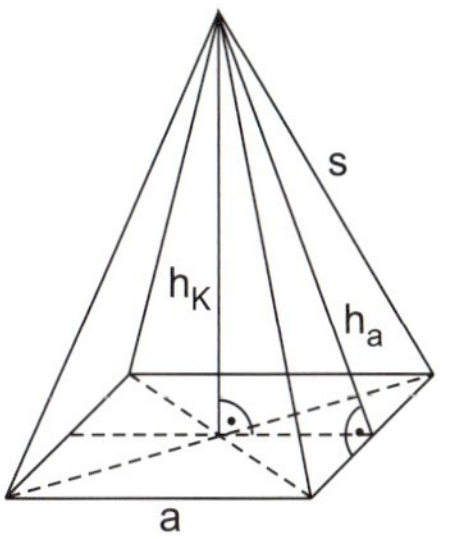

Kegel

$V = \frac{1}{3} \pi \cdot r^2 \cdot h_K$

$M = \pi \cdot r \cdot s$

$O = \pi \cdot r^2 + \pi \cdot r \cdot s$

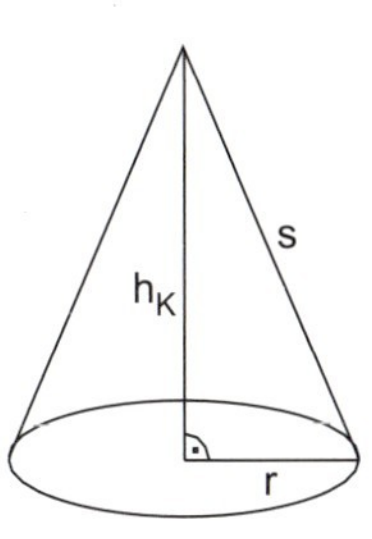

Kugel

$V = \frac{4}{3} \pi \cdot r^3$ $\qquad O = 4\pi \cdot r^2$

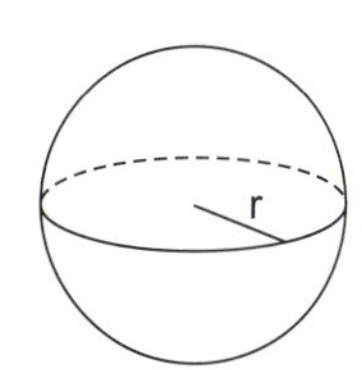

Umrechnungen

$1\,m^3 = 1\,000\,dm^3$; $1\,dm^3 = 1\,\ell = 1\,000\,cm^3$; $1\,cm^3 = 1\,000\,mm^3$

Trigonometrie

Im rechtwinkligen Dreieck gilt:

$$\sin(\text{Winkel}) = \frac{\text{Gegenkathete}}{\text{Hypotenuse}}$$

$$\cos(\text{Winkel}) = \frac{\text{Ankathete}}{\text{Hypotenuse}}$$

$$\tan(\text{Winkel}) = \frac{\text{Gegenkathete}}{\text{Ankathete}}$$

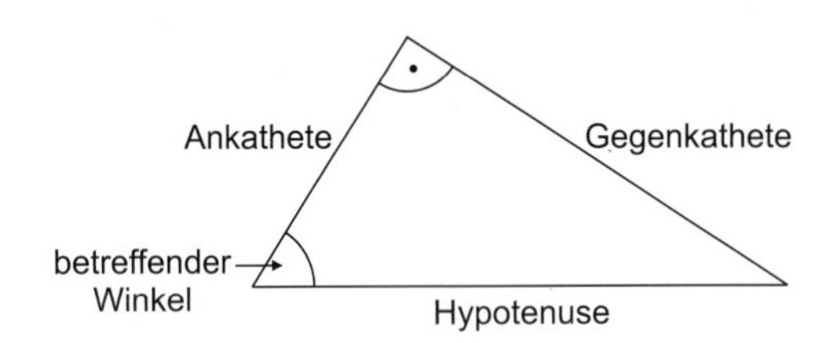

Im allgemeinen Dreieck gilt:

Sinussatz: $\frac{a}{\sin\alpha} = \frac{b}{\sin\beta} = \frac{c}{\sin\gamma}$

Kosinussatz:

$a^2 = b^2 + c^2 - 2bc \cdot \cos\alpha$

$b^2 = a^2 + c^2 - 2ac \cdot \cos\beta$

$c^2 = a^2 + b^2 - 2ab \cdot \cos\gamma$

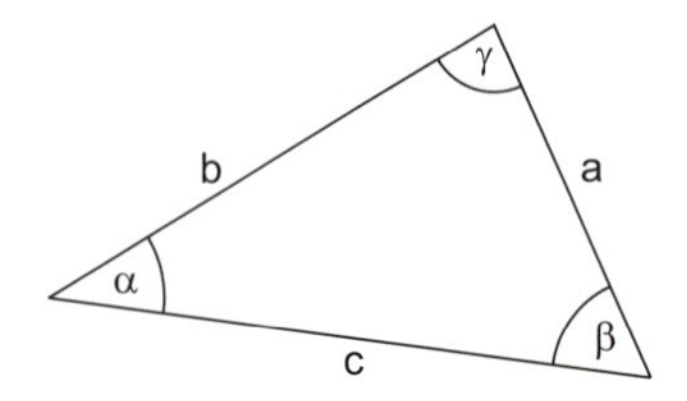

Quadratische Gleichungen

Normalform

$x^2 + px + q = 0$

p-q-Formel

$x_{1/2} = -\frac{p}{2} \pm \sqrt{\left(\frac{p}{2}\right)^2 - q}$

Quadratische Funktionen

Scheitelpunktform

$y = a(x+b)^2 + c \quad \Rightarrow \quad S(-b \mid c)$

Mit $a = 1$ ist es eine (verschobene) Normalparabel.

Exponentielle Zusammenhänge

Wachstum und Zerfall

$G_n = G_0 \cdot \left(1 \pm \frac{p}{100}\right)^n$

$G_n = G_0 \cdot q^n$

Zinseszins

$K_n = K_0 \cdot \left(1 + \frac{p}{100}\right)^n$

$K_n = K_0 \cdot q^n$

Wahrscheinlichkeitsrechnung

Laplace-Wahrscheinlichkeit

Sind alle Ereignisse eines Zufallsexperimentes gleich wahrscheinlich, gilt für das Eintreten eines Ereignisses E:

$$P(E) = \frac{\text{Anzahl der für E günstigen Ereignisse}}{\text{Anzahl aller möglichen Ereignisse}}$$

1. Pfadregel (Produktregel): Die Wahrscheinlichkeit eines Ereignisses ist gleich dem Produkt der Wahrscheinlichkeiten entlang des jeweiligen Pfades im Baumdiagramm.

2. Pfadregel (Summenregel): Die Wahrscheinlichkeit eines Ereignisses ist gleich der Summe der Wahrscheinlichkeiten aller der Pfade, bei denen das Ereignis eintritt.

Zusammenhang zwischen Dichte, Masse und Volumen

$\rho = \frac{m}{V}$ in $\frac{g}{cm^3}$

Training Grundwissen

1 Wiederholung Grundlagen

1.1 Terme

Merke

Term

Jede sinnvolle Zusammenstellung aus Zahlen und Variablen mithilfe von Rechenzeichen nennt man **Term.**

Beispiele

Beispiele für Terme sind:

15; $x+1$; $18:3-(2:5)\cdot 1\frac{1}{3}$; $\frac{2+b}{2\cdot c}$

Keine Terme sind:
Auto; 3+

Terme bezeichnen wir abkürzend mit einem T.
Treten in einem Term Variablen auf, geben wir diese nach dem T in runden Klammern an.

Beispiele

1. $T(x)=x+1$
2. $T(x)=-7x^2+4x-1$
3. $T(a)=a^2-1$
4. $T(c)=25-c-c^2$
5. $T(a;b)=a-b$
6. $T(x;y)=[x-(y-3)]-[x^2-y+5]$

Werden für die Variablen eines Terms Zahlen eingesetzt, kann man den **Wert des Terms** berechnen. Dabei müssen gleiche Variablen durch gleiche Zahlen ersetzt werden.

Beispiele

1. Berechne den Wert des Terms $T(x)=3x+11$ für $x=2$.

   Lösung:

   $T(\mathbf{x})=3\mathbf{x}+11$
   $T(\mathbf{2})=3\cdot\mathbf{2}+11$
   $T(2)=6+11$
   $T(2)=17$

2. Berechne den Wert des Terms $T(x)=3x^2-x+7$ für die Werte

   a) $x=-1$ b) $x=\frac{1}{3}$ c) $x=-2{,}5$

   Lösung:

   $T(\mathbf{x})=3\mathbf{x}^2-\mathbf{x}+7$

   a) $T(\mathbf{-1})=3\cdot(\mathbf{-1})^2-(\mathbf{-1})+7$
   $T(-1)=3\cdot 1+1+7$
   $T(-1)=11$

   b) $T\left(\mathbf{\frac{1}{3}}\right)=3\cdot\left(\mathbf{\frac{1}{3}}\right)^2-\left(\mathbf{\frac{1}{3}}\right)+7$
   $T\left(\frac{1}{3}\right)=3\cdot\frac{1}{9}-\frac{1}{3}+7$
   $T\left(\frac{1}{3}\right)=\frac{1}{3}-\frac{1}{3}+7$
   $T\left(\frac{1}{3}\right)=7$

   c) $T(\mathbf{-2{,}5})=3\cdot(\mathbf{-2{,}5})^2-(\mathbf{-2{,}5})+7$
   $T(-2{,}5)=3\cdot 6{,}25+2{,}5+7$
   $T(-2{,}5)=28{,}25$

Aufgaben

1 Gib einen Term an, mit dem man zu jeder möglichen Länge eines Rechtecks mit 30 cm Umfang die zugehörige Breite dieses Rechtecks ermitteln kann.

2 Stelle zu folgenden Vorschriften die Terme auf:

a) Zu 1,5x ist 2y zu addieren.

b) Vom Produkt aus x und y ist die Differenz aus x und y zu subtrahieren.

c) Der Quotient aus 0,5x und $(x-y)$ ist von der Differenz aus 2y und x zu subtrahieren.

d) Vom Dreifachen einer Zahl ist der vierte Teil einer anderen Zahl zu subtrahieren.

3 Berechne für folgende Terme T(2), T(–1) und $T\left(\frac{1}{2}\right)$:

a) $T(x) = 3x^2 - 2x + 5$

b) $T(x) = x^3 + 2x^2 - 7$

c) $T(x) = -2x^2 + 3x - 1$

4 Berechne für folgende Terme jeweils den Wert T(1; –1):

a) $T(x; y) = 3 \cdot x + \frac{y}{4} - 5 \cdot (x - 2{,}5)$

b) $T(x; y) = 2{,}7 \cdot x - (x + 1) : y - 1$

5 Berechne den Term $\frac{(2-w^2) \cdot 3w}{w^2}$ für $w = 2$, $w = -1$ und $w = 5$.

Interaktive Aufgaben

- 1. Satz wählen
- 2. Term aufstellen
- 3. Termtabelle

Termumformungen

Merke

Termumformungen

1. In einem Summenterm dürfen die einzelnen Glieder des Terms **unter Mitnahme ihres Vorzeichens** beliebig umgestellt werden.
2. In einem Summenterm dürfen **gleichartige Glieder zusammengefasst** werden. Der Wert des Terms bleibt dabei **unverändert.**

Beispiele

1. $T(x) = 2x - 6 + 12x + 17 - 5x$ — Umstellung der einzelnen Glieder unter Mitnahme des Vorzeichens

$T(x) = \underbrace{2x + 12x - 5x}_{9x} \underbrace{- 6 + 17}_{11}$ — Gleichartige Glieder zusammenfassen

$T(x) = 9x + 11$

2. $T(a, b) = 10ab - 7a + 3a - 7ab$ — jeweils gleichartige Glieder sind: 10ab und −7ab; −7a und 3a

$T(a, b) = 3ab - 4a$

Merke

Plusklammern

Plusklammern dürfen weggelassen werden.

Beispiele

1. $T(x) = 3x + (7a + 2x)$ Klammer weglassen
   $T(x) = 3x + 7a + 2x$
   $T(x) = 5x + 7a$

2. $T(a,b) = 5b + (9a - 3b)$ Klammer weglassen
   $T(a,b) = 5b + 9a - 3b$
   $T(a,b) = 2b + 9a$

Merke

Minusklammern

Minusklammern dürfen weggelassen werden, wenn man **alle Rechenzeichen <u>in</u> der Klammer ändert**.

Beispiele

1. $T(x) = 3x - (7a + 2x)$ Klammer weglassen und **alle Rechenzeichen in der Klammer ändern**:
   $T(x) = 3x - 7a - 2x$ Aus 7a wird −7a, aus +2x wird −2x
   $T(x) = x - 7a$

2. $T(a,b) = 6b - (4a - b)$ Klammer weglassen und **alle Rechenzeichen in der Klammer ändern**
   $T(a,b) = 6b - 4a + b$
   $T(a,b) = 7b - 4a$

Aufgaben

6 Fasse zusammen:

a) $2x + \frac{1}{2} - 4$ b) $0{,}5 - 3a - 4{,}7 - \frac{1}{8}$

c) $-x + 1\frac{1}{2} - 3\frac{1}{3} - \frac{1}{6}$ d) $6a - 14{,}08 - 7{,}4a + 8{,}02 - 5{,}12 - a$

7 Vereinfache:

a) $-3x + 4{,}8x - 6{,}8x$ b) $-\frac{2}{3}a - \frac{1}{6}a - 3\frac{1}{3}a$

c) $x^2 + \frac{6}{5}x^2 - \frac{3}{5}x^2 - 3x^2$ d) $2ab - 1 - 3ab + a - 4$

8 Vereinfache:

a) $(-2x + 4{,}5y) + (6x - 4y)$ b) $-2x + (4{,}6y - 3{,}4x) - 4y$

9 Fasse zusammen:

a) $5a - (3a + b)$ b) $5a - (-3a - 2b)$

Interaktive Aufgabe

4. Term zusammenfassen

Merke

Distributivgesetz

Wird eine Zahl mit einer Summe multipliziert, so muss die Zahl **mit jedem Glied der Summe** multipliziert werden (Distributivgesetz).

$$\mathbf{c \cdot (a + b) = c \cdot a + c \cdot b}$$

Beispiele

1. $z(a+b)=za+zb$
2. $y(a+b+c)=ya+yb+yc$
3. $2x(y-5a-3b)=2x\cdot y-2x\cdot 5a-2x\cdot 3b=2xy-10ax-6bx$
4. $-2b(3a-4x)=(-2b)\cdot 3a+(-2b)(-4x)=-6ab+8bx$
5. $(x+y)\cdot(a+b)=(x+y)\cdot a+(x+y)\cdot b=a\cdot(x+y)+b\cdot(x+y)=ax+ay+bx+by$

Merke

Multiplikation zweier Summen

Zwei Summen werden multipliziert, indem **jeder Summand** der ersten Klammer mit **jedem Summanden** der zweiten Klammer multipliziert wird und die Produkte addiert werden.

$$(\mathbf{a}+\mathbf{b})\cdot(c+d)=\mathbf{a}\cdot c+\mathbf{a}\cdot d+\mathbf{b}\cdot c+\mathbf{b}\cdot d$$

Beispiele

1. $(3x+2b)(5b+2x)=3x\cdot 5b+3x\cdot 2x+2b\cdot 5b+2b\cdot 2x=$
   $=15bx+6x^2+10b^2+4bx=$
   $=19bx+6x^2+10b^2$
2. $(x-1)(x-2)=x\cdot x-2\cdot x-1\cdot x-1\cdot(-2)=$
   $=x^2-2x-x+2=x^2-3x+2$
3. $(2-x-y)(x+y-3)=$
   $=2\cdot x+2\cdot y-2\cdot 3-x\cdot x-x\cdot y-x\cdot(-3)-y\cdot x-y\cdot y-y\cdot(-3)=$
   $=2x+2y-6-x^2-xy+3x-yx-y^2+3y=$
   $=5x+5y-6-x^2-2xy-y^2$

Aufgaben

10 Multipliziere und fasse zusammen:

a) $2(3x-5y)+3(8y-7x)$

b) $27a-6\cdot(2a-b-2c)+3\cdot(b-c)$

c) $2\cdot(1{,}5x-7{,}5y)-6\cdot(0{,}5x-y-2{,}5)$

d) $133a-7\cdot(32a-18b)+105b$

11 Schreibe als Summe und fasse zusammen:

a) $x\cdot(1+x)$

b) $\frac{1}{2}x^2+x\cdot(1+x)$

c) $x^2+(1{,}2x+0{,}4)\cdot x$

d) $x^2+(1+x)\cdot 0{,}1x$

12 Multipliziere:

a) $3\cdot\left(5x-2-\frac{1}{3}y\right)$

b) $3a\cdot(17a-4{,}7b)-1{,}5b\cdot(0{,}6a+1{,}5b)$

c) $-(2x-y)\cdot(-2y)$

d) $7u\cdot(3u+4v-6)-4v\cdot(7u-3v+14)+14\cdot(3u+4v)$

Interaktive Aufgaben

- 5. Term vereinfachen
- 6. Term vereinfachen
- 7. Multiplikation zweier Summen

Merke

Binomische Formeln

1. $(a+b)^2 = a^2+2ab+b^2$
2. $(a-b)^2 = a^2-2ab+b^2$
3. $(a+b)\cdot(a-b) = a^2-b^2$

Beispiele

1. $(u+v)^2 = u^2+2uv+v^2$

1. binomische Formel	$(a+b)^2$	$a^2+2\cdot a\cdot b+b^2$
Aufgabe	$(u+v)^2$	$u^2+2\cdot u\cdot v+v^2$

$\downarrow\ \downarrow$ $a = u;\ b = v$

2. $(x+3y)^2 = x^2+2\cdot x\cdot 3y+(3y)^2 = x^2+6xy+9y^2$

1. binomische Formel	$(a+b)^2$	$a^2+2\cdot a\cdot b+b^2$
Aufgabe	$(x+3y)^2$	$x^2+2\cdot x\cdot 3y+(3y)^2$

$\downarrow\ \downarrow$ $a = x;\ b = 3y$

3. $(x^2-3y^2)^2 = x^4-6x^2y^2+9y^4$

2. binomische Formel	$(a-b)^2$	$a^2-2\cdot a\cdot b+b^2$
Aufgabe	$(x^2-3y^2)^2$	$(x^2)^2-2\cdot x^2\cdot 3y^2+(3y^2)^2$

$\downarrow\ \downarrow$ $a = x^2;\ b = 3y^2$

4. $(2x+y^2)\cdot(2x-y^2) = 4x^2-y^4$

3. binomische Formel	$(a+b)\cdot(a-b)$	a^2-b^2
Aufgabe	$(2x+y^2)\cdot(2x-y^2)$	$(2x)^2-(y^2)^2$

$\downarrow\ \downarrow$ $a = 2x;\ b = y^2$

Aufgaben

13 Berechne:

a) $(x-3y)^2$ b) $(4x+3y)^2$ c) $(2{,}5x-y)\cdot(2{,}5x+y)$

d) $(0{,}5a-5b)^2$ e) $\left(\frac{1}{3}r+\frac{1}{5}s\right)^2$ f) $\left(2\frac{2}{3}u-\frac{3}{4}v\right)\cdot\left(2\frac{2}{3}u+\frac{3}{4}v\right)$

14 Forme in Summen um:

a) $(4a+3b)\cdot(4a-3b)$ b) $(7{,}5a+2b)\cdot(7{,}5a-2b)$ c) $\left(\frac{1}{4}-x\right)\cdot\left(\frac{1}{4}+x\right)$

d) $(2x-1)^2$ e) $\left(\frac{2}{3}a+b\right)^2$ f) $\left(\frac{ab}{3}+\frac{3a}{7}\right)^2$

15 Berechne unter Benutzung binomischer Formeln:

a) $(x-1)^2-(1-x)^2$

b) $(5a+3b)\cdot(3b-5a)-(7a-4b)^2+(7b-56a)\cdot b$

c) $[a+(3+2b)]\cdot[a-(3+2b)]+(3+b)\cdot 4b$

d) $(x^2+1)^2\cdot(x^2-1)^2$

Interaktive Aufgaben

8. Binomische Formel anwenden 9. Binomische Formel anwenden

Merke

Vorfahrtsregeln für das Vereinfachen von Termen

1. Potenzen haben Vorfahrt.
2. Klammern zuerst berechnen!
   Bei verschachtelten Klammern [( )] wird die innere Klammer ( ) zuerst berechnet.
3. Wo keine Klammer steht, geht Punktrechnung (·, :) vor Strichrechnung (–, +).

Beispiele

1. $10-3\cdot(6-3^2)-(18-17\cdot 2)$

   ↑ 1. Potenzen haben Vorfahrt ↑ 3. Punkt vor Strich

   $=10-3\cdot(6-9)-(18-34)$

   ↑ ↑ 2. Klammern zuerst

   $=10-3\cdot(-3)-(-16)$

   ↑ 3. Punkt vor Strich

   $=10+9+16$

   $=35$

2. $4x(a+b)^2+7x-3x(a^2-b^2)$

   ↑ 1. Potenzen haben Vorfahrt ↑ 3. Punkt vor Strich

   $=4x(a^2+2ab+b^2)+7x-3a^2x+3b^2x$

   ↑ 2. Klammern zuerst

   $=4a^2x+8abx+4b^2x+7x-3a^2x+3b^2x$

   $=a^2x+7b^2x+8abx+7x$

Aufgaben

16 Berechne:

a) $\frac{7}{2}:3{,}5$ b) $0{,}7\cdot\frac{7}{10}$ c) $3{,}2\cdot 1{,}3+6{,}8\cdot 1{,}3$

17 Berechne:

a) $1{,}3\cdot 10+\frac{27}{9}$ b) $23\cdot 0+17{,}4\cdot 1$ c) $7:7+14:7$

18 Forme in kürzere Terme um:

a) $-4\cdot 2ab+b\cdot 16a$ b) $a^2:2a-(-a)\cdot\left(-\frac{1}{2}\right)-\frac{1}{2}\cdot a$

19 Fasse zusammen:

a) $2a\cdot 3b+6ab$ b) $-5c+2c:c+c-c^2:4c-\frac{1}{2}c^2:\left(c:\frac{1}{c}\right)$

c) $7b-7ab:a+b^2:2b$ d) $4a-4b:4+16b+\left[\left(4a:\frac{1}{a^2}\right):(-a^2)\right]b\cdot 15$

10. Term vereinfachen

Zerlegung von Termen in Produkte – Faktorisieren

Merke

Ausklammern

Enthält in einer Summe jeder der Summanden den gleichen Faktor, so kann dieser als gemeinsamer Faktor ausgeklammert werden.

$$\mathbf{ax + ay - az = a \cdot (x + y - z)}$$

Eine Summe wurde in ein Produkt zerlegt.
Der Wert des Terms ändert sich dabei nicht.
(Umkehrung des Distributivgesetzes)

Beispiele

1. $ax + ay = a(x + y)$ — gemeinsamer Faktor **a**
2. $3ax - 3ay + 3az = 3a(x - y + z)$ — gemeinsamer Faktor **3a**
3. $2a^2 + 2ab = 2a \cdot a + 2a \cdot b = 2a(a + b)$ — gemeinsamer Faktor **2a**
4. $3x^2y - 2xy^2 = 3x \cdot xy - 2y \cdot xy = xy(3x - 2y)$ — gemeinsamer Faktor **xy**
5. $3a^3 - 3a^2 = 3a^2 \cdot a - 3a^2 \cdot 1 = 3a^2(a - 1)$ — gemeinsamer Faktor **$3a^2$**

Aufgaben 20

Klammere aus:

a) $27x - 18y - 54z$

b) $26ax^2 - 39a^2x + 169a^3$

c) $x^3y^4z^2 + 5x^2yz^3 - 7x^4y^3z^4$

d) $-21r^5t^6 - 35r^2t^4 - 28r^3t^3$

Interaktive Aufgaben

11. Term faktorisieren

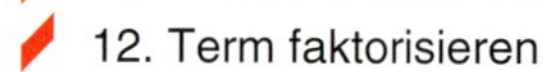
12. Term faktorisieren

1.2 Lösen von linearen Gleichungen und Ungleichungen

Merke

Lösungsmenge einer Gleichung

Alle Elemente der Grundmenge G, die bei Einsetzen eine **Gleichung** zur wahren Aussage machen, sind Elemente der **Lösungsmenge L**.

Beispiele

1. $x = 14$ Grundmenge: $G = \mathbb{Q}$
   Nur das Element 14 macht die Gleichung $x = 14$ zu einer wahren Aussage, deshalb ist nur 14 ein Element der Lösungsmenge, weil es auch zur Grundmenge $\mathbb{Q}$ gehört.
   Lösungsmenge: $L = \{14\}$

2. $3x + 6 = 0$ Grundmenge: $G = \mathbb{Q}$
   Durch Einsetzen verschiedener Werte von x ergeben sich wahre und falsche Aussagen.

   $3 \cdot x + 6 = 0$
   $x = 1$ eingesetzt: $3 \cdot 1 + 6 = 0$ — falsche Aussage (f) $3 + 6 = 9$ ist nicht 0
   $x = 2$ eingesetzt: $3 \cdot 2 + 6 = 0$ — falsche Aussage (f)
   $x = 0$ eingesetzt: $3 \cdot 0 + 6 = 0$ — falsche Aussage (f)

   Nur $x = -2$ macht diese Gleichung zur wahren Aussage:
   $x = -2$ eingesetzt: $3 \cdot (-2) + 6 = 0$ — wahre Aussage (w)
   Lösungsmenge: $L = \{-2\}$ — -2 ist auch Element der Grundmenge.

3. $-27 - 28x = 37 - 29x$ $\qquad G = \mathbb{Q}$
Zur Ermittlung der Lösungsmenge ist es zweckmäßig, die Gleichung so umzuformen, dass sich die Lösungsmenge wie im Beispiel 1 sofort ablesen lässt. Dazu addieren wir auf beiden Seiten $29x + 27$ und erhalten:
$x = 64$
$L = \{64\}$, da $64 \in G$

Merke

Diese Umformungen verändern die Lösungsmenge einer Gleichung nicht
- Addition oder Subtraktion einer Zahl oder eines Terms auf beiden Seiten der Gleichung
- Multiplikation oder Division einer Zahl oder eines Terms ungleich null

Sie heißen **Äquivalenzumformungen**.

Beispiel

Bestimme die Lösungsmenge der Gleichung $-3 - 11x = 30$, wenn die Grundmenge $\mathbb{Q}$ ist.

$-3 - 11x = 30 \quad | + 3$ — Addition derselben Zahl auf beiden Seiten der Gleichung ist eine Äquivalenzumformung

$\underbrace{+3 - 3}_{0} - 11x = 30 + 3$ — zusammenfassen

$-11x = 33 \quad | : (-11)$ — Division durch dieselbe Zahl auf beiden Seiten der Gleichung ist eine Äquivalenzumformung

$\frac{-11x}{-11} = \frac{33}{-11}$ — kürzen

$x = -3$

$L = \{-3\}$

Aufgaben

21 Bestimme die Lösungen der folgenden Gleichungen für $x \in \mathbb{N}$ und $x \in \mathbb{Z}$.
a) $3x - 17 = 19$ b) $9 : 25 = x : 75$ c) $-4x + 6 = 10x - 8$

22 Bestimme die Lösungen der folgenden Gleichungen ($x \in \mathbb{R}$):
a) $2(x + 24) = 100$ b) $8x - (2x + 6) + (8 - 4x) = 0$ c) $14x - (16 - 6x) = 56$

23 a) $\frac{4x - 6}{7} = 5$ b) $\frac{x}{15} = \frac{21}{63}$ c) $\frac{15}{x} = \frac{3}{5}$

1. Gleichung lösen

Textaufgaben mithilfe von Gleichungen lösen

Aus dem Aufgabentext wird mithilfe der mathematischen Schreibweise (Terme) eine Gleichung aufgestellt. Für die gesuchte Größe wird eine Variable, z. B. x, gewählt.

Beispiel

Addiert man zur Hälfte einer Zahl den dritten Teil der Zahl, so erhält man 60.
Gesuchte Zahl: x
Hälfte der gesuchten Zahl: $\frac{x}{2}$
Drittel der gesuchten Zahl: $\frac{x}{3}$

Gleichung aufstellen: $\frac{x}{2}+\frac{x}{3}=60$

Gleichung lösen:

$$\frac{x}{2}+\frac{x}{3}=60 \quad |\cdot 6$$
$$3x+2x=360$$
$$5x=360$$
$$x=72$$

Probe am Text:
Addiert man zur Hälfte von 72 (=36) den dritten Teil von 72 (=24), so erhält man 60. Die Lösung führt zu einer wahren Aussage.

Aufgaben

24

Welche Zahlen sind gemeint?

a) Das Doppelte einer ganzen Zahl, vermindert um 6, ergibt 18.
b) Wenn man die Summe aus einer rationalen Zahl und 2,5 mit 8 multipliziert, so erhält man –4.
c) Die Differenz aus dem Dreifachen einer rationalen Zahl und 4 ist genauso groß wie das Vierfache der Summe aus der Zahl und 1.

25

a) Im Strandhotel sind insgesamt 48 Gäste aus Niedersachsen, Bremen und Hamburg. Die Zahl der Gäste aus Hamburg ist doppelt so groß und die der Gäste aus Niedersachsen ist fünfmal so groß wie die der Gäste aus Bremen.
Wie viele Gäste kommen aus den drei Bundesländern?
b) Herr Rabe bekommt vom Förderverein der Schule für den Computerraum einen Betrag von 350 € zur Verfügung gestellt. Er ersteigert im Internet 12 neue Mäuse, für Porto und Verpackung zahlt er 3,95 €.
Wie teuer war eine Maus, wenn noch 87,45 € übrig bleiben?
c) Vier aufeinander folgende Zahlen haben die Summe –2.
Wie lauten sie?

Merke

Lösungsmenge einer Ungleichung

Alle Elemente der Grundmenge G, die bei Einsetzen eine **Ungleichung** zu einer wahren Aussage machen, sind Elemente der **Lösungsmenge** L.

Beispiele

1. $x>1 \quad G=\mathbb{R}$
   Alle x-Werte größer als 1 aus der Grundmenge $\mathbb{R}$ machen die Ungleichung $x>1$ zu einer wahren Aussage.
   $L=\{x\,|\,x>1\}$
   Grafische Darstellung der Lösungsmenge:

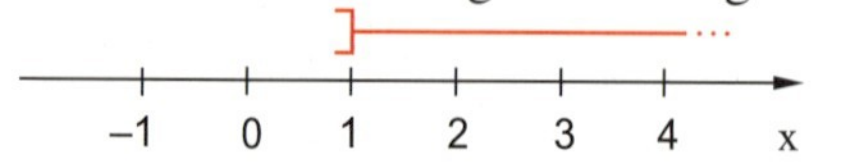

   Der Wert 1 gehört **nicht** zur Lösungsmenge

   Ungleichungen haben also in der Regel unendlich viele Lösungen.

2. Die Lösungsmenge der Ungleichung $-3\le x<2$ für $G=\mathbb{R}$ ist $L=\{x\,|\,-3\le x<2\}$.
   Grafische Darstellung:

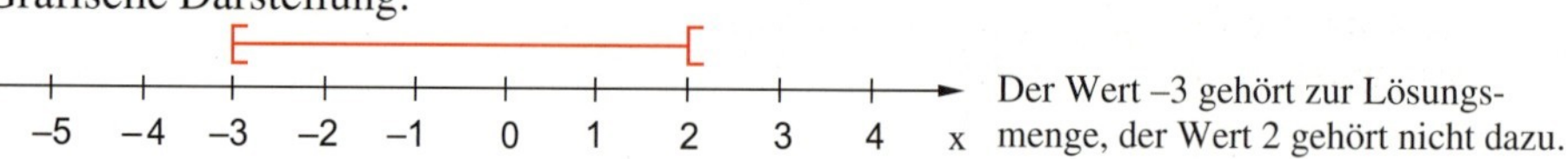

   Der Wert –3 gehört zur Lösungsmenge, der Wert 2 gehört nicht dazu.

3. $-27-28x \leq 37-29x \quad G=\mathbb{R}$
Zur Ermittlung der Lösungsmenge ist es zweckmäßig, die Ungleichung so umzuformen, dass sich die Lösungsmenge wie bei den Beispielen 1 und 2 sofort ablesen lässt.

$-27-28x \leq 37-29x \quad |+29x+27$
$x \leq 64$
$L=\{x \mid x \leq 64\}$

Grafische Darstellung der Lösungsmenge:

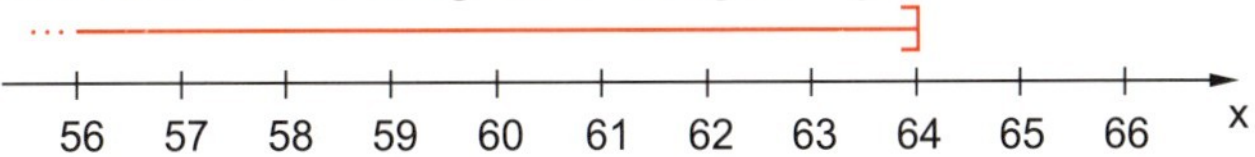

Merke

Diese Umformungen verändern die Lösungsmenge einer Ungleichung nicht
- Addition oder Subtraktion einer Zahl oder eines Terms auf beiden Seiten der Ungleichung
- Multiplikation oder Division mit einer positiven Zahl
- Multiplikation oder Division mit einer **negativen Zahl**, wenn man das **Ungleichheitszeichen umkehrt**

Die Umformungen heißen **Äquivalenzumformungen**.

Beispiel

Gib die Lösungsmenge der Ungleichung an:

$4x-4 < 7x+5$
$4x-4-7x < 7x+5-7x \quad |-7x$
$-3x-4 < 5 \quad |+4$
$-3x-4+4 < 5+4$
$-3x < 9 \quad |:(-3)$
$\frac{-3x}{-3} > \frac{9}{-3}$
$x > -3$
$L=\{x \mid x > -3\}$

Division durch eine negative Zahl:
Das Ungleichheitszeichen muss umgekehrt werden

Grafische Darstellung der Lösungsmenge:

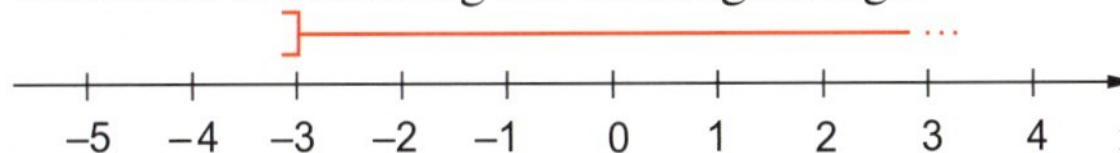

Aufgaben

26

Bestimme die Lösungsmenge bezüglich der Grundmenge $G=\mathbb{R}$:

a) $2x-8>12$
b) $1-x>-2$
c) $5-8x<x-7$
d) $5,4\cdot(2x-1,8)<2,7\cdot(3x-1,9)$
e) $\frac{2}{5}x-1<\frac{3}{5}$
f) $-11x+(17-3x)\cdot 3<7-\frac{2}{5}\left(50x-3\frac{4}{7}\right)$

27

Bestimme die Lösungsmenge in der Grundmenge $G=\mathbb{R}$:

a) $x+\frac{3}{4}\geq -2,75$
b) $1-x\geq 16-16x$
c) $0,1x-14,6\geq 5,4-0,1x$
d) $(x-2)\cdot x-(x+3)(x+2)\leq 0$

Interaktive Aufgabe

2. Ungleichung lösen

1.3 Proportionale und antiproportionale Zuordnungen

Proportionale Zuordnungen

Merke

Proportionale Zuordnung
Eine Zuordnung heißt direkt proportional, kurz **proportional**, wenn dem
2, 3, … k-Fachen einer Größe X
das 2, 3, … k-Fache einer anderen Größe Y entspricht.

Beispiele

1. Preis im Verhältnis zur Menge (z. B. beim Tanken)

Preis in €	Menge in Litern
1,20	1
2,40	2
6,00	5
12,00	10
24,00	20
60,00	50

Grafische Darstellung von proportionalen Verhältnissen:

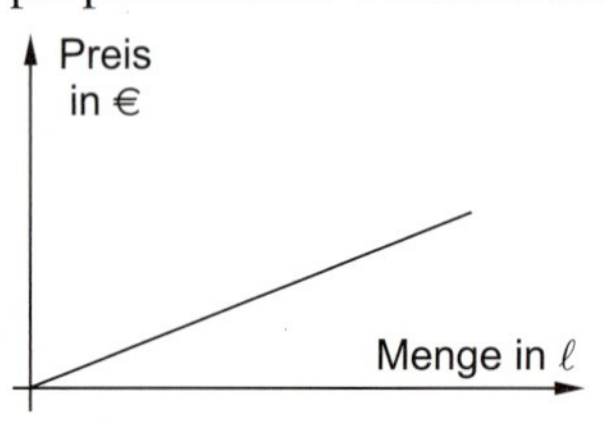

2. Das Volumen im Verhältnis zur Masse (z. B. beim Stapeln von gleich großen und gleich schweren Paketen)
3. Platzbedarf beim Verlegen von gleich großen Fliesen

Nicht-proportionale Zuordnungen

Beispiele

1. Der Preis im Verhältnis zur Abnahmemenge, wenn Mengenrabatte gewährt werden
2. Die Länge des Bremswegs in Abhängigkeit von der Geschwindigkeit
3. Die Körpergröße in Abhängigkeit vom Alter

Grafische Darstellung von nicht-proportionalen Zuordnungen:

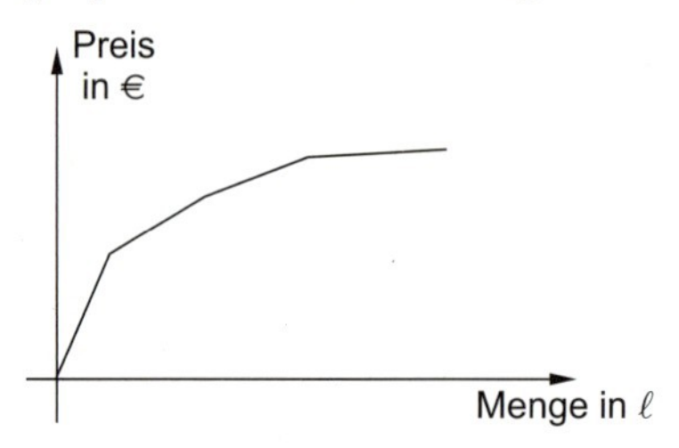

Antiproportionale Zuordnungen

Merke

Antiproportionale Zuordnung
Eine Zuordnung heißt **antiproportional** oder **indirekt proportional**, wenn dem
2, 3, … k-Fachen einer Größe X
der 2., 3., … k-te Teil einer anderen Größe Y entspricht.

Beispiele

1. Zahl der Arbeitskräfte im Verhältnis zur erforderlichen Zeit

Anzahl der Arbeitskräfte	benötigte Zeit
1	6 h
2	3 h
3	2 h
4	1 h 30 min
6	1 h

Grafische Darstellung von antiproportionalen Zuordnungen:

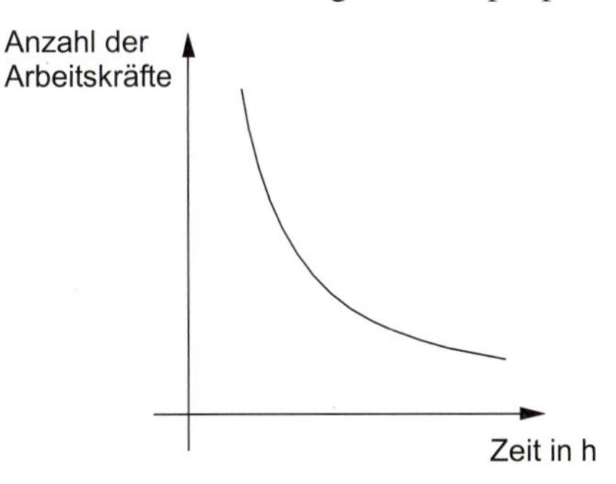

2. Geschwindigkeit eines Fahrzeugs und die für den Weg benötigte Zeit

Aufgaben

28 Wie viel kg Trauben erhält man für 16 €, wenn 25 kg dieser Trauben 20 € kosten?

29 Ein Auto fährt mit einer Durchschnittsgeschwindigkeit von 50 km/h und braucht für eine bestimmte Strecke 5 Stunden. Wie lange braucht es für dieselbe Strecke, wenn es mit 75 $\frac{km}{h}$ fährt?

30 In der Tabelle sind die Elektroenergiepreise für eine Jahresabnahme von zwei Anbietern dargestellt. Das vom Kunden zu zahlende Entgelt setzt sich aus dem Arbeitspreis und dem Leistungspreis zusammen.

		Arbeitspreis (brutto) Cent/kWh		**Leistungspreis** (brutto) Euro/Jahr	
Tarifart	Verbrauch	Anbieter A	Anbieter B	Anbieter A	Anbieter B
H_0	0 bis 160 kWh/Jahr	28,71	31,52	26,46	24,47
H_1	160 bis 4250 kWh/Jahr	15,42	14,98	49,99	39,15

a) Welcher Anbieter liegt bei einem Jahresverbrauch von 50 kWh günstiger, welcher bei einem Verbrauch von 150 kWh? Begründe.

b) Familie Küster rechnet mit einem Jahresverbrauch von 3200 kWh. Für welchen Anbieter soll sie sich entscheiden? Begründe.

c) Wird ein gewisser Verbrauch im Tarif H_0 überschritten, ist einer der beiden Anbieter günstiger (siehe auch Frage a). Ermittle diesen Verbrauch (gerundet auf volle kWh).

Interaktive Aufgaben

1. Joghurt
2. Renovierung
3. Tabelle

1.4 Prozent- und Zinsrechnung

Merke

Prozentrechnung		**Zinsrechnung**	
Prozentwert W	$W = \frac{G \cdot p}{100}$	**Zinsen Z**	$Z = \frac{K \cdot p}{100} \cdot t$
Grundwert G (100 %)	$G = \frac{W \cdot 100}{p}$	**Kapital K (100 %)**	$K = \frac{Z \cdot 100}{p \cdot t}$
Prozentsatz p	$p = \frac{W \cdot 100}{G}$	**Zinssatz p**	$p = \frac{Z \cdot 100}{K \cdot t}$

Beispiele

1. Sonja will sich ein neues Fahrrad für 857 € kaufen. Wegen eines kleinen Lackfehlers gewährt der Händler einen Preisnachlass von 18 %. Wie viel € spart Sonja?

   Lösung:
   Überlege: Was ist gegeben, was ist gesucht?
   Gegeben: G = 857 €; p % = 18 %
   Gesucht: W

   Lösen mit dem Dreisatz:

   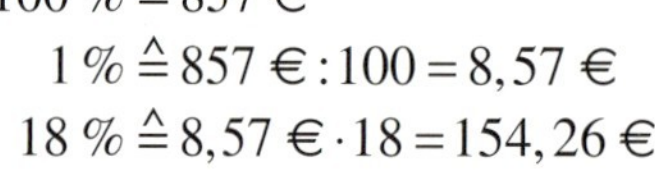

   $100\ \% \mathrel{\hat{=}} 857\ €$
   $1\ \% \mathrel{\hat{=}} 857\ € : 100 = 8{,}57\ €$
   $18\ \% \mathrel{\hat{=}} 8{,}57\ € \cdot 18 = 154{,}26\ €$

   Lösen mit der Formel:

   $W = \frac{G \cdot p}{100}$ $\qquad \frac{18}{100} = 0{,}18$
   $W = \frac{857 \cdot 18}{100} = 154{,}26$ $\qquad W = 857 \cdot 0{,}18 = 154{,}26$

2. Sven kauft im Ausverkauf einen DVD-Player für 100,80 €. Das sind 70 % des ursprünglichen Preises. Wie viel € kostete der DVD-Player vor dem Ausverkauf?

   Lösung:
   Überlege: Was ist gegeben, was ist gesucht?
   Gegeben: W = 100,80 €; p % = 70 %
   Gesucht: G

   Lösen mit dem Dreisatz:

   $70\ \% \mathrel{\hat{=}} 100{,}80\ €$
   $1\ \% \mathrel{\hat{=}} 100{,}80\ € : 70 = 1{,}44\ €$
   $100\ \% \mathrel{\hat{=}} 1{,}44\ € \cdot 100 = 144\ €$

   Lösen mit der Formel:

   $G = \frac{W \cdot 100}{p}$ $\qquad \frac{70}{100} = 0{,}7$
   $G = \frac{100{,}80 \cdot 100}{70} = 144$ $\qquad G = 100{,}8 : 0{,}7 = 144$

3. Herr Müller hat 7 500 € auf seinem Sparbuch. Er bekommt für eine feste Anlage von 2 Jahren 3,5 % Jahreszinsen. Wie viel Zinsen erhält er am Ende der Laufzeit?

   Lösung:

   1. Jahr:

	Prozent	Geld	
: 100	100 %	7 500 €	: 100
· 3,5	1 %	75 €	· 3,5
	3,5 %	262,50 €	

   2. Jahr: 7 500 € + 262,50 € = 7 762,50 €

	Prozent	Geld	
: 100	100 %	7 762,50 €	: 100
· 3,5	1 %	77,625 €	· 3,5
	3,5 %	≈ 271,69 €	

   262,50 € + 271,69 € = 534,19 €
   Am Ende der Laufzeit erhält er 534,19 € Zinsen.

Bei manchen Aufgabenstellungen verändert sich der Grundwert, z. B. der Preis einer Ware. Dabei kann es sich um eine **Vermehrung des Grundwertes** (z. B. Aufschlagen der Mehrwertsteuer, Preiserhöhung) oder um eine **Verminderung des Grundwertes** (z. B. Rabatt oder Skonto) handeln.

Beispiele

1. Ein Fernsehgerät kostet samt Mehrwertsteuer 595 €.
   Wie hoch ist der Nettopreis (d. h. ohne Mehrwertsteuer von 19 %)?

   Lösung:
   Der Preis samt Mehrwertsteuer entspricht einem Prozentsatz von $100\,\% + 19\,\% = 119\,\%$ (vermehrter Grundwert) des Nettopreises.

   $$\begin{array}{lrcrl} :119 & 119\,\% & \hat{=} & 595\,€ & :119 \\ & 1\,\% & \hat{=} & 5\,€ & \\ \cdot 100 & 100\,\% & \hat{=} & 500\,€ & \cdot 100 \end{array}$$

   Der Nettopreis beträgt 500 €.

2. Auf einen Rechnungsbetrag wurden Herrn Maier 2 % Skonto gewährt. Er zahlt 245 €. Auf welchen Betrag lautete die Rechnung?
   Lösung:
   Der Betrag, den Herr Maier zahlt, entspricht $100\,\% - 2\,\% = 98\,\%$ des ursprünglichen Rechnungsbetrags (verminderter Grundwert).

   $$\begin{array}{lrcrl} :98 & 98\,\% & \hat{=} & 245{,}00\,€ & :98 \\ & 1\,\% & \hat{=} & 2{,}50\,€ & \\ \cdot 100 & 100\,\% & \hat{=} & 250{,}00\,€ & \cdot 100 \end{array}$$

   Der Rechnungsbetrag war 250 €.

Aufgaben

31 Die fehlenden Werte in der Tabelle sind zu berechnen.

Grundwert	320		240	300
Prozentwert	80	30		
Prozentsatz		20 %	5 %	120 %

32

a) 30 Bücher sind 25 % eines Buchbestandes.
   Wie viele Bücher sind insgesamt im Bestand?
b) 10 % sind 16 kg. Wie viel kg sind 25 %?
c) 102 % von 160 € sind?
d) Wie viel Prozent sind 20 m von 2 000 m?

33

a) Der Preis einer Ware ist von 600 € auf 750 € erhöht worden.
   Auf wie viel Prozent ist er gestiegen?
b) Der Preis einer Hose, die 60 € kostete, wird im Winterschlussverkauf um 20 % gesenkt.
   Welchen Preis hat die Hose nun?

34 $\alpha = 72°$
Wie viel % der Kreisfläche sind grau?

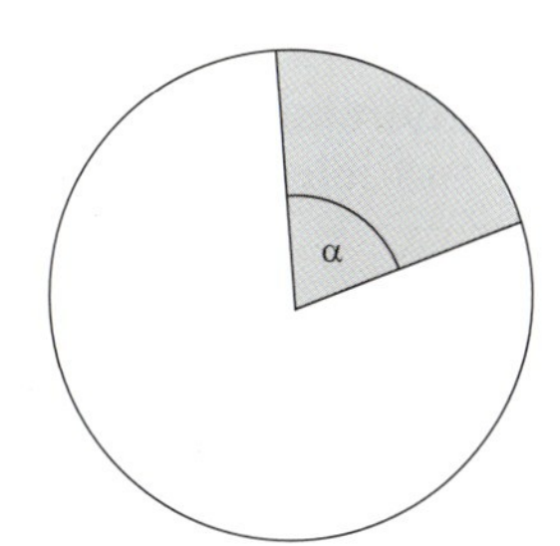

35 Monika hat 150 €. Davon gibt sie $\frac{1}{3}$ im Urlaub aus. Vom Rest, den Monika nicht ausgegeben hat, steckt sie 50 % in ihr Sparschwein.
Wie viel Euro steckt Monika in das Sparschwein?

☐ 25 € ☐ 50 € ☐ 75 € ☐ 100 € ☐ 125 €

36 Bei Barzahlung werden 2 % Skonto gewährt. Wie viel Euro sind das, wenn die Ware 1 300 € kostet?

☐ 650 € ☐ 1 298 € ☐ 26 € ☐ 260 € ☐ 1 950 €

37 Ein Computerunternehmen hat 3 Teilhaber.
Der 1. Teilhaber ist mit 325 000 €, der 2. Teilhaber mit 275 000 €, der 3. Teilhaber mit 250 000 € beteiligt.
Es wird ein Jahresgewinn in Höhe von 212 000 € erzielt.
Die Verteilung erfolgt so, dass jeder zunächst 15 % davon erhält. Der Rest wird entsprechend den Einlagen verteilt.

a) Berechne die prozentualen Anteile der jeweiligen Einlagen und stelle diese in einem Diagramm dar!
b) Wie hoch ist der Gewinn für den 2. Teilhaber?

38 Eine Familie (Vater, Mutter, Sohn) spart auf eine größere Urlaubsreise und zahlt dazu 4 Jahre lang am Jahresbeginn 3 000 € auf ein Konto ein. Die Verzinsung beträgt 4 %.

a) Auf welchen Betrag sind die Einzahlungen bis zum Ende des vierten Jahres angewachsen, wenn die Zinsen nicht abgehoben wurden?
b) Die Reise kostet für jeden Erwachsenen 4 800,00 €, für das Kind werden 30 % Ermäßigung gewährt.
Wie viel Geld verbleibt noch in der Reisekasse?

39 André und Andrea haben jeweils 2 300,00 € gespart. Da die Zinsen zurzeit niedrig sind, wollen beide das Geld für 5 Jahre fest anlegen.
André legt sein Kapital für 5 Jahre mit einem festen Zinssatz von 4,25 % an.

Andrea erhält im 1. Jahr 3,25 % im 3. Jahr 4,25 %
im 2. Jahr 3,70 % im 4. Jahr 4,50 %
im 5. Jahr 5,00 % Zinsen.

Wer hat sein Geld besser angelegt?
Nach wie vielen Jahren hat sich das Kapital von André verdoppelt?

Interaktive Aufgaben

1. Grundwert
2. Prozentwert
3. Zinssatz
4. Verminderter Grundwert
5. Vermehrter Grundwert
6. Gehaltserhöhung

1.5 Umrechnungen von Größen

Merke

Längenmaße

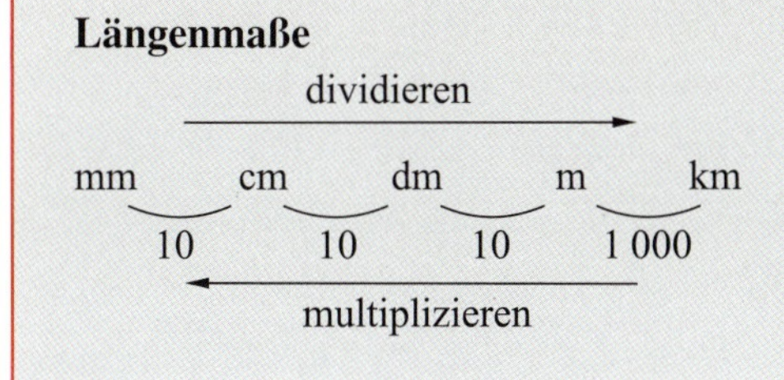

Die Umrechnungszahl von km in m ist **1 000**.
Die Umrechnungszahl von m in dm ist **10** usw.

Beispiele

600 mm = (600 : 10) cm = 60 cm
15,8 m = 15,8 · 100 cm = 1 580 cm

Merke

Flächenmaße

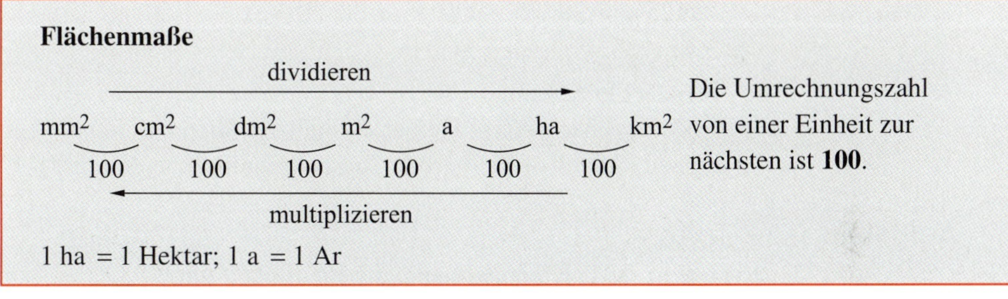

Die Umrechnungszahl von einer Einheit zur nächsten ist **100**.

1 ha = 1 Hektar; 1 a = 1 Ar

Beispiele

$895\,410\ \text{cm}^2 = (895\,410 : 100)\ \text{dm}^2 = 8\,954{,}1\ \text{dm}^2$
$7{,}15\ \text{m}^2 = 7{,}15 \cdot 100\ \text{dm}^2 = 715\ \text{dm}^2$

Merke

Raummaße (Volumeneinheiten)

dividieren →

mm^3 — 1 000 — cm^3 — 1 000 — dm^3 — 1 000 — m^3

← multiplizieren

Die Umrechnungszahl von einer Einheit zur nächsten ist **1 000**.

$1\ \ell = 1\ \text{dm}^3$; $1\ m\ell = 1\ \text{cm}^3$
$1\ \ell = 1\,000\ m\ell$; $1\ h\ell = 100\ \ell$

Beispiele

$4\,000\ \ell = 4\,000\ \text{dm}^3 = (4\,000 : 1\,000)\ \text{m}^3 = 4\ \text{m}^3$
$1{,}3\ \text{m}^3 = 1{,}3 \cdot 1\,000\ \text{dm}^3 = 1\,300\ \text{dm}^3 = 1\,300\ \ell$

Merke

Zeiteinheiten

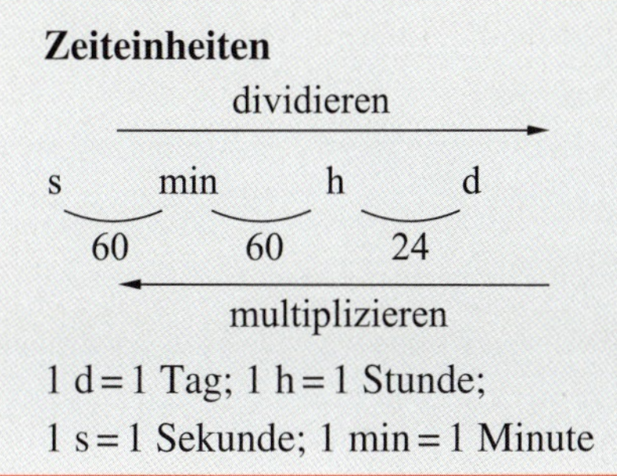

1 d = 1 Tag; 1 h = 1 Stunde;
1 s = 1 Sekunde; 1 min = 1 Minute

Die Umrechnungszahl von h in min sowie von min in s ist **60**.

Die Umrechnungszahl von d in h ist **24**.

Beispiele

2 d = 2 · 24 h = 48 h
7 min 13 s = 7 · 60 s + 13 s = 420 s + 13 s = 433 s
290 s = (240 : 60) min + 50 s = 4 min 50 s

Merke

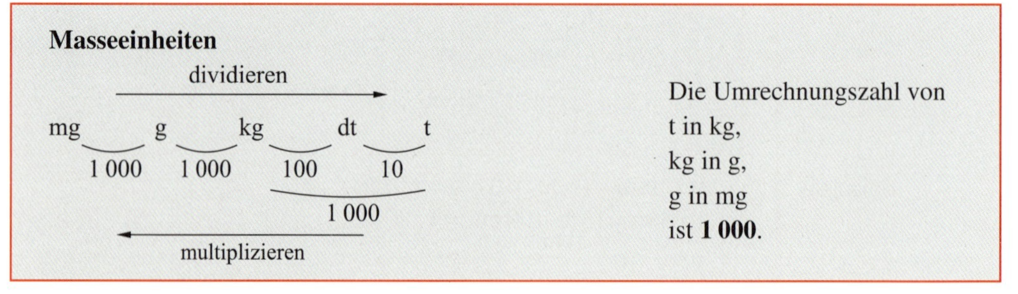

Beispiele

28 125 g = (28 125 : 1 000) kg = 28,125 kg
3,45 t = 3,45 · 10 dt = 34,5 dt

Für alle Größen gilt:
Einheit größer → Zahl kleiner, deshalb dividieren durch die Umrechnungszahl
Einheit kleiner → Zahl größer, deshalb multiplizieren mit der Umrechnungszahl

Aufgaben

40 Rechne in die in Klammern angegebene Einheit um.

a) 1,23 m (mm) b) 17 cm (mm) c) 0,3568 km (dm) d) 437,5 m (km)
e) 2,72 dm (cm) f) 0,0052 m (mm) g) 2 019 mm (m) h) 127,6 dm (m)

41 Rechne in die angegebene Einheit um.

a) 0,01 km^2 (m^2) b) 6,906 dm^2 (mm^2) c) 9,7 mm^2 (cm^2) d) 626 m^2 (ha)
e) 0,023 m^2 (mm^2) f) 0,0027 ha (m^2) g) 17 665 cm^2 (m^2) h) 3 027 a (m^2)

42 Rechne in die angegebene Einheit um.

a) 0,063 m^3 (ℓ) b) 3 mℓ (dm^3) c) 12 829 cm^3 (m^3) d) 1,024 m^3 (dm^3)
e) 825,6 dm^3 (m^3) f) 3,2 cm^3 (dm^3)

43 Rechne in die angegebene Einheit um.

a) 3,25 h (min) b) 6 d 7h (h) c) 7,6 min (s) d) 2 h 24 min (s)
e) 17 h 12 min (min) f) 37 653 s (h) g) 8 280 s (h) h) 187 200 s (h)

44 Rechne in die angegebene Einheit um.

a) 23 g (kg) b) 0,0672 kg (g) c) 738 g (kg) d) 6,7 kg (dt)
e) 327 865 mg (kg) f) 0,032 t (kg) g) 52,3 g (mg) h) 72,5 kg (t)

Interaktive Aufgaben

1. Längenmaße umrechnen
2. Flächenmaße umrechnen
3. Raummaße umrechnen
4. Zeiteinheiten umrechnen
5. Masseeinheiten umrechnen

1.6 Ebene Figuren

Merke

Allgemeines Dreieck

Flächeninhalt des Dreiecks: $A = \frac{1}{2} g \cdot h_g$

Umfang des Dreiecks: $u = a + b + c$

Summe der Innenwinkel: $\alpha + \beta + \gamma = 180°$

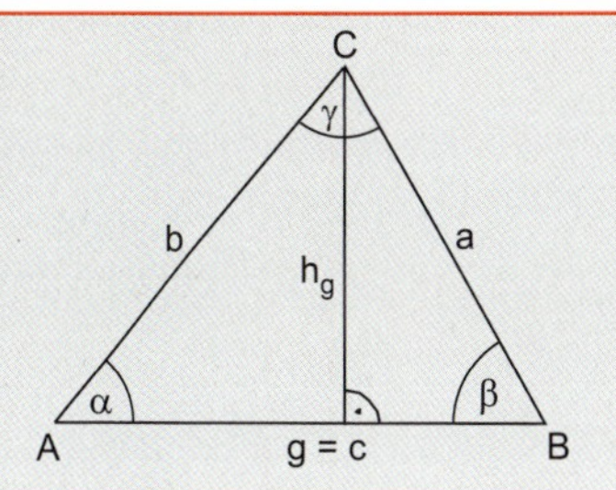

Beispiele

1. Gegeben: Seite $c = 8$ cm; Höhe $h_c = 2{,}7$ cm
   Flächeninhalt $A = \frac{1}{2} \cdot c \cdot h_c = \frac{1}{2} \cdot 8\text{ cm} \cdot 2{,}7\text{ cm} = 10{,}8\text{ cm}^2$
2. Gegeben: $a = 5$ cm; $b = 6{,}5$ cm; $c = 8{,}6$ cm
   Umfang: $u = a + b + c$
   $u = 5\text{ cm} + 6{,}5\text{ cm} + 8{,}6\text{ cm}$
   $u = 20{,}1\text{ cm}$
3. Gegeben: $\alpha = 42°$; $\beta = 67°$
   $\gamma = 180° - (\alpha + \beta)$
   $\gamma = 180° - (42° + 67°)$
   $\gamma = 180° - 109°$
   $\gamma = 71°$

Merke

Rechteck
Ein Rechteck besitzt vier rechte Winkel und zwei Paare von gleich langen Gegenseiten.

Flächeninhalt des Rechtecks: $A = a \cdot b$

Umfang des Rechtecks: $u = 2a + 2b = 2 \cdot (a + b)$

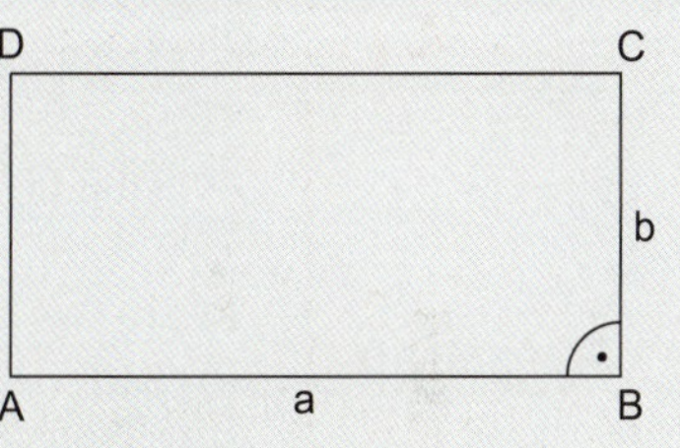

Quadrat
Ein Quadrat besitzt vier rechte Winkel und vier gleich lange Seiten.

Flächeninhalt des Quadrats: $A = a^2$

Umfang des Quadrats: $u = 4 \cdot a$

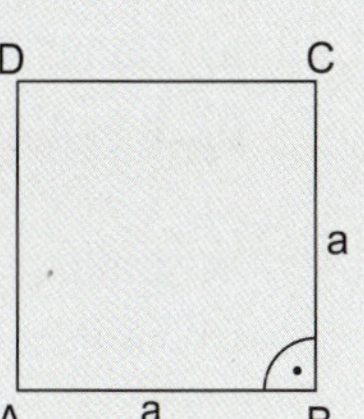

Parallelogramm
Beim Parallelogramm sind gegenüberliegende Seiten gleich lang und gegenüberliegende Winkel gleich groß. $\alpha + \beta = 180°$

Flächeninhalt des Parallelogramms: $A = a \cdot h_a$

Umfang des Parallelogramms: $u = 2a + 2b = 2 \cdot (a + b)$

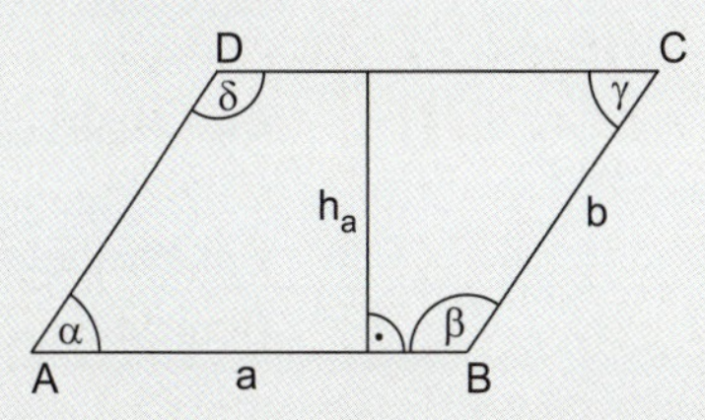

Raute

Eine Raute hat vier gleich lange Seiten.
Je zwei gegenüberliegende Winkel sind gleich groß.
Die Diagonalen e und f schneiden einander rechtwinklig.

Flächeninhalt der Raute: $A = a \cdot h_a$

oder $A = \frac{e \cdot f}{2}$

Umfang der Raute: $u = 4 \cdot a$

Trapez

Das Trapez hat ein Paar paralleler Seiten: $a \parallel c$

Mittellinie des Trapezes: $m = \frac{a+c}{2}$

Flächeninhalt des Trapezes: $A = \frac{1}{2} \cdot (a+c) \cdot h$

oder $A = m \cdot h$

Umfang des Trapezes: $u = a+b+c+d$

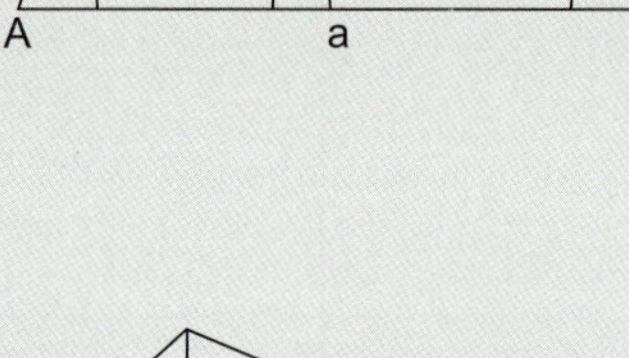

Drachen

Beim Drachen sind zwei Paare von Nachbarseiten gleich lang.
Die Diagonalen schneiden sich im rechten Winkel.

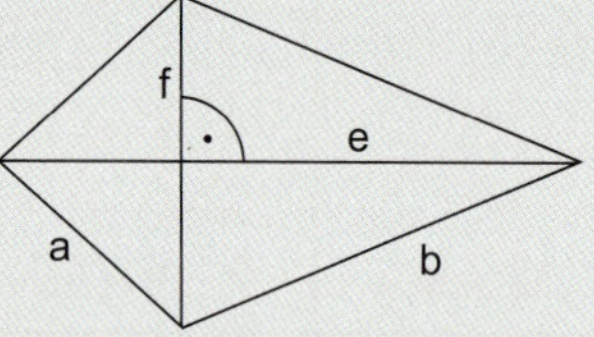

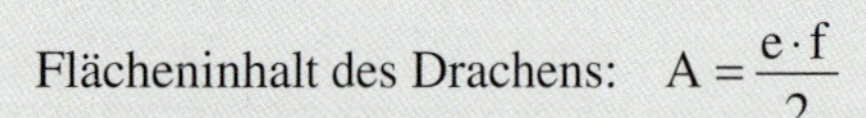

Flächeninhalt des Drachens: $A = \frac{e \cdot f}{2}$

Umfang des Drachens: $u = 2 \cdot a + 2 \cdot b$

Aufgaben

45 Ein Dreieck hat die Seiten $a = 5$ cm, $c = 7$ cm und die Höhe $h_c = 2{,}8$ cm.
a) Berechne den Flächeninhalt des Dreiecks.
b) Berechne die Länge der Höhe h_a.

46 a) Ein Dreieck besitzt die Winkel $\alpha = 58°$ und $\beta = 47°$. Bestimme Winkel γ.
b) Gibt es ein Dreieck mit zwei stumpfen Winkeln?

47 Ein Rechteck hat einen Umfang von 42 cm. Seine Länge ist doppelt so groß wie die Breite.
a) Berechne die Längen der Seiten.
b) Berechne den Flächeninhalt des Rechtecks.

48 Ein Quadrat hat den Flächeninhalt 90,25 cm². Berechne Seitenlänge und Umfang.

49 Ein Parallelogramm hat die Seiten $a = 5$ cm und $b = 4{,}5$ cm sowie den Flächeninhalt 20 cm². Berechne die Höhe h_a und den Umfang des Parallelogramms.

50 Ein Trapez hat die parallelen Seiten a und c, Seite $a = 8$ cm, die Höhe $h = 4$ cm und den Flächeninhalt 24 cm².
Wie lang ist die Seite c?

51 Berechne den Umfang und den Flächeninhalt der zusammengesetzten Fläche (Maßangaben in mm).

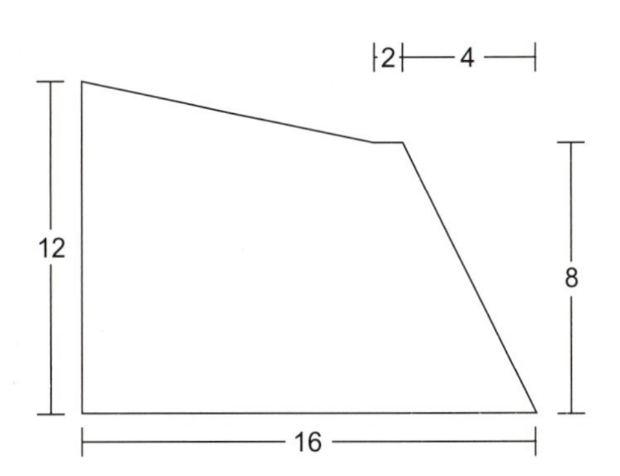

52 Von einem fünfeckigen Grundstück ABCDE sind die eingezeichneten Maße bekannt.

a) Welchen Flächeninhalt hat dieses Grundstück?

b) Zwischen den Eckpunkten A, E, D, C dieses Grundstücks soll der Zaun erneuert werden. Wie lang ist dieses Zaunstück?

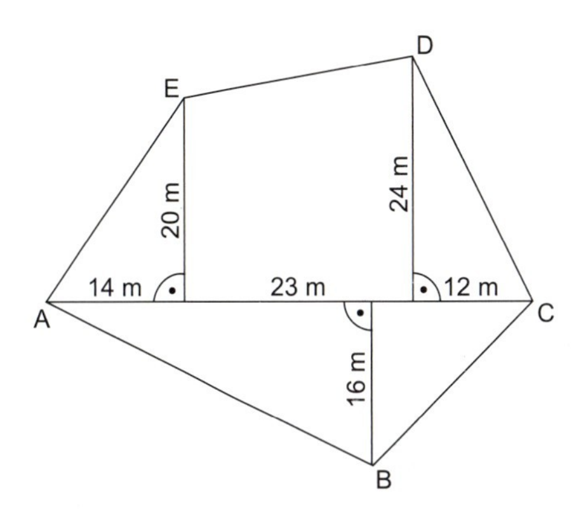

Interaktive Aufgaben

1. Dreieck
2. Rechteck
3. Parallelogramm
4. Raute
5. Trapez
6. Drachen
7. Fliesen

1.7 Potenzen und Wurzeln

Merke

Potenzen

Definition | **Beispiel**

Potenz $a^n \leftarrow$ Exponent; $\uparrow$ Basis — $3^5 = 3 \cdot 3 \cdot 3 \cdot 3 \cdot 3$

$a^n = \underbrace{a \cdot a \cdot a \cdot \ldots\ldots\ldots \cdot a}_{\text{a steht n-mal als Faktor}}$

$a^1 = a$ (für alle a mit $a \in \mathbb{R}$) — $3^1 = 3$

$a^0 = 1$ (für alle a mit $a \in \mathbb{R} \setminus \{0\}$) — $3^0 = 1$

$a^{-n} = \frac{1}{a^n}$ (für alle a mit $a \in \mathbb{R} \setminus \{0\}; n \in \mathbb{N}$) — $3^{-2} = \frac{1}{3^2} = \frac{1}{9}$

$a^{\frac{1}{n}} = \sqrt[n]{a}$ ($a \in \mathbb{R}_0^+; n \in \mathbb{N} \setminus \{0\}$) — $8^{\frac{1}{3}} = \sqrt[3]{8} = 2$

$\sqrt[n]{a}$ ist die nicht negative Lösung der Gleichung $x^n = a$ — $x^3 = 64 \quad x = \sqrt[3]{64} \quad x = 4$

Sonderfall: $\sqrt{a}$ ist die nicht negative Lösung von $x^2 = a$ — $x^2 = 25 \quad x = \sqrt{25} \quad x = 5$

$a^{\frac{m}{n}} = \sqrt[n]{a^m}$ ($a \in \mathbb{R}_0^+; m, n \in \mathbb{N} \setminus \{0\}$) — $8^{\frac{2}{3}} = \sqrt[3]{8^2} = 4$

Gesetze für das Rechnen mit Potenzen

Merke

Potenzgesetze (für $a, b \in \mathbb{R}^+$; $m, n \in \mathbb{R}$)		**Beispiel**
1. Potenzen mit gleicher Basis werden multipliziert, indem die Exponenten addiert werden.	$a^m \cdot a^n = a^{m+n}$	$3^2 \cdot 3^3 = 3^{2+3} = 3^5 = 243$
2. Potenzen mit gleicher Basis werden dividiert, indem die Exponenten subtrahiert werden.	$\frac{a^m}{a^n} = a^{m-n}$	$\frac{3^5}{3^3} = 3^{5-3} = 3^2 = 9$
3. Potenzen mit gleichem Exponenten werden multipliziert, indem die Basen multipliziert werden.	$a^n \cdot b^n = (a \cdot b)^n$	$3^3 \cdot 4^3 = (3 \cdot 4)^3 = 12^3 = 1728$
4. Potenzen mit gleichem Exponenten werden dividiert, indem die Basen dividiert werden.	$\frac{a^n}{b^n} = \left(\frac{a}{b}\right)^n$	$\frac{6^5}{3^5} = \left(\frac{6}{3}\right)^5 = 2^5 = 32$
5. Eine Potenz wird potenziert, indem die Exponenten multipliziert werden.	$(a^n)^m = a^{n \cdot m}$	$(2^3)^2 = 2^{3 \cdot 2} = 2^6 = 64$

Aufgaben

53 Berechne, vereinfache und fasse so weit wie möglich zusammen.

a) Potenzgesetz 1:

$3^5 \cdot 3^2 \cdot 3^4$

$(-2)^3 \cdot (-2)^2 \cdot (-2)^3$

$(x+2)^3 \cdot (x^2+4x+4)$

$(x+1)^2 \cdot (x-1) \cdot (x^2-1)$

b) Potenzgesetz 2:

$\frac{x^{17}}{x^{12}}$

$\frac{(x+1)^3}{x^2+2x+1}$

$\frac{51x^5y^{14}z^9}{17x^7y^9z^7}$

$\frac{32xy^3}{2^4x^4y} \cdot \frac{64x^5y^2}{2^5xy^4}$

c) Potenzgesetz 3:

$(-3)^4 \cdot (2)^4 \cdot (6)^4 \cdot (-9)^4$

$(x-3)^2 \cdot (3-x)^2$

$(a+b)^2 \cdot (a-b)^2$

$\left(\frac{x^2y^3}{3}\right)^4 \cdot \left(\frac{6}{xy}\right)^4$

d) Potenzgesetz 4:

$\frac{(x^2y)^4}{(xy^2)^4}$

$\frac{(64a^2b^3)^3}{(8b^2a)^3}$

$\frac{(x^2-xy)^{k-2}}{(2x-2y)^{k-2}}$

e) Potenzgesetz 5:

$(2^{-3})^5$

$\left(\frac{a^2b^{-1}c^3}{a^3b^2c^{-2}}\right)^2$

$(2a^3b^2)^4 \cdot (5ab^3)^3$

$\left(\frac{x^2y^{-3}}{xz^{-2}}\right)^{-2} : \left(\frac{y^3z^{-4}}{x^3y^2}\right)^2$

1. Potenzen zusammenfassen
2. Potenzen vereinfachen

Sehr große und sehr kleine Zahlen

Sehr große und sehr kleine Zahlen werden oft in wissenschaftlicher Schreibweise als Produkt aus einer Zahl zwischen 1 und 10 und einer Zehnerpotenz mit ganzzahligem Exponenten geschrieben:

Merke

Normdarstellung einer Zahl
(Standardschreibweise mit Zehnerpotenzen)
$z = a \cdot 10^k \quad \text{mit } 1 < a < 10;\ k \in \mathbb{Z}$

Beispiele

$187\,000\,000\,000 = 1{,}87 \cdot 10^{11}$

$0{,}000\,000\,037 = 3{,}7 \cdot 10^{-8}$

Masse der Erde	$m = 5{,}98 \cdot 10^{24}$ kg
Masse eines Elektrons	$m = 9{,}11 \cdot 10^{-31}$ kg
1 Lichtjahr	$1\text{ LJ} = 9{,}46 \cdot 10^{12}$ km

Aufgaben

54

a) Schreibe jeweils als Produkt einer Zahl zwischen 1 und 10 und einer Zehnerpotenz.
375 000 000 000 000 000
180 000 000 000 000
0,000 000 000 123
0,000 0017

b) Der Durchmesser unserer Milchstraße beträgt $8 \cdot 10^{17}$ km.
Gib den Durchmesser in Lichtjahren an.

c) Die Entfernung zu dem uns am nächsten gelegenen Fixstern α-Centauri beträgt 4,17 Lichtjahre.
Wie lange braucht ein Raumschiff (theoretisch), das mit einem Drittel Lichtgeschwindigkeit fliegt, für diese Strecke?

55

Berechne mithilfe von Zehnerpotenzen.

a) $3\,500\,000\,000 \cdot 7\,820\,000$

b) 15,785 Billionen : 3,85 Millionen

c) $0{,}000\,002\,7 \cdot 0{,}000\,000\,003$

d) 0,077 % von 6,5 Mrd.

56

Bestimme folgende Längen-, Flächen- und Volumenmaße mithilfe von Zehnerpotenzen.

a) $1\text{ m} = \ldots\text{ cm};\ 1\text{ km} = \ldots\text{ m};\ 1\text{ km} = \ldots\text{ mm}$

b) $1\text{ m}^2 = \ldots\text{ cm}^2;\ 1\text{ km}^2 = \ldots\text{ m}^2;\ 1\text{ km}^2 = \ldots\text{ mm}^2$

c) $1\text{ m}^3 = \ldots\text{ cm}^3;\ 1\text{ km}^3 = \ldots\text{ m}^3;\ 1\text{ km}^3 = \ldots\text{ mm}^3$

57

Die Kapazität elektronischer Speichermedien wird in Bytes (B) angegeben, dabei gilt $1\text{ KB} = 2^{10}$ Bytes; $1\text{ MB} = 2^{20}$ Bytes; $1\text{ GB} = 2^{30}$ Bytes.
Gib die Speicherkapazität in Bytes an, runde dabei auf Millionen.

a) Ein Memorystick mit 256 MB

b) 10 CD-ROM mit jeweils 700 MB

c) Zwei Festplatten mit jeweils 80 GB

Interaktive Aufgabe

3. Zehnerpotenzen

Gleichungen mit Potenzen der Form $x^n = a$

Merke

Gleichung	**Lösung**	
$x^n = a \quad (a \in \mathbb{R}_0^+; n \in \mathbb{N})$	für n gerade:	$x = \sqrt[n]{a}$ und $x = -\sqrt[n]{a}$
	für n ungerade:	$x = \sqrt[n]{a}$

Beispiele

1. a) $x^4 = 16 \qquad x = +\sqrt[4]{16} = 2$ und $x = -\sqrt[4]{16} = -2$

   b) $x^2 = 144 \qquad x = +\sqrt{144} = +12$ und $x = -\sqrt{144} = -12$

   c) $x^3 = 125 \qquad x = +\sqrt[3]{125} \quad x = 5$

2. $$(2x+3)^7 = 128$$
   $$(2x+3)^7 = 2^7$$
   $$2x+3 = \sqrt[7]{2^7}$$
   $$2x+3 = 2$$
   $$x = -0{,}5$$

3. $$(20x+15)^{\frac{2}{3}} = 25$$
   $$[(20x+15)^{\frac{2}{3}}]^{\frac{3}{2}} = (5^2)^{\frac{3}{2}}$$
   $$20x+15 = 5^3$$
   $$20x = 110$$
   $$x = 5{,}5$$

Aufgaben

58 Bestimme die Lösungsmenge zu den angegebenen Gleichungen ($G = \mathbb{R}$).

a) $x^4 = 256$ b) $x^2 = 625$ c) $x^3 = 343$

d) $x^3 = -216$ e) $(x-2)^3 = 27$ f) $(x+3)^2 = 81$

59 Ermittle die Lösungen auf vier Dezimalstellen genau ($G = \mathbb{R}$).

a) $x^6 - 13 = -5$ b) $3x^4 = 51$ c) $x^3 = \sqrt{10}$

d) $\sqrt[4]{x} = 3$ e) $\sqrt[3]{2x} = 1{,}52$ f) $\sqrt[3]{x^2} = 1{,}52$

4. Potenzgleichung

2 Lineare Funktionen – Lineare Gleichungssysteme

2.1 Die lineare Funktion

Merke

Lineare Funktionen

- Eine Vorschrift f, durch die **jedem Element x** aus einer **Definitionsmenge** D **genau ein Element** y aus einer **Wertemenge** W zugeordnet wird, heißt **Funktion**. Die Elemente x aus der Definitionsmenge D heißen **Argumente**. Die Elemente y aus der Wertemenge W heißen **Funktionswerte**.
- Die Gleichung oder Zuordnungsvorschrift $y = f(x)$ wird als **Funktionsgleichung** bezeichnet. Ist diese Funktionsgleichung von der Form $y = f(x) = mx + t$, so spricht man von einer **linearen Funktion**.
- Eine **Wertetabelle** ist die Darstellung in Zahlen, ein **Graph** die Darstellung dieser Zuordnungsvorschrift als Bild.
- Jede Parallele zur y-Achse schneidet den Graphen einer Funktion in höchstens einem Punkt.

Beispiel

Zuordnungsvorschrift bzw. Funktion **f: $y = 2x + 3$**

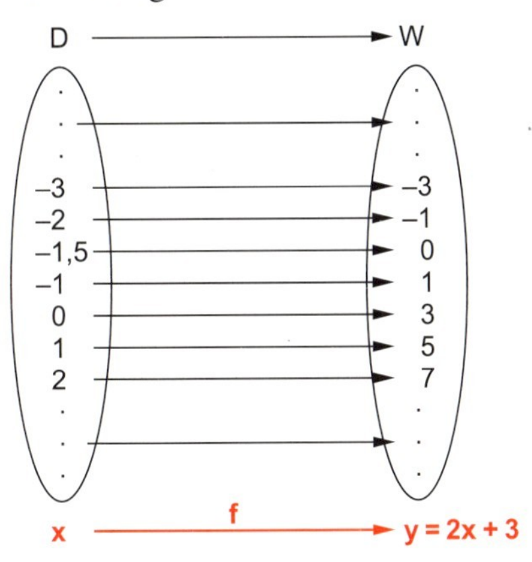

Die Funktionsvorschrift lautet: Ordne jedem Element x aus der Definitionsmenge D das Element $2x + 3$ aus der Wertemenge W zu. Funktionsgleichung: $y = f(x) = 2x + 3$

Wertetabelle

x	–6	–5	–4	–3	–2	–1	0	1	2	3	4	5
$y = 2x + 3$	–9	–7	–5	–3	–1	1	3	5	7	9	11	13

Graph

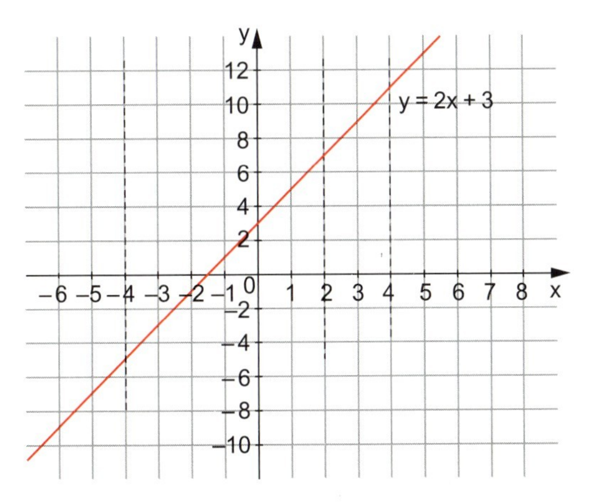

Jede Parallele zur y-Achse schneidet den Graphen von f in höchstens einem (1) Punkt.

Lineare Funktionen der Form f: $y = m \cdot x$

Merke

Lineare Funktionen f: $y = m \cdot x$

- Die Graphen aller linearen Funktionen mit der Funktionsgleichung $y = mx$ sind Geraden, die durch den Koordinatenursprung $O(0\,|\,0)$ gehen: **Ursprungsgeraden** (siehe Abbildung).
- Der Wert von m bestimmt, wie steil der Graph der zugehörigen Geraden verläuft.

  $m = 1$: Winkelhalbierende des 1. und 3. Quadranten; $y = x$

  $m = -1$: Winkelhalbierende des 2. und 4. Quadranten; $y = -x$

  $m > 1$: Die Gerade verläuft steiler als die Winkelhalbierende $y = x$.

  $0 < m < 1$: Die Gerade verläuft flacher als die Winkelhalbierende $y = x$.

  $m < -1$: Die Gerade verläuft steiler als die Winkelhalbierende $y = -x$.

  $-1 < m < 0$: Die Gerade verläuft flacher als die Winkelhalbierende $y = -x$.
- Der Faktor **m** heißt **Steigung** der Geraden mit der Gleichung $y = mx$.

Beispiele

a) $y = x$ mit $m = 1$

b) $y = 2x$ mit $m = 2$

c) $y = \frac{1}{2}x$ mit $m = \frac{1}{2}$

d) $y = -x$ mit $m = -1$

e) $y = -2x$ mit $m = -2$

f) $y = -\frac{1}{2}x$ mit $m = -\frac{1}{2}$

Wertetabelle

m	f	x	–5	–4	–3	–2	–1	0	1	2	3	4	5
–2	$y = -2x$	y	10	8	6	4	2	0	–2	–4	–6	–8	–10
–1	$y = -x$	y	5	4	3	2	1	0	–1	–2	–3	–4	–5
$\frac{1}{2}$	$y = \frac{1}{2}x$	y	$-\frac{5}{2}$	–2	$-\frac{3}{2}$	–1	$-\frac{1}{2}$	0	$\frac{1}{2}$	1	$\frac{3}{2}$	2	$\frac{5}{2}$
1	$y = x$	y	–5	–4	–3	–2	–1	0	1	2	3	4	5
2	$y = 2x$	y	–10	–8	–6	–4	–2	0	2	4	6	8	10

Graph

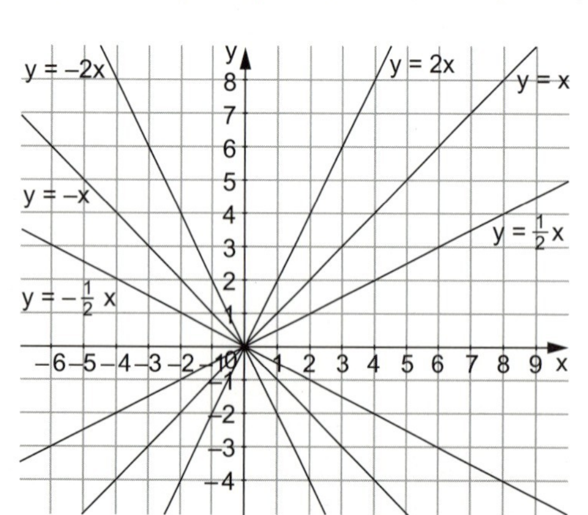

Der Graph einer Geraden lässt sich mithilfe eines **Steigungsdreiecks** zeichnen.
Das Steigungsdreieck gewinnt man aus der Steigung m der Geraden: $m = \frac{\Delta y}{\Delta x}$

Beispiele

1. Geradengleichung: $y = \frac{1}{2}x$ Steigung: $m = \frac{1}{2}$

   Steigungsdreieck: $\Delta y = 1$
   $\Delta x = 2$

   Zeichnen der Geraden:
   Trage in einem beliebigen Punkt P der Geraden ein Steigungsdreieck an. Gehe dabei vom Punkt P aus um Δx LE in x-Richtung bis R und dann um Δy LE in y-Richtung bis Q.
   Zeichne die Gerade durch die Punkte P und Q.
   Da alle Geraden mit der Gleichung y = mx durch den Ursprung O(0 | 0) verlaufen, ist es günstig, für P den Ursprung O zu wählen.

Graph

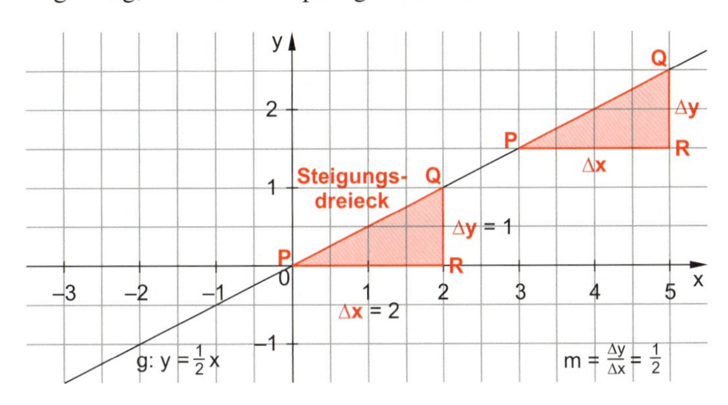

2. Zeichne die Geraden mit der Funktionsgleichung

   a) $y = -2x$; $m = -2 = \frac{-2}{1}$

   Steigungsdreieck: $\Delta y = -2$; $\Delta x = 1$
   1 LE in x-Richtung oder 1 LE nach rechts, –2 LE in y-Richtung oder 2 LE nach unten

   oder: $m = -2 = \frac{2}{-1}$

   Steigungsdreieck: $\Delta y = 2$; $\Delta x = -1$
   –1 LE in x-Richtung oder 1 LE nach links, 2 LE in y-Richtung oder 2 LE nach oben

   b) $y = \frac{3}{2}x$; $m = \frac{3}{2}$

   Steigungsdreieck: $\Delta y = 3$; $\Delta x = 2$
   2 LE in x-Richtung oder 2 LE nach rechts, 3 LE in y-Richtung oder 3 LE nach oben

Graphen

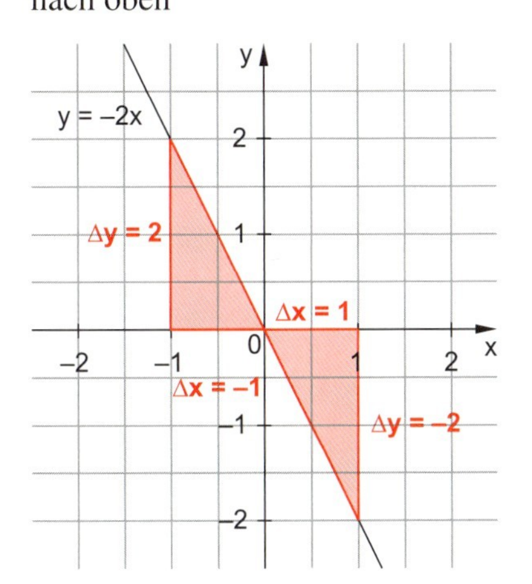

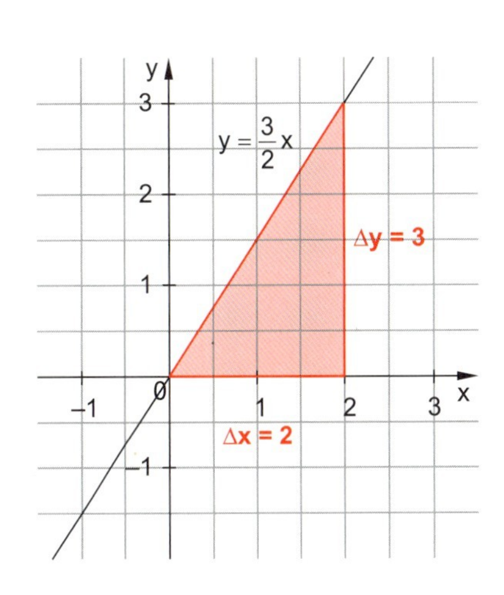

Aufgaben

60 Erstelle für die den gegebenen Gleichungen entsprechenden Graphen jeweils eine Wertetabelle ($-4 \leq x \leq 4$ und $\Delta x = 1$) und zeichne die Graphen in ein Koordinatensystem ein.

a) $y = 3x$

b) $y = -\frac{1}{3}x$

c) $3x - 4y = 0$

d) $y = |x|$

61 Überprüfe, welche der angegebenen Punkte auf der Geraden mit der Gleichung $y = \frac{3}{2} \cdot x$ liegen.

A(6|9) B(–5|–7,5) C(4|–6) D(–4|–6) E(0,5|0,75)

62 Bestimme in der Funktionsgleichung $y = mx$ die Steigung m so, dass die zugehörige Gerade durch den Punkt

a) P(–4,5|3)

b) Q(6|4,5)

verläuft.

Interaktive Aufgaben

1. Gerade zuordnen
2. Gerade zeichnen
3. Funktion zuordnen

Allgemeine lineare Funktionen f: $y = m \cdot x + t$

Merke

Lineare Funktionen f: $y = m \cdot x + t$

- Der Graph der linearen Funktion **f: $y = m \cdot x + t$** ($m, t \in \mathbb{R}$; $G = \mathbb{R} \times \mathbb{R}$) ist eine Gerade mit der **Steigung m** und dem **y-Achsenabschnitt t**.
- Die Gerade mit der Gleichung **f: $y = m \cdot x + t$** erhält man, indem man den Graphen zu f: $y = m \cdot x$ um den y-Achsenabschnitt t parallel verschiebt, sodass dieser durch den Punkt T(0|t) auf der y-Achse geht.

Beispiele

f: $y = \frac{1}{2} \cdot x$ $\left(m = \frac{1}{2}\right)$

f_1: $y = \frac{1}{2} \cdot x + 3$ $\left(m = \frac{1}{2}; t = 3\right)$

f_2: $y = \frac{1}{2} \cdot x - 2$ $\left(m = \frac{1}{2}; t = -2\right)$

Wertetabelle

	x	–4	–3	–2	–1	0	1	2	3	4	5	t
f	y	–2	–1,5	–1	–0,5	0	0,5	1	1,5	2	2,5	+3 ↓ –2 ↓
f_1	y	1	1,5	2	2,5	3	3,5	4	4,5	5	5,5	
f_2	y	–4	–3,5	–3	–2,5	–2	–1,5	–1	–0,5	0	0,5	

Graphen

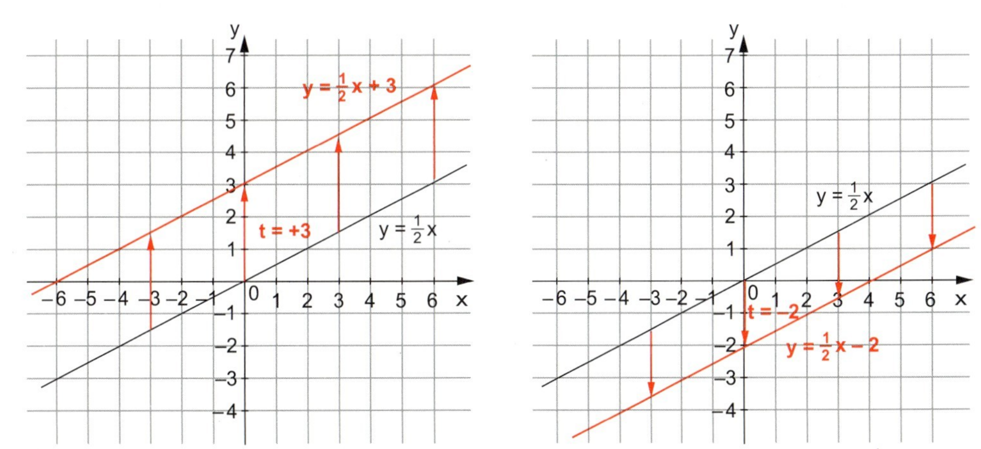

Vergleiche die Funktionswerte und den Graphen der linearen Funktion $f\colon y=\frac{1}{2}\cdot x$ mit denen der Funktionen $f_1\colon y=\frac{1}{2}\cdot x+3$ und $f\colon y=\frac{1}{2}\cdot x-2$.

Mithilfe von Achsenabschnitt t und Steigungsdreieck kann man allgemeine lineare Funktionen zeichnen.

Beispiel

Gegeben ist eine Gerade mit der Funktionsgleichung $g\colon y=-\frac{3}{2}x+4$.

Um den Graphen der Geraden g zeichnen zu können, bestimme zunächst die Schnittpunkte von g mit den Koordinatenachsen.

y-Achsenabschnitt: $\mathbf{t=4}$ → Die Gerade geht durch den Punkt T(0 | 4) auf der y-Achse.

Nullstelle von g: $\mathbf{y=0} \rightarrow -\frac{3}{2}x+4=0 \qquad x=\frac{8}{3}$

Die Gerade schneidet die x-Achse im Punkt $\mathbf{S\left(\frac{8}{3}\,\middle|\,0\right)}$.

Da eine Gerade durch 2 Punkte festgelegt ist, können wir die Gerade g durch die Punkte T und S zeichnen. Wir können die Gerade g auch mithilfe der Steigung m zeichnen. Wir zeichnen ein Steigungsdreieck, indem wir vom Punkt T aus 3 Einheiten nach unten (–3) und 2 Einheiten nach rechts (+2) gehen. Damit erhalten wir neben T einen zweiten Punkt P und können g durch T und P zeichnen.

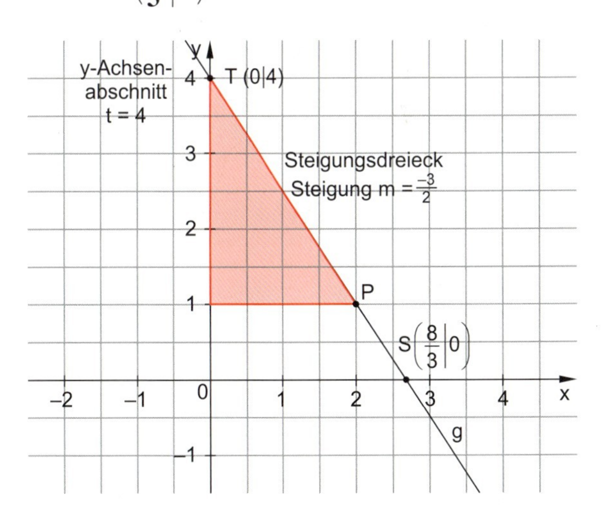

Liegen die Punkte A(2 | 3) und B(–2 | 7) auf der Geraden g?

$3=-\frac{3}{2}\cdot 2+4$

$\mathbf{3\neq 1}$ **A liegt nicht auf g.**

$7=-\frac{3}{2}\cdot(-2)+4$

$\mathbf{7=7}$ **B liegt auf g.**

Aufgaben

63 Bestimme die Geradengleichung und zeichne die Gerade in ein Koordinatensystem ein.

a) $m = -\frac{1}{2}$; P(2 | –3) b) $m = \frac{4}{3}$; P(–3 | 1) c) $m = -2$; P(5 | –2)

64 Prüfe rechnerisch, ob jeweils der Punkt P auf der Geraden g liegt.

a) g: $y = 2x - 3$; P(–2 | –7) b) g: $y = -\frac{2}{3}x + \frac{5}{3}$; P(–5 | 5) c) g: $y = -\frac{3}{2}x + 3$; P(2 | –1)

65 Zeichne die Gerade g: $y = -\frac{3}{2}x + 3$,

a) indem du den Schnittpunkt S von g mit der x-Achse (Nullstelle) berechnest und in S ein Steigungsdreieck anträgst.
b) mithilfe eines beliebigen Geradenpunktes P(x | y) und des y-Achsenabschnitts t.

66 Bestimme Steigung und y-Achsenabschnitt einer Geraden, die durch die Punkte A und B verläuft. Gib die Geradengleichung an und zeichne die Gerade in ein Koordinatensystem.

a) A(–4 | –2) B(6 | 8) b) A(2 | –2) B(8 | 6)

67 Ermittle die Funktionsgleichung der Geraden g, die durch A (2 | 6) und B (8 | 2) verläuft.

- 4. Gerade zuordnen
- 5. Gerade zeichnen
- 6. Funktion zuordnen
- 7. Steigung und Punkt gegeben
- 8. Wasserrohrbruch

2.2 Lineare Gleichungssysteme

Grafische Lösungsverfahren

Merke

Methode der grafischen Lösung

- Zeichne die beiden Geraden, die den Gleichungen des linearen Gleichungssystems entsprechen.
- Bestimme aus dem Diagramm die Koordinaten des Schnittpunktes. Falls ein Schnittpunkt existiert, bilden dessen Koordinaten das Lösungselement.
- Mache die Probe, indem du die Koordinaten des Schnittpunktes in beide Gleichungen des Systems einsetzt.

Beispiele

Gib die Lösung folgender Gleichungssysteme an:

1. I $-x + y = 2$ | g_1
 II $2x - y = 1$ | g_2

 Es existiert genau ein Schnittpunkt und damit ein Lösungselement.

 $\mathbf{L = \{(3 | 5)\}}$

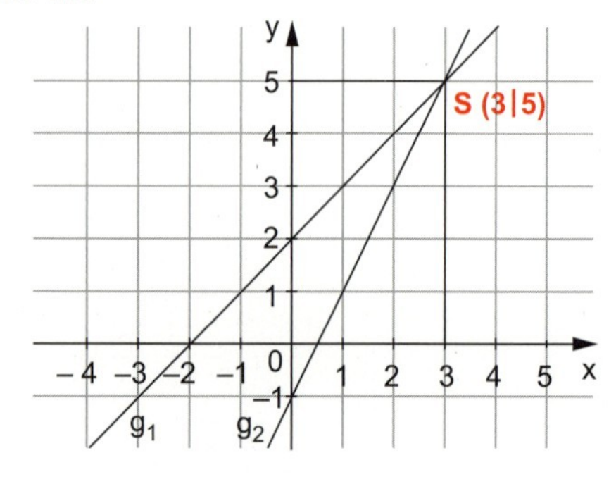

2. I $x + 2y = 6$ | g_1
   II $2x + 4y = -4$ | g_2

   Die beiden Geraden sind parallel. Da kein Schnittpunkt existiert, hat das Gleichungssystem keine Lösung.

   $\mathbf{L = \varnothing}$

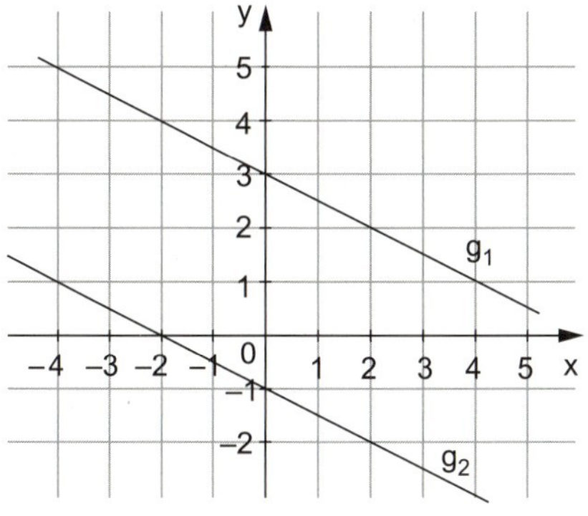

3. I $2x + 3y = 12$ | g_1
   II $3x + 4{,}5y = 18$ | g_2

   Die beiden Gleichungen sind äquivalent: Man erhält die 2. Gleichung, indem man die 1. Gleichung mit dem Faktor 1,5 multipliziert.
   Die beiden Geraden g_1 und g_2 sind identisch, sie fallen zusammen bzw. liegen aufeinander.

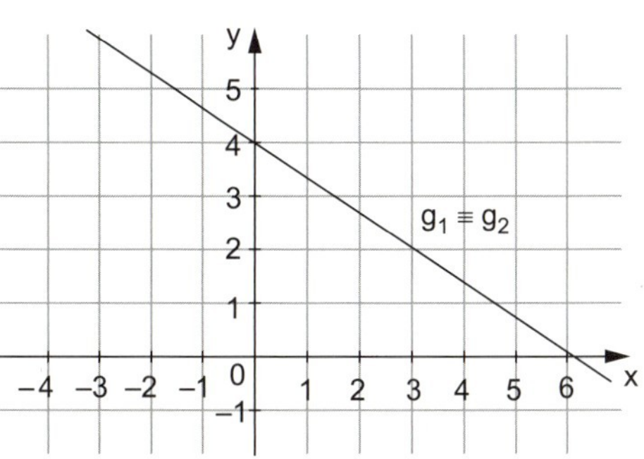

   Zur Lösungsmenge L gehören deshalb alle Lösungselemente $(x \mid y)$, die die erste Gleichung (L_1) oder die zweite Gleichung (L_2) des Systems erfüllen.

   $\mathbf{L = L_1 = L_2}$

   $\mathbf{L = \{(x \mid y) \mid 2x + 3y = 12\} = \{(x \mid y) \mid 3x + 4{,}5y = 18\}}$

Rechnerische Lösungsverfahren

Merke

Gleichsetzungsverfahren

- Löse beide Gleichungen nach der Variablen y auf.
- Setze die beiden erhaltenen Terme gleich. Dadurch erhältst du eine lineare Gleichung, die nur noch die Variable x enthält.
- Löse die erhaltene Gleichung. Ergebnis: x
- Setze x in eine der beiden Gleichungen ein und berechne y.
- Lösungsmenge: $L = \{(x \mid y)\}$

Beispiel

I $x - 3y = -6$ | g_1
II $3x - 2y = 10$ | g_2

Löse beide Gleichungen des Gleichungssystems nach y auf und setze sie gleich:

I $x - 3y = -6 \quad | -x \quad | :(-3)$ I' $y = \frac{1}{3}x + 2$

II $3x - 2y = 10 \quad | -3x \quad | :(-2)$ II' $y = \frac{3}{2}x - 5$

$\frac{1}{3}x + 2 = \frac{3}{2}x - 5 \quad | \cdot 6$

$2x + 12 = 9x - 30 \quad | -9x - 12$

$-7x = -42 \quad | :(-7)$

$\mathbf{x = 6}$

Setzt man $x=6$ in eine der beiden Gleichungen des Systems ein, so kann y berechnet werden:

$x-3y=-6 \quad \rightarrow \quad 6-3y=-6 \quad |-6 \quad |:(-3)$

$\mathbf{y=4}$

Lösungsmenge des Gleichungssystems:

$\mathbf{L=\{(6|4)\}}$

Probe:

$$\begin{array}{ll} x-3y=-6 & 6-3\cdot 4=-6 \quad \text{(wahr)} \\ \wedge\ 3x-2y=10 & \wedge\ 3\cdot 6-2\cdot 4=10 \quad \text{(wahr)} \end{array}$$

Interaktive Aufgabe

1. Gleichsetzungsverfahren

Merke

Additionsverfahren

- Multipliziere beide Gleichungen so mit je einer Zahl ungleich null, dass bei der anschließenden Addition beider Gleichungen eine der beiden Variablen eliminiert wird und eine lineare Gleichung mit nur einer Variablen entsteht.
- Löse diese Gleichung. Ergebnis: Wert einer der beiden Variablen
- Setze den Wert dieser Variablen in eine der beiden Gleichungen ein. Ergebnis: Wert der zweiten Variablen

Beispiel

Wähle als Beispiel wieder das lineare Gleichungssystem

$$\begin{array}{lll} \text{I} & x-3y=-6 & |\,g_1 \\ \text{II} & 3x-2y=10 & |\,g_2 \end{array}$$

Multipliziere die erste Gleichung (für g_1) mit –2 und die zweite Gleichung (für g_2) mit 3. Damit erhältst du das äquivalente lineare Gleichungssystem

$$\begin{array}{lll} \text{I'} & -2x+6y=12 & |\,g_1 \\ \text{II'} & 9x-6y=30 & |\,g_2 \end{array}$$

Addierst du beide Gleichungen dieses Systems, so erhältst du eine lineare Gleichung mit nur mehr einer Variablen:

$$\begin{array}{llllll} \text{I'} & -2x & +6y & = & 12 & |\,g_1 \\ \text{II'} & 9x & -6y & = & 30 & |\,g_2 \\ & 7x & +0 & = & 42 & \\ & 7x & & = & 42 & \rightarrow \mathbf{x=6} \end{array}$$

Bestimme den zu $x=6$ gehörigen y-Wert von g_1 bzw. g_2, indem du für x den Wert 6 in eine der beiden Geradengleichungen einsetzt:

$x-3y=-6 \quad \rightarrow \quad 6-3y=-6 \quad |-6 \quad |:(-3)$

$\mathbf{y=4}$

Lösungsmenge des Gleichungssystems:

$\mathbf{L=\{(6|4)\}}$

Interaktive Aufgabe

2. Additionsverfahren

Merke

Einsetzungsverfahren

- Löse eine der Gleichungen nach einer Variablen, z. B. x, auf.
- Setze den Ausdruck für diese Variable, also etwa x, in die andere Gleichung ein. Dadurch ergibt sich eine Gleichung, die nur noch eine Variable, z. B. y, enthält.
- Löse die so erhaltene Gleichung. (Ergebnis: y)
- Setze diese Lösung in eine der beiden gegebenen Gleichungen ein und berechne die andere Variable, hier x.
- Gib die Lösungsmenge $L = \{(x \mid y)\}$ an.

Beispiel

Betrachte noch einmal das lineare Gleichungssystem

$$\begin{array}{lll} \text{I} & x - 3y = -6 & |\, g_1 \\ \text{II} & 3x - 2y = 10 & |\, g_2 \end{array}$$

Die erste Gleichung wird nach x aufgelöst:

$$x = 3y - 6$$

Nun wird der für x erhaltene Term in die zweite Gleichung eingesetzt:

$$3 \cdot (3y - 6) - 2y = 10$$

Die Klammer wird aufgelöst, danach zusammengefasst:

$$\begin{aligned} 9y - 18 - 2y &= 10 \\ 7y - 18 &= 10 \quad |+18 \\ 7y &= 28 \quad |:7 \\ \mathbf{y} &= \mathbf{4} \end{aligned}$$

Nun wird der zu $y = 4$ gehörenden x-Wert durch Einsetzen in den Term für x bestimmt:

$$x = 3 \cdot 4 - 6$$

$$\mathbf{x = 6}$$

Lösungsmenge des Gleichungssystems:

$$\mathbf{L = \{(6 \mid 4)\}}$$

Interaktive Aufgabe

3. Einsetzungsverfahren

Aufgaben

68 Bestimme die Lösungsmengen der folgenden linearen Gleichungssysteme. $(G = \mathbb{R} \times \mathbb{R})$

a) $\begin{array}{lll} \text{I} & 3x - 4y = 16 & |\, g_1 \\ \text{II} & 5x + 2y = 44 & |\, g_2 \end{array}$

b) $\begin{array}{lll} \text{I} & 2x - 3y = -15 & |\, g_1 \\ \text{II} & x - 1{,}5y = 1{,}5 & |\, g_2 \end{array}$

c) $\begin{array}{lll} \text{I} & 2x - 4y = -10 & |\, g_1 \\ \text{II} & y = 2x - 4 & |\, g_2 \end{array}$

69 Die Summe zweier ganzer Zahlen ergibt –1. Die Differenz beider Zahlen ist 7.

70 Addiert man zum Dreifachen einer Zahl eine zweite Zahl, so erhält man 13. Subtrahiert man von der ersten Zahl das Doppelte der zweiten Zahl, erhält man 23.

71 Im Chemieunterricht werden 400 $m\ell$ einer Schwefelsäure mit 600 $m\ell$ einer anderen Sorte Schwefelsäure gemischt. Dadurch entsteht 39 %ige Schwefelsäure. Mischt man jedoch 200 $m\ell$ der ersten Sorte mit 800 $m\ell$ der zweiten Sorte, so erhält man 32 %ige Schwefelsäure.
Wie hoch ist der Säureanteil beider Sorten?

72 In der Produktion einer chemischen Fabrik werden 150 ℓ einer Essigsäure mit 250 ℓ einer anderen Essigsäure zu einer 18,5 %igen Essigsäure gemischt. Versehentlich werden aber 250 ℓ der ersten Säure mit 150 ℓ der zweiten Säure zu einer 17,5 %igen Säure vermischt. Wie viel %ig sind die beiden Sorten?

73 Ein Rechteck hat einen Umfang von 36 cm. Eine Seite ist 4 cm länger als die andere. Wie groß ist der Flächeninhalt des Rechtecks?

74 Ein gleichschenkliges Dreieck hat einen Umfang von 1,20 m. Jeder Schenkel des Dreiecks ist 15 cm kürzer als die Basis.
Berechne Schenkel- und Basislänge.

75 Zwei Orte A und B liegen 360 km voneinander entfernt. Ein Auto fährt um 10.00 Uhr mit einer durchschnittlichen Geschwindigkeit von $90\,\frac{\text{km}}{\text{h}}$ von A nach B. Eineinhalb Stunden später fährt ein zweites Auto mit einer Durchschnittsgeschwindigkeit von $75\,\frac{\text{km}}{\text{h}}$ von B nach A.
Wann und wie weit von A entfernt begegnen sich die beiden Autos?

76 Bei der 4 × 400-m-Staffel hat der Schlussläufer der Staffel A nach dem letzten Wechsel der Staffel B 15 m Vorsprung. Der Schlussläufer der Staffel A läuft die 400 m in 47,8 s, der Schlussläufer der Staffel B in 45,7 s.

a) Zeige rechnerisch, dass Staffel B gewinnt. Wo wird der Läufer von A vom Schlussläufer der Staffel B ein- bzw. überholt?
b) Wie lange dürfte der Schlussläufer von Staffel A für die 400 m brauchen, damit er gerade nicht eingeholt wird?

Interaktive Aufgabe

4. Aktienfonds

3 Quadratische Funktionen und Gleichungen

3.1 Quadratische Funktionen

Merke

Quadratische Funktionen

Funktionen mit der Funktionsgleichung **f: $y = ax^2 + bx + c$**, wobei $a \neq 0$ ist und a, b, c reelle Zahlen sind, heißen (wegen des quadratischen Terms ax^2) **quadratische Funktionen**.

Die einfachste Form einer quadratischen Gleichung erhält man für $a = 1$, $b = 0$ und $c = 0$.

Die quadratische Funktion f: $y = x^2$

Merke

Die quadratische Funktion f: $y = x^2$

- Der Graph der quadratischen Funktion f: $y = x^2$ ist die **Normalparabel**. Die Normalparabel besitzt einen **Scheitel S(0|0)** im Koordinatenursprung und als **Symmetrieachse** die **y-Achse**.
- Der Graph fällt bis zum Scheitel S(0|0) und steigt danach. Der Scheitel ist der tiefste Punkt des Graphen.

Wertetabelle

x	–5	–4	–3	–2	–1	0	1	2	3	4	5
y	25	16	9	4	1	0	1	4	9	16	25

Graph

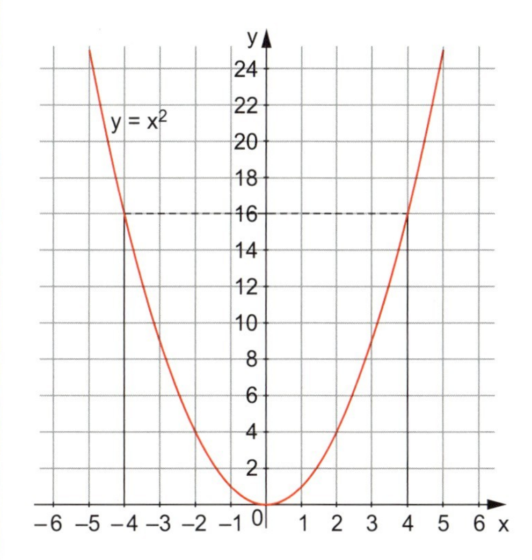

Quadratische Funktionen der Form f: $y = ax^2$

Merke

Quadratische Funktionen der Form f: $y = ax^2$

- Die Funktionswerte der quadratischen Funktion $y = ax^2$ ergeben sich aus den entsprechenden Funktionswerten von $y = x^2$ durch **Multiplikation mit dem Faktor a** (vergleiche Wertetabelle, letzte Spalte).
- Die Graphen der Funktionen $y = ax^2$ sind Parabeln mit dem **Scheitel S(0 | 0)**, die durch **Streckung** ($a > 1$ oder $a < -1$) oder **Stauchung** ($-1 < a < 1$) und gegebenenfalls **Spiegelung** ($a < 0$) an der x-Achse aus der Normalparabel entstehen.
- Für **positive Werte von a** ist der Scheitel S(0 | 0) der **tiefste** Punkt des Graphen.
- Für **negative Werte von a** ist der Scheitel S(0 | 0) der **höchste** Punkt des Graphen.
- Für positive Werte von a ist die Parabel nach oben, für negative Werte von a nach unten geöffnet.

Beispiele

$a = 0{,}5$ f_1: $y = 0{,}5x^2$
$a = 2$ f_2: $y = 2x^2$
$a = -0{,}5$ f_3: $y = -0{,}5x^2$
$a = -1{,}5$ f_4: $y = -1{,}5x^2$

Wertetabelle

	x	−4	−3	−2	−1	0	1	2	3	4	a · f
f	y	16	9	4	1	0	1	4	9	16	**1** · f
f_1	y	8	4,5	2	0,5	0	0,5	2	4,5	8	**0,5** · f
f_2	y	32	18	8	2	0	2	8	18	32	**2** · f
f_3	y	−8	−4,5	−2	−0,5	0	−0,5	−2	−4,5	− 8	**−0,5** · f
f_4	y	−24	−13,5	−6	−1,5	0	−1,5	−6	−13,5	−24	**−1,5** · f

Graphen der Funktionen f_1, f_2, f_3 und f_4

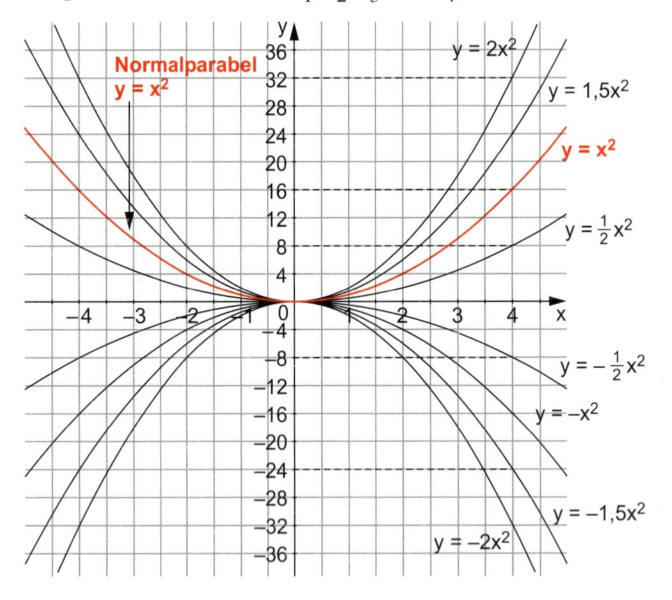

Vergleiche die Funktionswerte von f_1, f_2, f_3 und f_4 mit denen der Funktion f sowie deren Graphen mit dem Graphen von f.

Aufgaben

77

Bestimme den Faktor a so, dass der Graph der Funktion $y = ax^2$ durch den Punkt
a) P(2 | –2) b) Q(–5 | 12,5) c) A(–2,5 | –18,75)
d) B(2 | –4) e) C(8 | 16)
verläuft.

78

Die Graphen der Funktionen $y = ax^2$ sind Parabeln mit dem Scheitel S(0 | 0). Form und Öffnung der Parabeln hängen jedoch vom Wert des Faktors a ab.
Fülle die Tabelle aus.

Faktor	Öffnung	Form der Parabel	Beispiel
$a > 1$			
$a = 1$			
$0 < a < 1$			
$-1 < a < 0$			
$a = -1$			
$a < -1$			

79

Für den Bremsweg s eines ICE in Abhängigkeit von der Geschwindigkeit v gilt näherungsweise:

$s = 0{,}042 \cdot v^2$ (s in m und v in $\frac{km}{h}$)

a) Erstelle für den Bremsweg s in Abhängigkeit von der Geschwindigkeit v für $0\,\frac{km}{h} \leq v \leq 240\,\frac{km}{h}$ in Schritten von $30\,\frac{km}{h}$
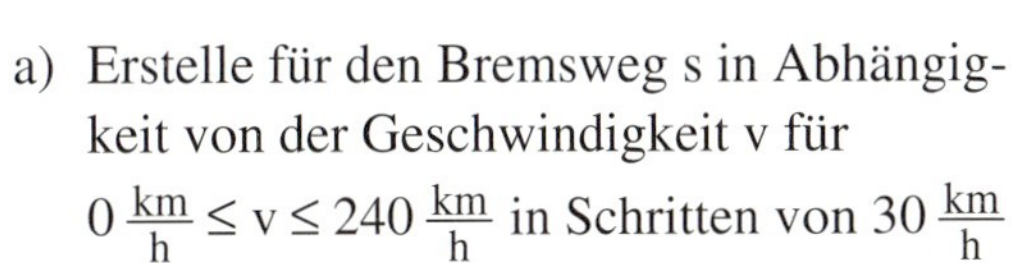
eine Wertetabelle und zeichne den zugehörigen Graphen.

b) Entnimm der grafischen Darstellung die Bremswege für $v_1 = 40\,\frac{km}{h}$ und für $v_2 = 200\,\frac{km}{h}$

c) Überprüfe dein Ergebnis aus Teilaufgabe b rechnerisch.

80

Für den Bremsweg s eines Autos auf trockener Straße in Abhängigkeit von der Geschwindigkeit v gilt die Faustregel $s = a \cdot v^2$ (s in m; v in $\frac{km}{h}$).
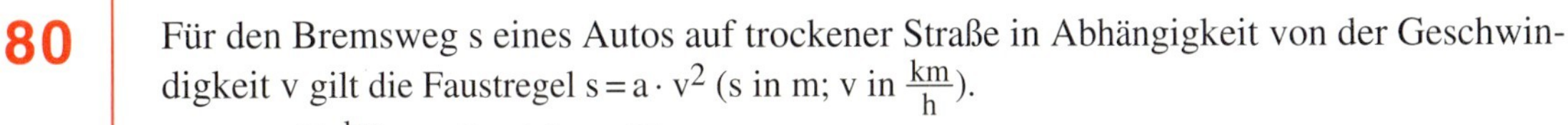
Für $v = 90\,\frac{km}{h}$ ergibt sich $s = 81$ m.

a) Bestimme den Faktor a in der Faustregel.

b) Berechne die Bremswege für $50\,\frac{km}{h}$, $60\,\frac{km}{h}$, $80\,\frac{km}{h}$, $100\,\frac{km}{h}$ und $130\,\frac{km}{h}$.

c) Stelle den Bremsweg s in Abhängigkeit von v für den Bereich $0\,\frac{km}{h} \leq v \leq 150\,\frac{km}{h}$ grafisch dar.
(x-Achse: 1 cm ≙ $20\,\frac{km}{h}$; y-Achse: 1 cm ≙ 20 m)

Interaktive Aufgaben

1. Parabel zuordnen
2. Reihenfolge
3. Parabel zeichnen

Quadratische Funktionen der Form f: $y = x^2 + q$

Merke

Quadratische Funktionen der Form f: $y = x^2 + q$

- Die Funktionswerte der quadratischen Funktion $y = x^2 + q$ ergeben sich aus den entsprechenden Funktionswerten von $y = x^2$ jeweils **durch Addition von q**.
- Den Graphen der Funktionen $y = x^2 + q$ erhält man, indem man den Graphen von $y = x^2$ **längs der y-Achse um q (LE) verschiebt**.
- Die Graphen der Funktionen $y = x^2 + q$ sind Parabeln mit dem Scheitel **S(0 | q)**.
- Für $q > 0$ hat der Graph von $y = x^2 + q$ keinen Schnittpunkt mit der x-Achse; es gibt also keine Nullstellen.
- Für $q = 0$ berührt der Graph von $y = x^2$ die x-Achse und es gibt genau eine Nullstelle für $x = 0$.
- Für $q < 0$ schneidet der Graph von $y = x^2 + q$ die x-Achse genau zweimal, d. h. es gibt genau zwei Nullstellen.

Beispiele

$q = 0$ f: $y = x^2$

$q = \mathbf{3}$ f_1: $y = x^2 \mathbf{+3}$

$q = \mathbf{-2}$ f_2: $y = x^2 \mathbf{-2}$

Wertetabelle

	x	–3	–2	–1	0	1	2	3	4
f	y	9	4	1	0	1	4	9	16
f_1	y	12	7	4	3	4	7	12	19
	y	9 **+3**	4 **+3**	1 **+3**	0 **+3**	1 **+3**	4 **+3**	9 **+3**	16 **+3**
f_2	y	7	2	–1	–2	–1	2	7	14
	y	9 **–2**	4 **–2**	1 **–2**	0 **–2**	1 **–2**	4 **–2**	9 **–2**	16 **–2**

Graph der Funktionen f_1 und f_2:

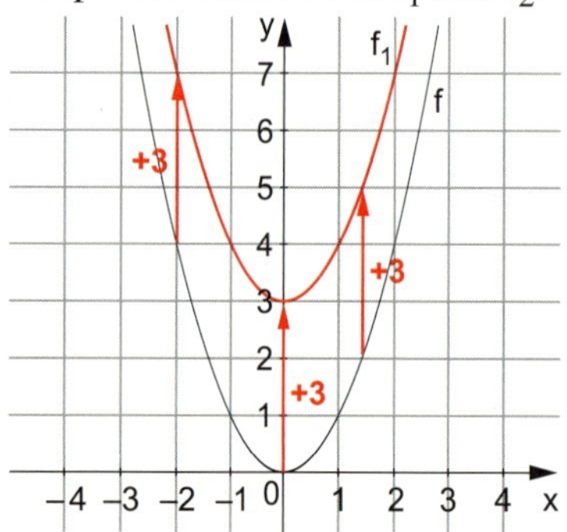

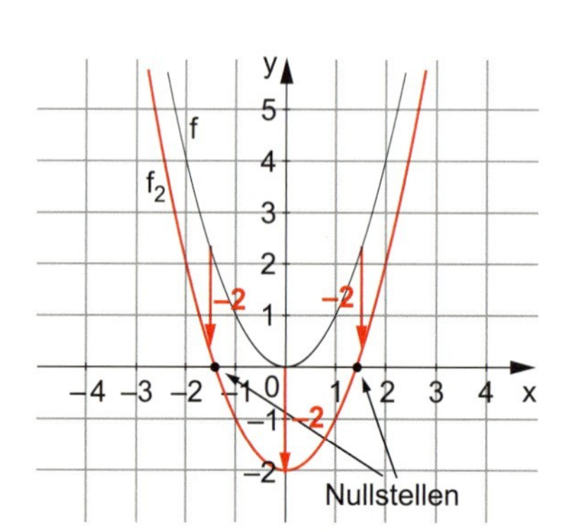

Vergleiche die Funktionswerte von f_1 und f_2 mit denen der Funktion f sowie deren Graphen mit dem Graphen von f.

Aufgaben

81 Erstelle jeweils für die Funktion f: $y = x^2 + q$ eine Wertetabelle und zeichne den zugehörigen Graphen. ($-5 \le x \le 5$ und $\Delta x = 1$)

a) $q = -3$ b) $q = 5$ c) $q = -6$

82 Die Normalparabel p: $y = x^2$ wird längs der y-Achse so verschoben, dass sie durch den Punkt P $(-2 | 6)$ verläuft.
Bestimme die Funktionsgleichung der verschobenen Parabel.

83 Bestimme den Parameter q der quadratischen Funktion f: $y = x^2 + q$ so, dass der Graph von f durch den Punkt $Q(-2\,|\,-3)$ verläuft.

84 Die vier Bilder zeigen Graphen von Funktionen der Form $y = x^2 + q$.
Bestimme jeweils den Koeffizienten q und gib die Funktionsgleichung an.

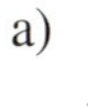

a)

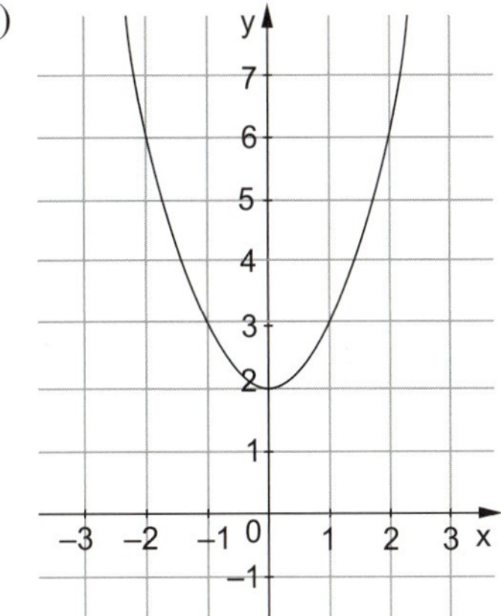

b)

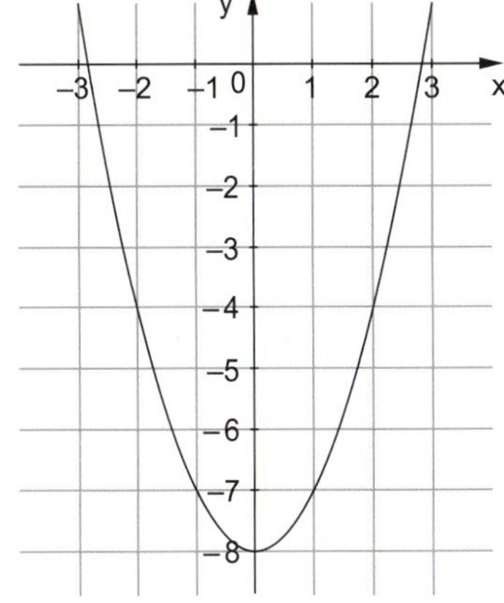

c)

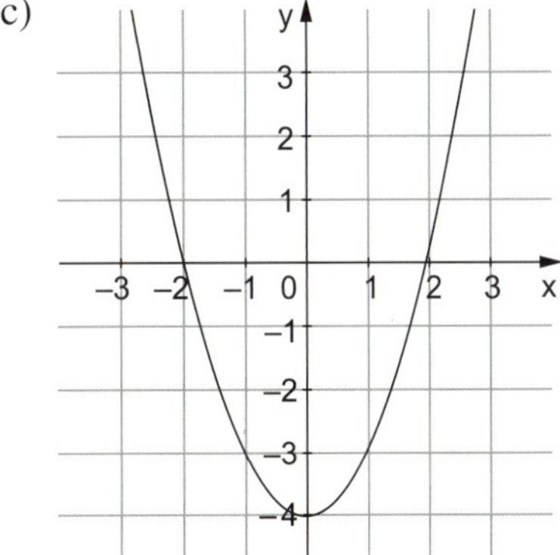

d)

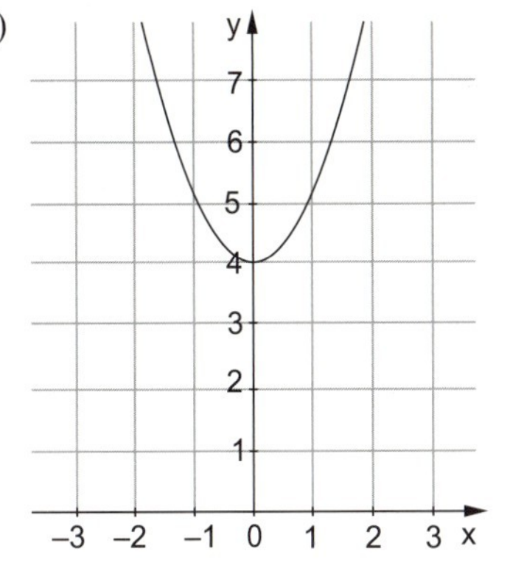

Interaktive Aufgaben

- 4. Parabel zuordnen
- 5. Vogel
- 6. Parabel zeichnen

Quadratische Funktionen der Form f: $y = (x - m)^2$

Merke

Quadratische Funktionen der Form f: $y = (x - m)^2$

- Den Graphen der Funktionen $y = (x - m)^2$ erhält man, indem man den Graphen von $y = x^2$ **längs der x-Achse um m (LE) verschiebt**.
- Die Graphen der Funktionen $y = (x - m)^2$ sind Parabeln mit dem Scheitel **S(m | 0)**.

Beispiele

1. $m = 3$ f: $y = x^2$ f_1: $y = (x - 3)^2$

	x	–5	–4	–3	–2	–1	0	1	2	3	4	5
f(x)	y	25	16	9	4	1	0	1	4	9	16	25
$f_1(x)$	y	64	49	36	25	16	9	4	1	0	1	4

Es gilt:

$f(-5) = 25 = f_1(-2) = f_1(-5+3)$ *oder* $f_1(-2) = 25 = f(-2-3) = f(-5)$

$f(0) = 0 = f_1(3) = f_1(0+3)$ *oder* $f_1(3) = 0 = f(3-3) = f(0)$

Allgemein gilt:

$f(x) = f_1(x+3)$ *oder* $f_1(x) = f(x-3)$

2. $m = -2$ f: $y = x^2$ f_2: $y = (x+2)^2$

	x	–5	–4	–3	–2	–1	0	1	2	3	4	5
f(x)	y	25	16	9	4	1	0	1	4	9	16	25
$f_2(x)$	y	9	4	1	0	1	4	9	16	25	36	49

Es gilt:

$f(-2) = 4 = f_2(-4) = f_2(-2-2)$ *oder* $f_2(-4) = 4 = f(-4+2) = f(-2)$

$f(4) = 16 = f_2(2) = f_2(4-2)$ *oder* $f_2(2) = 16 = f(2+2) = f(4)$

Allgemein gilt:

$f(x) = f_2(x-2)$ *oder* $f_2(x) = f(x+2)$

Graphen der Funktionen f_1 und f_2:

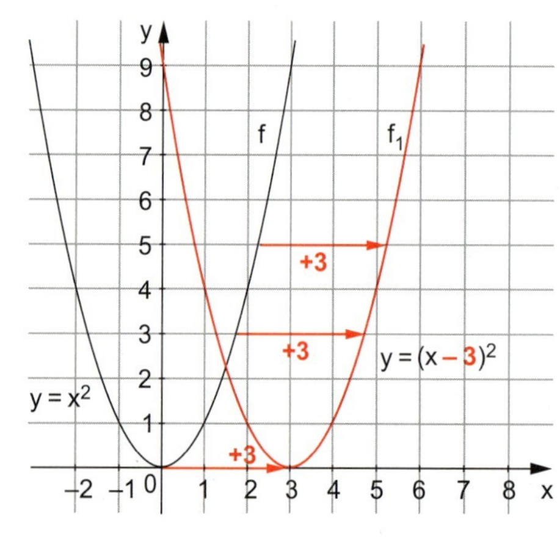

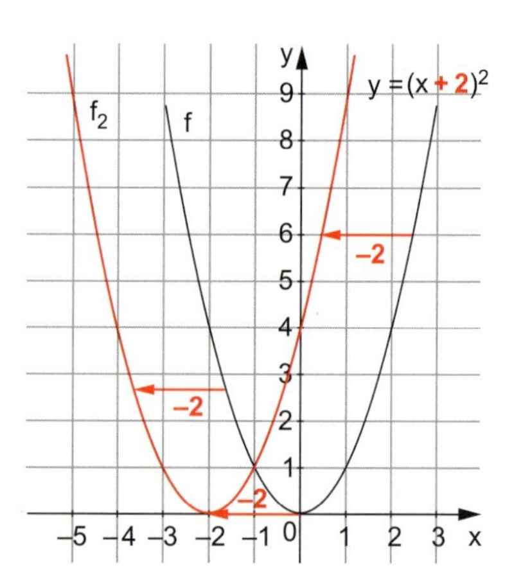

Vergleiche die zu gleichen y-Werten (Ordinaten) von f_1 und f sowie von f_2 und f gehörigen x-Werte (Abszissen).
Vergleiche die Graphen von f_1 und f_2 mit dem von f.

Aufgaben

85 Erstelle jeweils für die Funktion f: $y = (x-m)^2$ eine Wertetabelle und zeichne den zugehörigen Graphen. ($-5 \le x \le 5$ und $\Delta x = 1$)
Gib jeweils die Koordinaten des Scheitels an.

a) $m = -1$ b) $m = 2$ c) $m = \frac{3}{2}$

86 Die Parabel p mit der Gleichung $y = (x-m)^2$ hat die Gerade g: $x = 4$ (Parallele zur y-Achse im Abstand von 4 LE) als Symmetrieachse.
Gib den Scheitel und die Funktionsgleichung von p an.

87 Bestimme den Parameter m der beiden Parabeln p: $y=(x-m)^2$. Gib jeweils die Funktionsgleichung an.

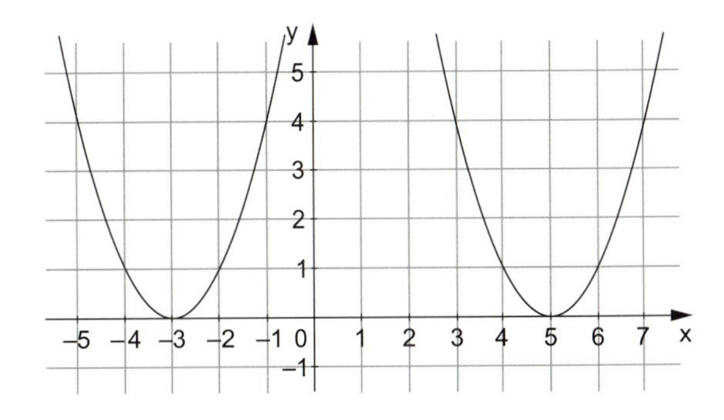

7. Parabel zuordnen
8. Parabel zeichnen

Quadratische Funktionen der Form f: $y=(x-m)^2+n$

Merke

Quadratische Funktionen der Form f: $y=(x-m)^2+n$

- Die Graphen der Funktionen $y=(x-m)^2+n$ erhält man, indem man den Graphen von $y=x^2$ **längs der x-Achse um m (LE) und längs der y-Achse um n (LE)** verschiebt.
- Die Graphen der Funktionen $y=(x-m)^2+n$ sind Parabeln mit dem Scheitel **S(m | n)**.
- Die Form $y=(x-m)^2+n$ der Parabelgleichung heißt **Scheitelform**, weil man daraus die Koordinaten des Scheitelpunktes direkt ablesen kann:

$$y=(x-\mathbf{m})^2+\mathbf{n}$$
$$\downarrow \qquad \downarrow$$
$$S(\mathbf{m} \mid \mathbf{n}) \quad \text{Scheitel der Parabel}$$

Beispiele

$m=0$; $n=0$; f: $y=x^2$
$m=6$; $n=4$; f_1: $y=(x-6)^2+4$
$m=-3$; $n=-2$; f_2: $y=(x+3)^2-2$

	x	–5	–4	–3	–2	–1	0	1	2	3	4	5	6	7	8	9
f	y	25	16	9	4	1	0	1	4	9	16	25				
f_1	y						40	29	20	13	8	5	4	5	8	13
f_2	y	2	–1	–2	–1	2	7	14	23							

Graphen der Funktionen f_1 und f_2:

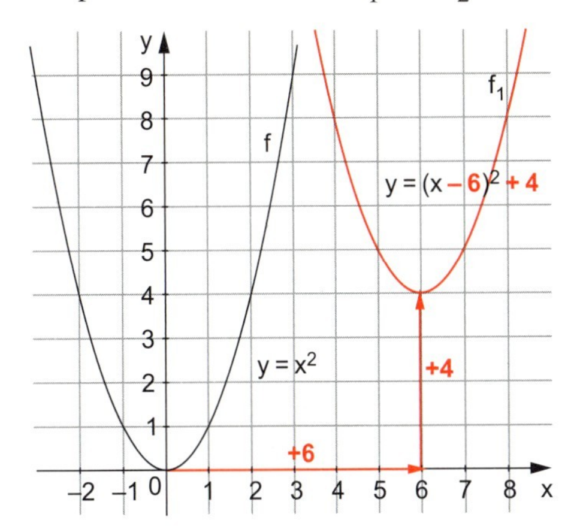

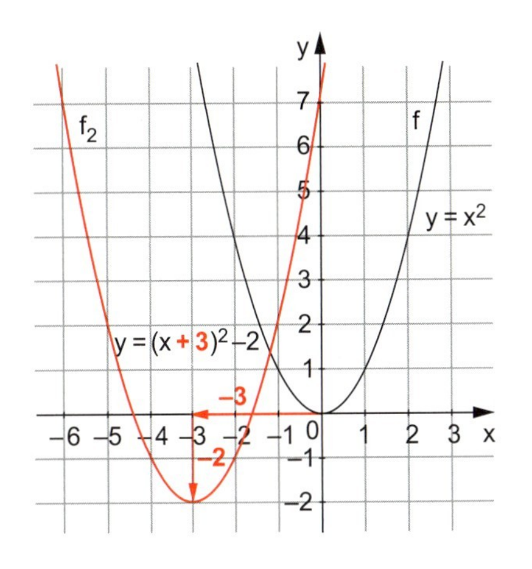

Beispiele

1. $y = (x - 6)^2 + 4 \quad \rightarrow \quad S(6 \mid 4)$

2. $y = (x + 3)^2 - 2 \quad \rightarrow \quad S(-3 \mid -2)$

Multipliziert man das Binom in der Scheitelform aus und fasst zusammen, so erhält man die **allgemeine Form $y = x^2 + px + q$** der quadratischen Funktion.

Beispiele

1. $y = (x-6)^2 + 4$
   $y = (x^2 - 12x + 36) + 4$
   $y = x^2 - 12x + 40$

2. $y = (x+3)^2 - 2$
   $y = (x^2 + 6x + 9) - 2$
   $y = x^2 + 6x + 7$

Umgekehrt kann man jede quadratische Funktion, die in allgemeiner Form gegeben ist, durch **die Methode der quadratischen Ergänzung** in die Scheitelform überführen.

Methode der quadratischen Ergänzung

Um die Koordinaten des Parabelscheitels durch die Koeffizienten p und q der quadratischen Funktion auszudrücken, führt man die allgemeine Form in die Scheitelform über:

$y = x^2 + px + q$ — Allgemeine Form

$y = \underbrace{x^2 + p \cdot x + \left(\frac{p}{2}\right)^2}_{\text{Binom}} + q - \left(\frac{p}{2}\right)^2$ — Quadratische Ergänzung

$y = \left(x + \frac{p}{2}\right)^2 + q - \left(\frac{p}{2}\right)^2$ — Scheitelform

$S\left(-\frac{p}{2} \,\middle|\, q - \left(\frac{p}{2}\right)^2\right)$ — Scheitelkoordinaten

Interaktive Aufgaben

9. Parabel zuordnen 10. Parabel zeichnen

Merke

> **Der Scheitel einer allgemeinen quadratischen Funktion**
> **Quadratische Funktion: $y = x^2 + px + q$**
>
> **Scheitelkoordinaten:** $x_{Scheitel} = -\frac{p}{2}$ $\quad y_{Scheitel} = q - \left(\frac{p}{2}\right)^2$

Beispiele

1. $y = x^2 - 8x + 22$ — allgemeine Form
   $y = x^2 - 8x + \left(\frac{8}{2}\right)^2 + 22 - \left(\frac{8}{2}\right)^2$
   $y = \underbrace{x^2 - 8x + 16}_{} + 22 - 16$
   $y = (x-4)^2 + 6$ — Scheitelform
   Scheitel $S(4 \mid 6)$

2. $y = 2x^2 + 20x + 58$ — allgemeine Form
   $y = 2 \cdot [x^2 + 10x + 29]$ — Ausklammern
   $y = 2 \cdot [\underbrace{x^2 + 10x + 5^2}_{} + 29 - 5^2]$
   $y = 2 \cdot [(x+5)^2 + 4]$
   $y = 2 \cdot (x+5)^2 + 8$ — Scheitelform
   Scheitel $S(-5 \mid 8)$

Aufgaben

88 Die Normalparabel p mit der Gleichung f: $y = x^2$ wird durch eine Streckung mit dem Faktor $a = -2$ in die Parabel p' überführt.
Bestimme die Funktionsgleichung, den Scheitel und die Symmetrieachse sowie die Definitions- und die Wertemenge der Parabel p'.

89 Die Parabel p mit der Funktionsgleichung f: $y = (x - m)^2 + n$ hat die Gerade g: $x = 3$ als Symmetrieachse und verläuft durch den Punkt $P(2 \mid -1)$.
Bestimme die Funktionsgleichung f und den Scheitel S.

90 Die Parabel p mit der Funktionsgleichung f: $y = x^2 + px + q$ hat den Scheitel $S(-3 \mid -1)$.
Bestimme die Gleichung f der Parabel p.

91 Bringe die Funktionsgleichung auf die Scheitelform und gib den Scheitel S an.
Erstelle eine Wertetabelle für $x_S - 3 \le x \le x_S + 3$ und zeichne die Parabel in ein Koordinatensystem.

a) f_1: $y = x^2 - 8x + 8$

b) f_2: $y = x^2 + x - 1$

92 Die Punkte $P_1(2 \mid -3)$ und $P_2(6 \mid 5)$ liegen auf dem Graphen einer verschobenen Normalparabel mit der Gleichung f: $y = x^2 + px + q$.
Bestimme die Koeffizienten p und q der Funktionsgleichung sowie den Scheitel der Parabel.

93 Bringe die gegebene allgemeine Form auf die Scheitelform und gib den Scheitel S sowie die Symmetrieachse an. Gib die Definitions- und die Wertemenge der gegebenen quadratischen Funktion an.
Wie geht die zugehörige Parabel aus der Normalparabel $y = x^2$ hervor?

a) f_1: $y = x^2 + 8x + 15{,}5$

b) f_2: $y = x^2 + 12x - 14$

94 Bestimme anhand der Graphen die Funktionsgleichungen der dargestellten Parabeln p_1 und p_2.

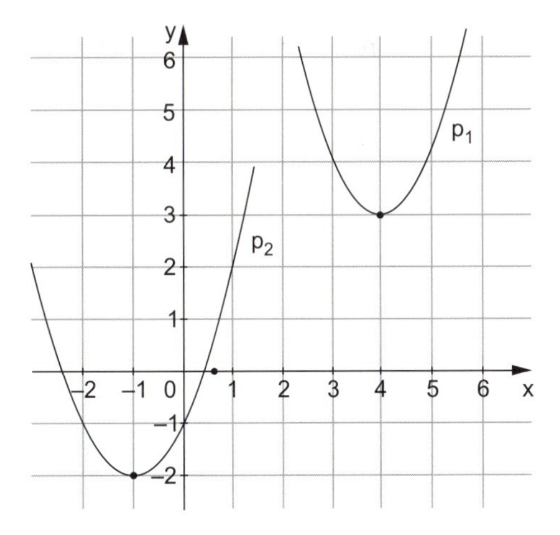

Interaktive Aufgaben

11. Scheitel bestimmen
12. Extremwert
13. T-Shirt-Kanone

3.2 Quadratische Gleichungen

Quadratische Gleichungen

Gleichungen der Form $\mathbf{ax^2+bx+c=0}$ (wobei a, b, c reelle Zahlen sind und $a \neq 0$) nennen wir **quadratische Gleichungen**.

Mittels Division durch a kann jede quadratische Gleichung auf die **Normalform** $\mathbf{x^2+px+q=0}$ gebracht werden.

Die Lösungen einer quadratischen Gleichung $x^2+px+q=0$ können als Nullstellen der Parabel mit der Gleichung $y=x^2+px+q$ gedeutet werden. Dies wird in Kapitel 3.3 ausführlich behandelt.
Zunächst werden einige Sonderfälle quadratischer Gleichungen betrachtet.

Reinquadratische Gleichungen $x^2+q=0$

Reinquadratische Gleichungen

Quadratische Gleichungen mit $p=0$ und der Form $\mathbf{x^2+q=0}$ heißen **reinquadratische Gleichungen**.
Folgende Fälle sind zu unterscheiden:
$q<0$: Es gibt genau zwei Lösungen, nämlich $x_1=-\sqrt{-q}$ und $x_2=\sqrt{-q}$.
$q=0$: Es gibt genau eine Lösung, nämlich $x_0=0$.
$q>0$: Es gibt keine reellen Lösungen.

Beispiele

für reinquadratische Gleichungen

1. $x^2-4=0$
2. $3x^2+21=0$
3. $(x+4)^2-2x=6x+16$

Lösung:

1. $x^2-4=0$ — Reinquadratische Gleichung
   $x^2=4$ — Äquivalente Umformung
   $x_1=+\sqrt{4} \lor x_2=-\sqrt{4}$ — Es gibt 2 verschiedene Werte für x, die die Gleichung erfüllen.
   $x_1=+2 \lor x_2=-2$
   $L=\{-2;+2\}$ — Lösungsmenge

2. $3x^2+21=0$ — Reinquadratische Gleichung
   $x^2=-7$ — Äquivalente Umformung
   $L=\varnothing$ — Keine Lösung, weil es keinen reellen Wert für x gibt, der die Gleichung erfüllt.

3. $(x+4)^2-2x=6x+16$ — Klammer auflösen
   $x^2+8x+16-2x=6x+16$ — Äquivalente Umformung
   $x^2=0$
   $x=0$ — Es gibt nur eine Lösung.
   $L=\{0\}$ — Nur $x=0$ erfüllt die gegebene Gleichung.

Aufgaben

95 Löse die Gleichungen ($G = \mathbb{R}$). Gib zunächst die Definitionsmenge an.

a) $2x^2 - 98 = 0$
b) $3x^2 - \frac{108}{169} = 0$
c) $(x-2)^2 + 12x = -3x^2 + (x+4)^2$
d) $(x-2)^2 + 12(x-1) = -3x^2 + (x+4)^2$
e) $5x^2 + 45 = 0$
f) $5 - (x-3)^2 = 3(2x-1)$
g) $\frac{x+5}{25} = \frac{3}{x-5}$

96 Gib jeweils zu den angegebenen Lösungsmengen eine zugehörige reinquadratische Gleichung an ($G = \mathbb{R}$):

a) $L = \{-3; +3\}$
b) $L = \left\{-\frac{3}{4}; +\frac{3}{4}\right\}$
c) $L = \{-\sqrt{5}; +\sqrt{5}\}$

97 Löse die folgenden Gleichungen mithilfe des Taschenrechners:

a) $3x^2 - 16{,}5265 = 0$
b) $2{,}5x^2 - (8{,}75)^3 = 0$
c) $0{,}5x^2 = (\sqrt{6{,}25})^3$

1. Gleichung lösen

Quadratische Gleichungen $x^2 + px = 0$

Merke

Quadratische Gleichungen $x^2 + px = 0$

Eine quadratische Gleichung der Form $x^2 + px = 0$ löst man durch Ausklammern von x:
$x^2 + px = 0 \quad \Leftrightarrow \quad x(x+p) = 0$
Da ein Produkt immer genau dann null ist, wenn (mindestens) ein Faktor null ist, erhält man die beiden Lösungen $x_1 = 0$ und $x_2 = -p$.

Beispiele für quadratische Gleichungen der Form $x^2 + px = 0$.

1. $x^2 + 3x = 0$
2. $x^2 - 5x = 0$

Lösung:

1. $x^2 + 3x = 0$

$x(x+3) = 0$ — Ausklammern von x

$x_1 = 0 \lor x_2 = -3$ — Jeder der beiden Faktoren wird gleich null gesetzt.

$L = \{0; -3\}$ — Lösungsmenge

2. $x^2 - 5x = 0$

$x(x-5) = 0$ — Ausklammern von x

$x_1 = 0 \lor x_2 = 5$ — Jeder der beiden Faktoren wird gleich null gesetzt.

$L = \{0; 5\}$ — Lösungsmenge

Aufgabe

98 Löse die folgenden Gleichungen.

a) $x^2 - \frac{3}{4}x = 0$
b) $2x^2 - 5x = 0$
c) $-3x^2 + 9x = 0$

Die allgemeine quadratische Gleichung $x^2 + px + q = 0$

Merke

Lösung der allgemeinen quadratischen Gleichung $x^2 + px + q = 0$

Gegeben ist eine allgemeine quadratische Gleichung in Normalform $x^2 + px + q = 0$.

Der Ausdruck $\mathbf{D = \left(\frac{p}{2}\right)^2 - q}$ heißt **Diskriminante**. Der Wert von D entscheidet, ob die quadratische Gleichung zwei, eine oder keine reelle Lösung hat.

Für

$D > 0$ gibt es 2 verschiedene Lösungen $\mathbf{x_{1/2} = -\frac{p}{2} \pm \sqrt{\left(\frac{p}{2}\right)^2 - q}}$,

$D = 0$ gibt es 1 Lösung $\left(\text{zwei zusammenfallende Lösungen: } x_1 = x_2 = -\frac{p}{2}\right)$,

$D < 0$ gibt es keine Lösung.

Eine solche quadratische Gleichung kann man auch mithilfe quadratischer Ergänzung lösen.

Beispiele

Gib jeweils die Lösungsmenge der quadratischen Gleichungen an:

1. $x^2 + 2x - 8 = 0$ allgemeine quadratische Gleichung mit $p = 2$; $q = -8$

$x_{1/2} = \frac{-2}{2} \pm \sqrt{\frac{2}{2} - (-8)}$

$x_{1/2} = -1 \pm \sqrt{9}$

$x_1 = -1 + 3$; $\quad x_2 = -1 - 3$

$x_1 = 2$; $\quad x_2 = -4$

Lösungsmenge: $L = \{2; -4\}$

Lösung mithilfe quadratischer Ergänzung (alternativ):

$x^2 + 2x - 8 = 0$

$x^2 + 2x + 1 - 8 - 1 = 0$ quadratische Ergänzung

$(x + 1)^2 - 9 = 0 \quad | +9$

$(x + 1)^2 = 9$

$x_1 + 1 = 3$ oder $x_2 + 1 = -3$

$x_1 = 2 \quad x_2 = -4$

Lösungsmenge: $L = \{2; -4\}$

2. $9x^2 - 19x - 10 = 2 \cdot (x^2 + 4x + 4) + x \cdot (x - 15)$ Klammern auflösen

$9x^2 - 19x - 10 = 2x^2 + 8x + 8 + x^2 - 15x$ Äquivalenzumformungen

$6x^2 - 12x - 18 = 0 \quad | :6$ Äquivalenzumformungen

$x^2 - 2x - 3 = 0$ Quadratische Gleichung mit $p = -2$; $q = -3$

Diskriminante: $D = (-1)^2 - (-3)$ Werte für p und q einsetzen

$D = 4$

$D > 0$: Die Gleichung hat 2 Lösungen x_1 und x_2.

$x_{1/2} = 1 \pm \sqrt{4}$ Werte für p und D einsetzen

$x_1 = 1 + 2 \lor x_2 = 1 - 2$

Lösungsmenge: $L = \{-1; 3\}$

3. $-\frac{1}{3}x^2 - 2x - 3 = 0 \quad |\cdot(-3)$ — Äquivalenzumformungen

$x^2 + 6x + 9$ — Quadratische Gleichung mit $p = 6$; $q = 9$

$D = \left(\frac{6}{2}\right)^2 - 9 = 0$ — Werte für p und q einsetzen

$D = 0$: Die Gleichung hat eine Lösung x.

$x = -3$ — Werte für p und D einsetzen

Lösungsmenge: $L = \{-3\}$

4. $3x^2 - 6x + 5 = 0 \quad |:3$

$x^2 - 2x + \frac{5}{3} = 0$ — Quadratische Gleichung mit $p = 2$; $q = \frac{5}{3}$

$D = \left(\frac{-2}{2}\right)^2 - \frac{5}{3} = -\frac{2}{3}$ — Werte für p und q einsetzen

$D < 0$, die quadratische Gleichung hat keine Lösung.

Lösungsmenge: $L = \varnothing$

Aufgaben

99

Gib für die folgenden quadratischen Gleichungen jeweils die Lösungsmenge an ($\mathbb{G} = \mathbb{R}$). Stelle zunächst jeweils die Anzahl der Lösungen fest.

a) $2x^2 + 6x - 20 = 0$
b) $x^2 - 2x - 15 = 0$
c) $(2x - 5)^2 = x(x - 9) + 19$
d) $3x(x - 1) - 2(10 - x) = 40 + 2x$

100

Die Länge ℓ eines rechteckigen Grundstücks ist um 20 m größer als dessen Breite b. Die Länge wird um 5 m verkürzt und zugleich die Breite verdoppelt. Der Flächeninhalt des so entstandenen Grundstücks ist um 936 m^2 größer als der des ursprünglichen Grundstücks. Wie groß sind Länge und Breite des ursprünglichen Grundstücks?

- 2. Anzahl der Lösungen bestimmen
- 3. p-q-Formel
- 4. Zeitungsanzeige

Der Satz von Vieta

Merke

> **Satz von Vieta**
>
> x_1 und x_2 sind genau dann die Lösungen der quadratischen Gleichung $\mathbf{x^2 + px + q = 0}$, wenn die beiden folgenden Gleichungen erfüllt sind:
>
> $\mathbf{x_1 + x_2 = -p}$ und $\mathbf{x_1 \cdot x_2 = q}$

Beispiele

1. Bestimme die Lösungen der quadratischen Gleichung $x^2 + 4x + 3 = 0$ mithilfe des Satzes von Vieta!

   Für die Lösungen x_1, x_2 gelten nach dem Satz von Vieta:

   $x_1 + x_2 = -4$ (1) und $x_1 \cdot x_2 = 3$ (2)

   Wegen Gleichung (2) müssen die ganzzahligen Lösungen x_1, x_2 Teiler von 3 sein. Mögliche Lösungen sind also ± 1 und ± 3. Da $x_1 + x_2$ negativ ist, wählt man $x_1 = -1$ und $x_2 = -3$. Damit ist $x_1 + x_2 = -1 + (-3) = -4$ und $x_1 \cdot x_2 = (-1) \cdot (-3) = 3$. Somit sind $x_1 = -1$ und $x_2 = -3$ tatsächlich die Lösungen von $x^2 + 4x + 3 = 0$.

2. Gib eine quadratische Gleichung der Form $x^2+px+q=0$ mit den Lösungen –5 und 2 an!
   $-p=-5+2=-3$, also $p=3$;
   $q=(-5)\cdot 2=-10$
   Daher ist $x^2+3x-10=0$ eine quadratische Gleichung mit den Lösungen –5 und 2.

Aufgaben

101

Überprüfe mithilfe des Satzes von Vieta, ob die gegebenen Werte x_1 und x_2 tatsächlich die zughörige quadratische Gleichung erfüllen.

a) $x_1=1$ und $x_2=3$ sind Lösungen der quadratischen Gleichungen $x^2-4x+3=0$.

b) $x_1=-1$ und $x_2=5$ sind Lösungen der quadratischen Gleichungen $4x^2-16x-20=0$.

102

Ermittle die Lösungen folgender quadratischer Gleichungen mithilfe des Satzes von Vieta:

a) $x^2-7x+6=0$ b) $x^2+9x+20=0$ c) $x^2+8x-20=0$ d) $x^2-x-6=0$

103

Gib eine quadratische Gleichung der Form $x^2+px+q=0$ mit den folgenden Lösungen an:

a) $x_1=2;\ x_2=-6$ b) $x_1=-4;\ x_2=7{,}5$

Interaktive Aufgaben

5. Lösungen mit Vieta bestimmen 6. Gleichung mit Vieta bestimmen

3.3 Bestimmung der Nullstellen einer Parabel

Für die Schnittpunkte einer Parabel mit der x-Achse ist der zugehörige Funktionswert gleich null, d. h., es gilt: $y=0$. Die x-Koordinaten dieser Schnittpunkte bezeichnet man als Nullstellen der Parabel.

Merke

Bestimmung der Nullstellen einer Parabel

- Setze den die Parabel bestimmenden **Funktionsterm gleich Null**.
- Bestimme die Lösungen der entsprechenden **quadratischen Gleichung**.
- Entsprechend der **Anzahl der Lösungen** gibt es drei Fälle:
  Die Parabel hat **zwei, eine oder keine Nullstellen**.

Das Zeichnen der durch den Funktionsterm gegebenen Parabel ermöglicht das Ablesen der Nullstellen aus der Zeichnung und entspricht dem grafischen Lösen einer quadratischen Gleichung.

Beispiele

1. Bestimme die Nullstellen der Parabel mit der Gleichung $y=x^2-8x+12$.

   Rechnerische Lösung:

$x^2-8x+12=0$	Funktionsterm gleich 0 setzen; quadratische Gleichung mit $p=-8;\ q=12$
$D=\left(\frac{-8}{2}\right)^2-12$	Diskriminante
$D=4$	$D>0$: 2 Lösungen; 2 Nullstellen
$x_{1/2}=-\left(\frac{-8}{2}\right)\pm\sqrt{4}$	Lösungen der quadratischen Gleichung
$x_{1/2}=4\pm 2$	
$x_1=2 \vee x_2=6$	Lösungen bzw. Nullstellen

   Die Parabel schneidet die x-Achse bei $x_1=2$ und $x_2=6$.

Grafische Lösung:

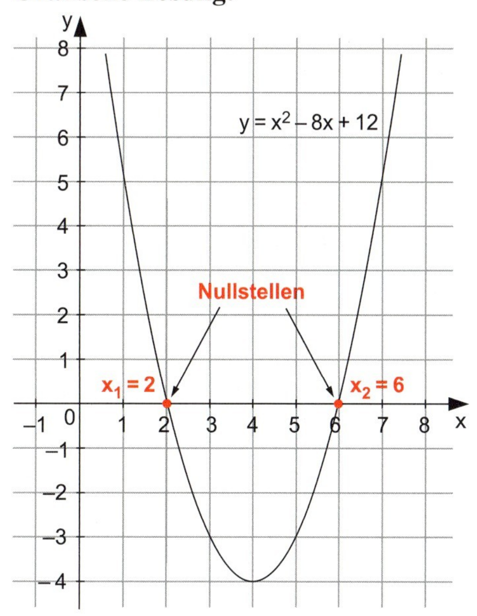

2. Nullstellen der Parabel p_1: $y = \frac{1}{4}x^2 - 2x + 4$

$\frac{1}{4}x^2 - 2x + 4 = 0 \quad |\cdot 4$

$x^2 - 8x + 16 = 0$

$D = \left(-\frac{8}{2}\right)^2 - 16$

$D = 0$: eine Lösung; eine Nullstelle

$x = -\left(-\frac{8}{2}\right) \pm \sqrt{0}$

$x = 4$

Bei der Parabel p_1 fallen die x-Koordinate des Scheitelpunktes S und die Nullstelle zusammen; die Parabel berührt die x-Achse in der Nullstelle $x = 4$.

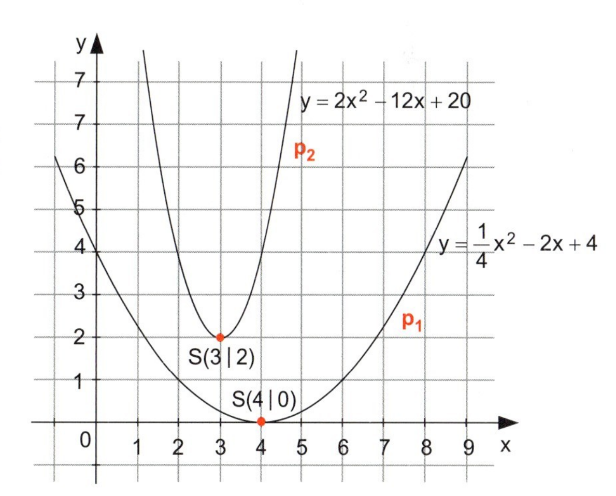

3. Nullstellen der Parabel p_2: $y = 2x^2 - 12x + 20$

$2x^2 - 12x + 20 = 0 \quad |:2$

$x^2 - 6x + 10 = 0$

$D = \left(-\frac{6}{2}\right)^2 - 10 = 9 - 10 = -1$

$D = -1$: keine Lösung; keine Nullstelle

Falls die Gleichung der Parabel in der **Scheitelpunktform** gegeben ist, ist es besonders einfach, die Nullstellen zeichnerisch zu finden: Mithilfe der Schablone zeichnet man eine Normalparabel mit dem vorgegebenen Scheitel und liest die Nullstellen aus der Zeichnung ab.

Beispiel

4. Bestimme die Nullstellen der Parabel $y = (x-1)^2 - 4$.
Scheitel: $S(1\,|-4)$

Grafische Lösung:
Für die Nullstellen liest man $x_1 = -1$ und $x_2 = 3$ ab.

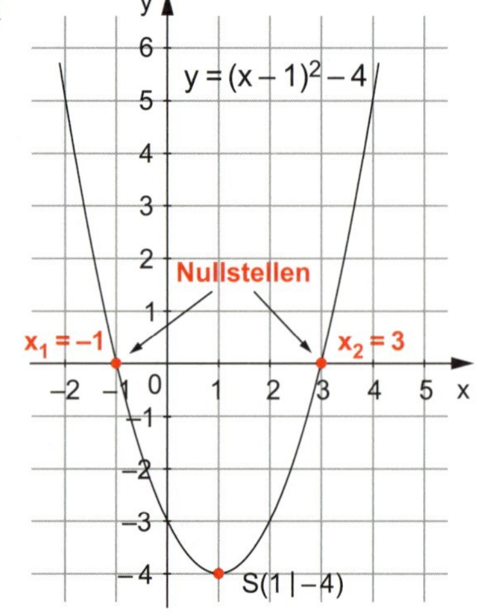

Es gibt
- genau **zwei Nullstellen**, wenn der Scheitel unterhalb der x-Achse liegt,
- genau **eine Nullstelle**, wenn der Scheitel auf der x-Achse liegt (der Scheitel ist der einzige Schnittpunkt mit der x-Achse),
- **keine Nullstelle**, wenn der Scheitel oberhalb der x-Achse liegt,

Aufgabe 104

Ermittle für die durch die angegebenen Funktionsgleichungen bestimmten Parabeln jeweils die Nullstellen. Prüfe jeweils zunächst, ob und wie viele Nullstellen gegebenenfalls vorliegen.

a) p: $y = x^2 + 2x + 4$

b) p: $y = x^2 - 6x - 6$

c) p: $y = x^2 + 2x - 1$

d) p: $y = 2x^2 - 9x + 9$

e) p: $y = x^2 + 6x + 9$

f) p: $y = \frac{1}{2}x^2 - 4x + 5$

g) p: $y = (x+2)^2 - 9$

h) p: $y = (x-3)^2$

i) p: $y = (x-1)^2 + 5$

1. Nullstellen bestimmen
2. Nullstellen und Parabel bestimmen
3. Bundesjugendspiele

Schnittpunkte zwischen Parabel und Gerade

Merke

Bestimmung von Schnittpunkten zwischen Parabel und Gerade

- Setze die Funktionsterme von Parabel und Gerade einander gleich.
- Forme die Gleichung durch äquivalente Umformungen in eine quadratische Gleichung der Form $x^2 + px + q = 0$ über.
- Berechne die Diskriminante D der quadratischen Gleichung:
  $D > 0$: 2 Lösungen – 2 Schnittpunkte
  $D = 0$: 1 Lösung – 1 Berührpunkt: Die Gerade ist Tangente an die Parabel.
  $D < 0$: keine Lösung – kein Schnittpunkt
- Löse die quadratische Gleichung. Die Lösungen stellen die Abszissen der Schnittpunkte dar.
- Berechne die zugehörigen Ordinaten der Schnittpunkte durch Einsetzen der Abszissen in die Geraden- oder Parabelgleichung.

Beispiele

1. **Parabel p:** $y = x^2 - 2x - 6$
   Gerade g: $y = x - 2$
   Setze die Funktionsterme von Parabel und Gerade einander gleich:
   $x^2 - 2x - 6 = x - 2 \quad |-x+2$
   Führe die Gleichung durch äquivalente Umformungen in eine quadratische Gleichung der Form $x^2 + px + q$ über:
   $x^2 - 3x - 4 = 0$ mit $p = -3$; $q = -4$
   Berechne die Diskriminante D dieser quadratischen Gleichung:
   $$D = \left(-\frac{3}{2}\right)^2 - 4 = \frac{9}{4} + 4 = \frac{25}{4}$$
   Lösung der quadratischen Gleichung:
   $$x_{1/2} = -\left(-\frac{3}{2}\right) \pm \sqrt{\frac{25}{4}} = \frac{3}{2} \pm \frac{5}{2};$$
   $x_1 = 4;\ x_2 = -1$
   Berechnen der Ordinaten (y-Koordinaten) der Schnittpunkte bzw. des Berührpunktes: Setze dazu deren Abszissen in die Geraden- oder Parabelgleichung ein.
   $x_1 = 4$: $y_1 = 4 - 2 = 2$; $S_1(4|2)$
   $x_2 = -1$: $y_2 = -1 - 2 = -3$; $S_2(-1|-3)$
   Grafische Darstellung:

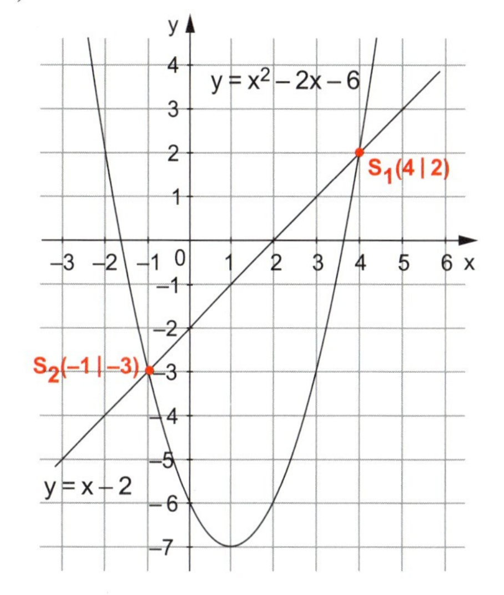

2. Die Gerade g: $y = 4x + 2$ ist Tangente an die Parabel p: $y = x^2 + 6x + 3$. $(G = \mathbb{R} \times \mathbb{R})$
   a) Überprüfe diese Behauptung rechnerisch.
   b) Ermittle die Koordinaten des Berührpunktes.

   Lösung:

   a) $x^2 + 6x + 3 = 4x + 2$ — Gleichsetzen der Funktionsterme
   $x^2 + 2x + 1 = 0$ — äquivalente Umformung
   entweder: $D = 1^2 - 1 \quad D = 0$ — Lösung: $x = -1$
   oder: 1. binomische Formel $x^2 + 2x + 1 = (x + 1)^2$ — Lösung: $(x+1)^2 = 0;\ x + 1 = 0;\ x = -1$

   Eine Lösung, d. h. ein Schnitt- bzw. Berührpunkt.

   b) $y = 4 \cdot (-1) + 2 = -2$ — Einsetzen in Geradengleichung
   Berührpunkt $B(-1|-2)$
   Grafische Darstellung:

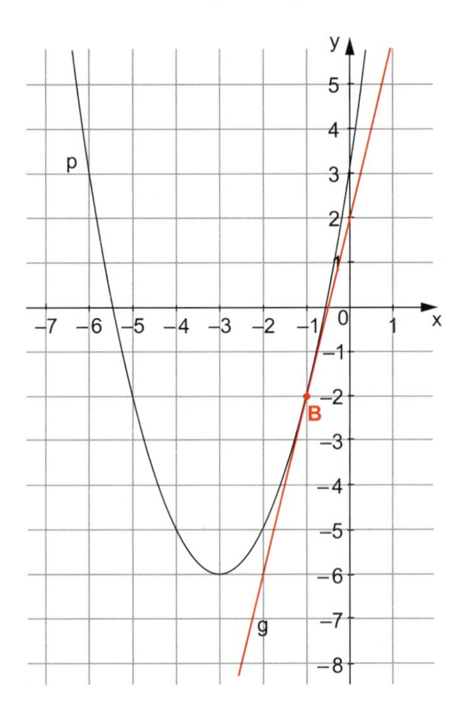

Auch das Problem der **grafischen Bestimmung der Nullstellen** einer Parabel lässt sich auf die Bestimmung der Schnittpunkte von Parabel und Gerade zurückführen: Hat die Parabel die Gleichung $y = x^2 + px + q$, so lautet die Bedingung für eine Nullstelle $x^2 + px + q = 0$. Umformen liefert $x^2 = -px - q$. Diese Gleichung kann man als Schnitt einer Normalparabel mit der Gleichung $y = x^2$ und einer Geraden mit der Gleichung $y = -px - q$ deuten.

Beispiel

Bestimme die Nullstellen der Parabel $y = x^2 - x - 6$.
Für die Nullstellen gilt:

$$x^2 - x - 6 = 0 \quad |+x+6$$
$$x^2 = x + 6$$

Zeichnen der Normalparabel und der Geraden g: $y = x + 6$

Die zu den Schnittpunkten von Normalparabel und Gerade gehörenden x-Werte sind die Nullstellen der gegebenen Parabel, hier $x_1 = -2$ und $x_2 = 3$.

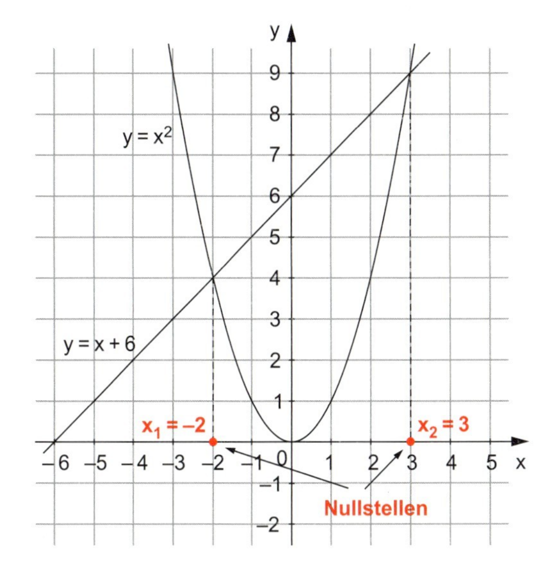

Aufgaben

105

Bestimme rechnerisch die Schnittpunkte der Parabel p: $y = x^2 + 2x - 3$ und der Geraden g: $y = 4x + 5$.
Prüfe zunächst, wie viele Schnittpunkte es gibt.

106

Gegeben sind die Gerade g: $y = 2x + 2$ und die Parabel p: $y = -(x-1)^2 + 3$.

a) Zeichne g und p in ein Koordinatensystem ein.

b) Weise rechnerisch nach, dass die Gerade g eine Tangente an die Parabel p ist. Überprüfe diese Tatsache in der Zeichnung aus Teilaufgabe a.

c) Bestimme durch Rechnung den Berührpunkt B.

107

Bestimme nach der gleichen Methode jeweils die Schnittpunkte bzw. den Berührpunkt der Parabeln p_1 und p_2. Überprüfe dein Ergebnis jeweils auch grafisch.

a) $p_1: y = -\frac{1}{2}x^2 - 2x + 3$ $\qquad p_2: y = 2x^2 - 4{,}5x - 2$

b) $p_1: y = -\frac{1}{2}x^2 - 2x - 2$ $\qquad p_2: y = 0{,}5x^2 - 6x + 2$

108

Bestimme die Nullstellen der Parabel nach der oben angegebenen Methode.

a) $p_1: y = x^2 + 2x - 3$

b) $p_2: y = x^2 - 4$

Interaktive Aufgaben

- 4. Schnittpunkte bestimmen
- 5. Auto und Motorrad

4 Lineares und exponentielles Wachstum

An einer Autobahn wird ein See ausgebaggert. Der See ist 400 m² groß. Durch die Baggerarbeiten vergrößert sich die Fläche wöchentlich um 200 m² (Tabelle 1).

Gleichzeitig wächst auf dem See eine Algenart, die sich sehr schnell vermehrt. Zu Beginn ist die von Algen bedeckte Fläche 10 m² groß, sie verdoppelt sich jede Woche (Tabelle 2).

Tabelle 1:

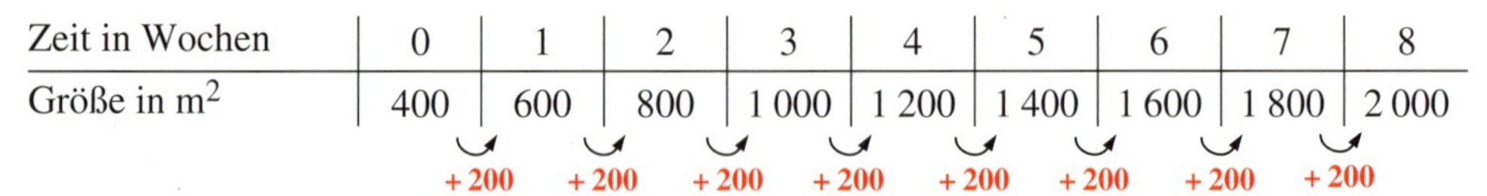

Zeit in Wochen	0	1	2	3	4	5	6	7	8
Größe in m²	400	600	800	1 000	1 200	1 400	1 600	1 800	2 000

+200 +200 +200 +200 +200 +200 +200 +200

Lineares Wachstum: +200 pro Woche

Tabelle 2:

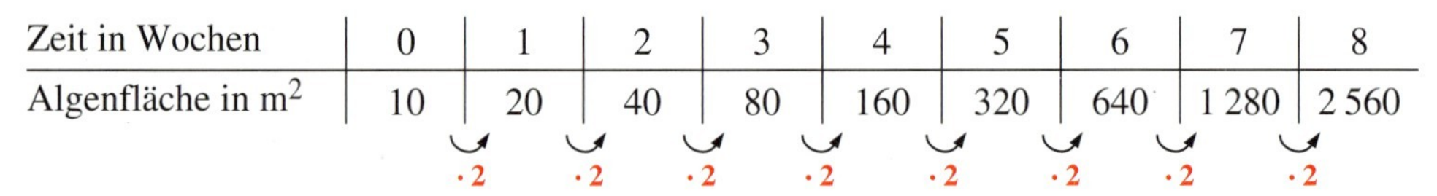

Zeit in Wochen	0	1	2	3	4	5	6	7	8
Algenfläche in m²	10	20	40	80	160	320	640	1 280	2 560

· 2 · 2 · 2 · 2 · 2 · 2 · 2 · 2

Exponentielles Wachstum: **· 2** (Faktor 2) pro Woche

Die Punkte zu Tabelle 1 liegen auf einer Geraden. Es liegt **lineares Wachstum** vor. Die Punkte zu Tabelle 2 liegen auf einer Kurve, die immer steiler ansteigt. Es liegt **exponentielles Wachstum** vor. Am Graphen erkennt man, dass zwischen der 7. und 8. Woche der ganze See mit Algen bedeckt ist.
Nach diesem Zeitpunkt beschreibt die Kurve nicht mehr die Wirklichkeit.

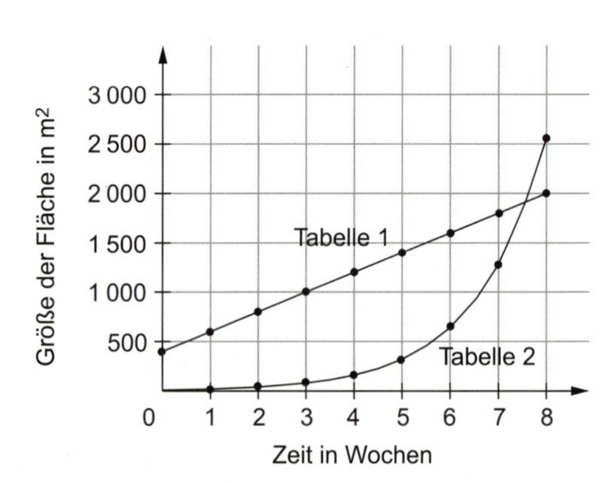

Merke

> Nimmt eine Größe y in gleichen Abständen einer Größe x immer um den **denselben Wert** zu, handelt es sich um **lineares Wachstum**.
> In gleichen Zeitspannen wird immer **derselbe Summand addiert**.
>
> Nimmt eine Größe y in gleichen Abständen einer Größe x immer mit **demselben Faktor** zu, handelt es sich um **exponentielles Wachstum**.
> In gleichen Zeitspannen wird immer mit **demselben Faktor multipliziert**.

Beispiel

Die Tabellen zeigen für zwei verschiedene Städte die Entwicklung des Hochwassers an einem Tag an.

Stadt 1:

Zeit in h	0	2	4	6	8
Höhe über Normalstand in cm	12	18	27	40,5	60,75

Stadt 2:

Zeit in h	0	2	4	6	8
Höhe über Normalstand in cm	20	28	36	44	52

a) In welcher Stadt ist die Zunahme linear, in welcher exponentiell? Begründe!

b) Bestimme den Wachstumsfaktor beim exponentiellen Zuwachs.

Lösung:

a) In der ersten Stadt steigt das Hochwasser exponentiell an, da nach derselben Zeitdauer (hier jeweils zwei Stunden), immer mit demselben Faktor multipliziert werden kann. Jeder Wert wird mit 1,5 multipliziert.
In der zweiten Stadt steigt das Hochwasser linear, da nach je zwei Stunden immer derselbe Summand addiert wird. Zu jedem Wert werden immer 8 cm addiert.

b) Der Wachstumsfaktor in der ersten Stadt beträgt 1,5 (je zwei Stunden).

Stadt 1:

Zeit in h	0	2	4	6	8
Höhe über Normalstand in cm	12	18	27	40,5	60,75

$\cdot 1{,}5$ $\cdot 1{,}5$ $\cdot 1{,}5$ $\cdot 1{,}5$

Stadt 2:

Zeit in h	0	2	4	6	8
Höhe über Normalstand in cm	20	28	36	44	52

$+8$ $+8$ $+8$ $+8$

4.1 Exponentialfunktionen

Exponentialfunktionen der Form $y = q^x$

Merke

Eine Funktion mit der Gleichung $y = q^x$, $q > 0$ und $q \neq 1$ heißt **Exponentialfunktion zur Basis q.**
Für $q > 1$ ist der Graph steigend, für $0 < q < 1$ ist er fallend.
Die Graphen dieser Funktion verlaufen alle durch den Punkt $P(0 \mid 1)$.

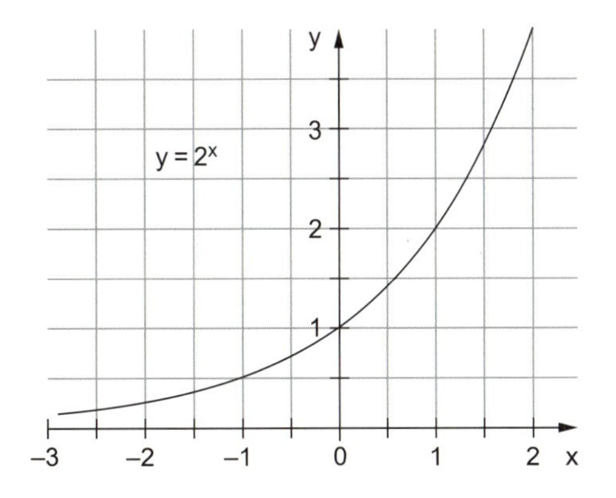

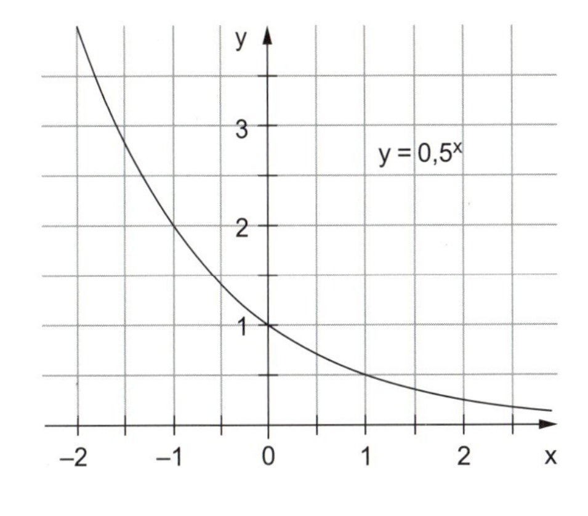

Exponentialfunktionen der Form $\mathbf{y = a \cdot q^x}$

Auch Funktionen mit Gleichungen der Form $y = a \cdot q^x$ mit $q > 0$ und $q \neq 1$ sind Exponentialfunktionen. Die Graphen dieser Exponentialfunktionen verlaufen alle durch $P(0\,|\,a)$.

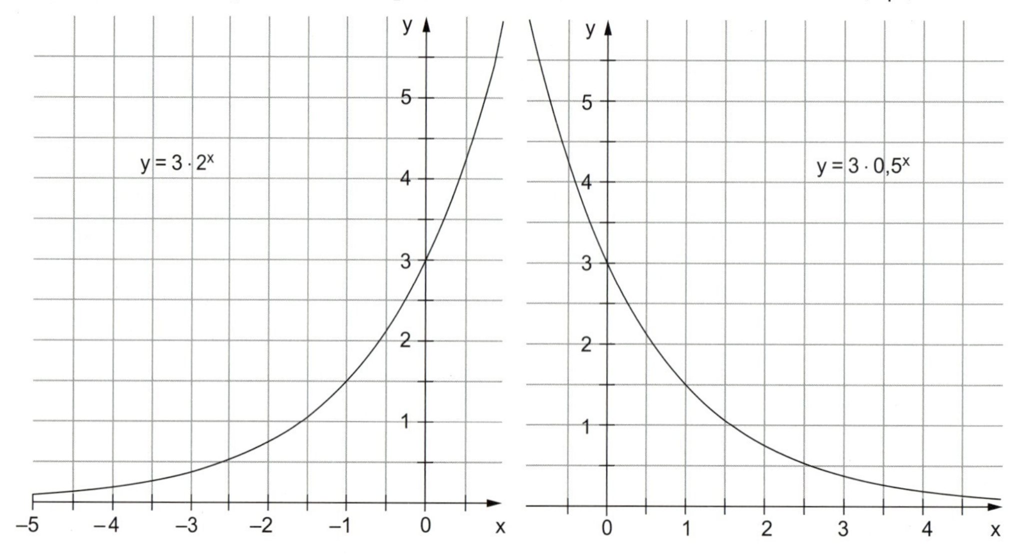

Merke

Exponentielle Wachstumsprozesse können mithilfe von Exponentialfunktionen der Form $\mathbf{y = a \cdot q^x}$ beschrieben werden. Dabei entspricht q dem Wachstumsfaktor und a dem Anfangswert.

2. Wertetabelle

4.2 Exponentielles Wachstum

Eine Anfangsgröße a wächst exponentiell in Abhängigkeit von x (z. B. von der Zeit), wenn diese in gleichen Abständen von x immer mit demselben Faktor q multipliziert wird.
Der Faktor q heißt Wachstumsfaktor.
Für x Abstände kann man den Wert für A_x schrittweise berechnen:

$$A_1 = a \cdot q$$
$$A_2 = A_1 \cdot q = a \cdot q \cdot q$$
$$A_3 = A_2 \cdot q = a \cdot q \cdot q \cdot q$$
$$A_4 = A_3 \cdot q = a \cdot q \cdot q \cdot q \cdot q$$
$$\ldots$$
$$A_x = a \cdot \underbrace{q \cdot q \cdot q \cdot q \ldots \cdot q}_{\text{x-Faktoren}}$$

Man erhält die Formel: $\mathbf{A_x = a \cdot q^x}$ Dies entspricht der Funktionsgleichung: $\mathbf{y = a \cdot q^x}$

Beispiel

Ein Forschungslabor testet ein neues Medikament gegen Grippe. Dazu wird das Wachstum einer bestimmten Bakterienart genauer untersucht und festgestellt, dass diese sich nach jeweils 30 Minuten verdoppelt.

a) Wie viele Bakterien werden nach 14 Stunden vorhanden sein, wenn es zu Beginn des Beobachtungszeitraumes etwa 100 Bakterien waren?

b) Wie viele Bakterien waren es 1 Stunde vor Beobachtungsbeginn?

Lösung:

a) Anfangswert: $a = 100$ Bakterien
Wachstumsfaktor: $q = 2$ je 30 Minuten
Nach 14 Stunden haben sich die Bakterien 28-mal verdoppelt ($28 \cdot 30$ min = 14 Stunden).
Anzahl der Bakterien nach 28 Verdopplungen: $A_x = a \cdot q^x$
$A_{28} = 100 \cdot 2^{28} \approx 2{,}684 \cdot 10^{10}$

b) Zu Beginn der Beobachtung (nach 0 min) sind es 100 Bakterien, 30 min vorher nur halb so viele, also 50 Bakterien. Die Hälfte davon entspricht der Anzahl der Bakterien 1 Stunde vor Beobachtungsbeginn. Dies waren 25 Bakterien.
Man kann die Tabelle einfach nach links verlängern:

Zeit	60 min vorher	30 min vorher	0 min	30 min	60 min	90 min
Anzahl der Bakterien	25	50	100	200	400	800

Interaktive Aufgaben

1. Füchse
2. Traumurlaub

4.3 Prozentuale Wachstumsrate

Ein Mietvertrag sieht eine jährliche Mieterhöhung von 5 % vor. Zurzeit beträgt die Miete 600 €. Wie hoch ist die Miete nach 3 Jahren?

Miete nach 1 Jahr:

%	Miete in €
100	600
1	6
105	630

(: 100, · 105; insgesamt · 1,05)

Miete nach 2 Jahren:

%	Miete in €
100	630
1	6,3
105	661,50

(: 100, · 105; insgesamt · 1,05)

Miete nach 3 Jahren:

%	Miete in €
100	661,50
1	6,615
105	694,58

(: 100, · 105; insgesamt · 1,05)

Die Miete wächst pro Jahr um 5 %, d. h. zu den 100 % kommen noch 5 % hinzu. Daraus ergibt sich, dass die neue Miete 105 % beträgt. Um die Miete des folgenden Jahres zu bestimmen, muss die vorherige Miete immer mit dem Faktor $q = 1{,}05$ multipliziert werden:

Zeit in Jahren	0	1	2	3	4	5	6
Miete in €	600	630	661,50	694,58	...	...	...

(jeweils · 1,05)

Die zugehörige Funktionsgleichung lautet: $\mathbf{y = 600 \cdot 1{,}05^x}$

Merke

Bei einer Zunahme mit konstanter **prozentualer Wachstumsrate p %** liegt ein exponentielles Wachstum vor. Den Wachstumsfaktor q berechnet man folgendermaßen:

$$q = 1 + \frac{p}{100}$$

Beispiele

1. Der Bestand eines Waldes beträgt etwa 20 000 Festmeter*. Bei natürlichem Wachstum nimmt der Bestand jährlich um 2,6 % zu. Stelle die zugehörige Funktionsgleichung auf und lege eine Tabelle für den Holzbestand der nächsten 5 Jahre an.

*gebräuchliche Einheit für ein Kubikmeter feste Holzmasse

Lösung:
Der Anfangswert beträgt a = 20 000. Die jährliche Wachstumsrate beträgt 2,6 %. Daraus berechnet sich der Wachstumsfaktor q wie folgt:

$$q = 1 + \frac{p}{100}$$
$$q = 1 + \frac{2,6}{100}$$
$$q = 1 + 0,026$$
$$q = 1,026$$

Die Funktionsgleichung lautet: $\mathbf{y = 20\,000 \cdot 1,026^x}$

Zeit in Jahren	0	1	2	3	4	5
Holzbestand in Festmetern	20 000	20 520	21 054	21 601	22 163	22 739

· 1,026 · 1,026 · 1,026 · 1,026 · 1,026

2. Ein Bakterienstamm vermehrt sich so, dass der Bestand jede Stunde auf das Zweieinhalbfache anwächst. Wie groß ist die prozentuale Wachstumsrate pro Stunde?

Lösung:
Am Anfang liegt der Bestand bei 100 %, nach einer Stunde bei 250 % (Multiplikation mit dem Wachstumsfaktor q = 2,5). Daraus folgt, dass der Bestand jede Stunde **um 150 %** wächst (100 % + 150 % = 250 %). Die prozentuale Wachstumsrate beträgt 150 %.

4.4 Zinseszins

Wenn Zinsen am Jahresende auf dem Konto bleiben, dann werden sie im nächsten Jahr mitverzinst (Zinseszinsen). Ein Anfangskapital K_0, welches mit einem Zinssatz von p % verzinst wird, wächst nach n Jahren exponentiell an.

Merke

Die **Zinseszinsformel** für das Kapital K_n nach n Jahren lautet:

$$K_n = K_0 \cdot \left(1 + \frac{p}{100}\right)^n$$

Ersetzt man $\left(1 + \frac{p}{100}\right)$ durch den Wachstumsfaktor (oder Zinsfaktor) q, erhält man:

$$\mathbf{K_n = K_0 \cdot q^n}$$

Beispiel

Ein Kapital von 2 000 € wird mit einem Zinssatz von 5,5 % und einer Laufzeit von 10 Jahren verzinst.

a) Wie hoch ist das Kapital nach 10 Jahren?

b) Katja möchte nach 10 Jahren 4 000 € angespart haben. Welches Anfangskapital müsste sie einzahlen?

c) Wie hoch müsste der Zinssatz sein, damit Katja bei einem Kapital von 2 000 € ebenfalls nach 10 Jahren 4 000 € angespart hat?

Lösung:

a) Gegeben: Anfangskapital: $K_0 = 2\,000$ €
Zinssatz: $p\,\% = 5{,}5\,\%$
Zinsfaktor: $q = 1{,}055$
Laufzeit: $n = 10$ Jahre

Gesucht: K_n

Rechnung: $K_n = K_0 \cdot q^n$

$K_{10} = 2\,000\text{ €} \cdot 1{,}055^{10}$

$K_{10} \approx 3\,416{,}29\text{ €}$

Nach 10 Jahren beträgt das Kapital 3 416,29 €.

b) Gegeben: Kapital nach 10 Jahren: $K_{10} = 4\,000$ €
Zinssatz: $p\,\% = 5{,}5\,\%$
Zinsfaktor: $q = 1{,}055$
Laufzeit: $n = 10$ Jahre

Gesucht: K_0

Rechnung: $K_n = K_0 \cdot q^n \quad |:q^n$

$K_0 = \dfrac{K_n}{q^n}$

$K_0 = \dfrac{4\,000\text{ €}}{1{,}055^{10}}$

$K_0 \approx 2\,341{,}72\text{ €}$

Das Anfangskapital müsste 2 341,72 € betragen.

c) Gegeben: Anfangskapital: $K_0 = 2\,000$ €
Kapital nach 10 Jahren: $K_{10} = 4\,000$ €
Laufzeit: $n = 10$ Jahre

Gesucht: Zinssatz

Rechnung: $K_n = K_0 \cdot q^n \quad |:K_0$

$q^n = \dfrac{K_n}{K_0} \quad |\sqrt[n]{\ }$

$q = \sqrt[n]{\dfrac{K_n}{K_0}}$

$q = \sqrt[10]{\dfrac{4\,000\text{ €}}{2\,000\text{ €}}}$

$q \approx 1{,}0718$

Der Zinsfaktor ist $q \approx 1{,}0718$. Man bestimmt daraus den Zinssatz p %, indem man 1 subtrahiert und das Ergebnis mit 100 % multipliziert:

$p\,\% = (1{,}0718 - 1) \cdot 100\,\%$

$p\,\% = 7{,}18\,\%$

Der Zinssatz müsste 7,18 % betragen.

1. Auto

4.5 Exponentielle Abnahme – Zerfall

Jan nimmt einmalig 8 mg eines Medikamentes zu sich. Sein Körper baut im Laufe eines Tages 25 % des Medikamentes ab. Am nächsten Tag sind noch 75 % also 6 mg davon vorhanden.

Die Tabelle zeigt die Menge des Medikamentes im Körper nach 1 bis 7 Tagen:

Zeit in Tagen	0	1	2	3	4	5	6	7	8
Menge in mg	8	6	4,5	3,38	2,53	1,90	1,42	1,07	…

Nach 1 Tag sind es 75 % von 8 mg: $8\text{ mg} \cdot 0{,}75 = 6\text{ mg}$
Nach 2 Tagen sind es 75 % von 6 mg: $6\text{ mg} \cdot 0{,}75 = 4{,}5\text{ mg}$
Nach 3 Tagen sind es 75 % von 4,5 mg: $4{,}5\text{ mg} \cdot 0{,}75 \approx 3{,}38\text{ mg}$
usw.

Die Funktionsgleichung für x Tage lautet: $\mathbf{y = 8 \cdot 0{,}75^x}$
Da der Faktor q kleiner als 1 ist, handelt es sich um eine exponentielle Abnahme.

Die Punkte liegen auf einer Kurve, die am Anfang sehr stark und am Ende immer langsamer abfällt.
Nach ungefähr 2,4 Tagen hat sich die Menge halbiert, es sind statt 8 mg nur noch 4 mg vorhanden.
(rote Kennzeichnung in der Zeichnung)

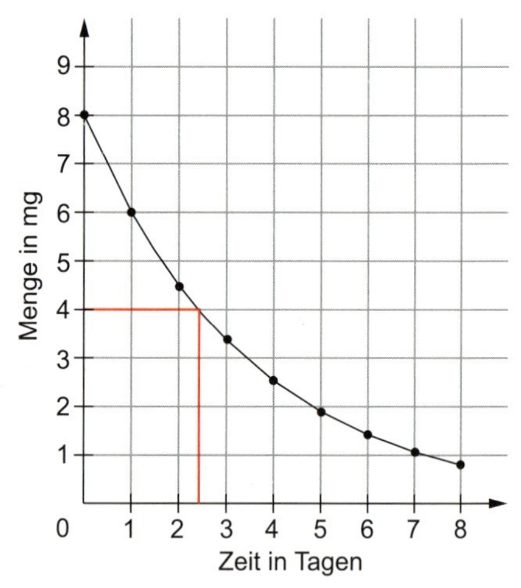

Merke

Bei der **exponentiellen Abnahme** liegt der Faktor q zwischen 0 und 1.
Eine Anfangsgröße a fällt dann exponentiell in Abhängigkeit von x.
Für den y-Wert gilt die bereits bekannte Formel: $y = a \cdot q^x$
Bei einer konstanten prozentualen Abnahme um p % berechnet man den Abnahmefaktor q folgendermaßen:

$$q = 1 - \frac{p}{100}$$

Beispiele

1. Um die Funktion der Bauchspeicheldrüse zu testen, wird ein bestimmter Farbstoff eingespritzt. Danach wird gemessen, wie der Farbstoff wieder ausgeschieden wird. Eine gesunde Bauchspeicheldrüse scheidet pro Minute 4 % des Farbstoffes aus. Herrn Healthy werden 0,2 g des Farbstoffs gespritzt. Nach 20 Minuten sind noch 0,088 g des Farbstoffes in seiner Bauchspeicheldrüse vorhanden.
Kann man davon ausgehen, dass seine Bauchspeicheldrüse gesund ist?

Lösung:

Anfangsgröße: $a = 0{,}2$ g

Prozentuale Abnahme: $p\,\% = 4\,\%$ pro Minute

Abnahmefaktor: $q = 0{,}96$ pro Minute $\left(q = 1 - \frac{p}{100} \Rightarrow q = 1 - 0{,}04 = 0{,}96\right)$

Die Funktionsgleichung lautet: $y = 0{,}2 \cdot 0{,}96^x$

Für x wird 20 eingesetzt: $y = 0{,}2 \cdot 0{,}96^{20}$

$y \approx 0{,}0884$

Bei einer normal funktionierenden Bauchspeicheldrüse wären nach 20 Minuten noch 0,0884 g vorhanden. Da der Wert von Herrn Healthy diesem Wert ziemlich genau entspricht, arbeitet seine Bauchspeicheldrüse normal.

2. Die Halbwertszeit eines radioaktiven Elements ist die Zeitspanne, in der die Menge des Stoffes auf die Hälfte abgesunken ist. Die Halbwertszeit von Cäsium 137 beträgt 30 Jahre.
   Stelle den radioaktiven Zerfall von Cäsium 137 grafisch dar und entnimm der Grafik, nach welcher Zeit eine bestimmte Menge von Cäsium 137 auf etwa 10 % der ursprünglichen Menge gesunken ist.

Lösung:

Anfangsgröße: $a = 100\,\%$

Abnahmefaktor: $q = 0{,}5$ je 30 Jahre

Zeit in Jahren	0	30	60	90	120
Menge in %	100	50	25	12,5	6,25

Nach 3 Halbwertszeiten (90 Jahre) ist die ursprüngliche Menge auf 12,5 % und nach 4 Halbwertszeiten (120 Jahre) auf 6,25 % gesunken. Der gesuchte Wert muss dazwischen liegen.

In der Grafik erkennt man, dass nach etwa 100 Jahren die Menge auf 10 % herabgesunken ist.

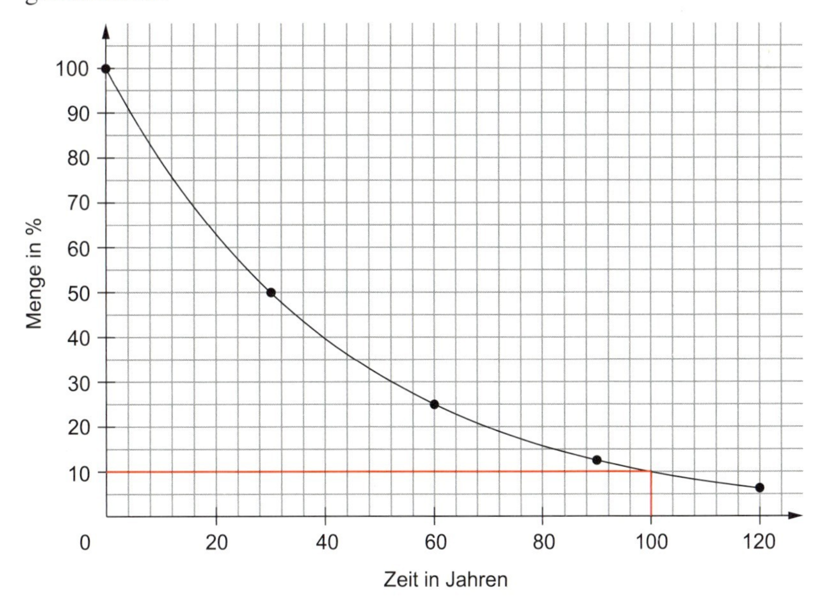

Aufgaben

109

Ein Kapital von 1 000 € wird mit einer jährlichen Verzinsung von 4,5 % angelegt.

a) Stelle die Exponentialfunktion auf, die diesen Wachstumsvorgang beschreibt.
b) Auf welches Guthaben ist das Anfangskapital nach 12 Jahren angewachsen?
c) Bestimme durch Probieren mit dem Taschenrechner, nach wie viel Jahren sich das Anfangskapital verdoppelt hat.
d) Erstelle für den Zeitraum von 15 Jahren eine Wertetabelle und zeichne den Graphen der Exponentialfunktion aus Teilaufgabe a.
   Bestimme anhand der grafischen Darstellung, nach wie viel Jahren das Startkapital auf den doppelten bzw. dreifachen Betrag angewachsen ist.

110

Der Neupreis eines Autos beträgt 45 600 €. Im ersten Jahr ist der Wertverlust 25 % des Neupreises. In den folgenden Jahren beträgt der Wertverlust jährlich 10 % vom jeweiligen Restwert an Ende des Vorjahres.

a) Berechne den Restwert nach dem ersten Jahr. Stelle dann eine Funktion auf, die den Restwert y des Fahrzeugs in Abhängigkeit von der Anzahl x der Jahre $(x > 1)$ beschreibt.
b) Wie groß ist der Restwert des Autos nach 3, 5, 10 Jahren?

111

Die Anzahl y der Bakterien einer Bakterienkultur in Abhängigkeit von der Zeit x in Stunden wird durch eine Exponentialgleichung der Form $y = 500 \cdot 1{,}8^x$ beschrieben.

a) Schreibe einen passenden Sachverhalt zu der Aufgabe. Gib den Wachstumsfaktor, die prozentuale Wachstumsrate und den Anfangswert an.
b) Erstelle für den Zeitraum von 0 bis 6 Stunden eine Wertetabelle. Stelle das Wachstum der Bakterien für diesen Zeitraum in einem Koordinatensystem grafisch dar und achte auf eine sinnvolle Achseneinteilung.
c) Entnimm deiner Zeichnung, nach welcher Zeit etwa 7 000 Bakterien vorhanden sind.

112

Für das radioaktive Nuklid Bi-210 (Wismut) werden zu einem bestimmten Zeitpunkt 800 Kernzerfälle pro Sekunde registriert. Der Versuch wird 15 Tage später wiederholt, wobei jetzt 100 Kernzerfälle pro Sekunde gezählt werden.

a) Bestimme die Halbwertszeit von Bi-210. (Die Halbwertszeit ist die Zeit, in der die Anzahl der registrierten Kernzerfälle auf die Hälfte abnimmt.)
b) Nach wie viel Tagen werden noch 25 Kernzerfälle pro Sekunde registriert?
c) Welcher Bruchteil der ursprünglich vorhandenen Kerne ist nach 60 Tagen noch nicht zerfallen?

1. Hausmüll

5 Ähnlichkeit

5.1 Vergrößern und Verkleinern von Figuren – Ähnliche Figuren

Maßstabsgetreue Vergrößerungen und Verkleinerungen spielen im Alltag und in der Technik eine bedeutsame Rolle. Die Projektion eines Dias oder der vergrößerte Abzug eines Filmnegativs stellen Beispiele für derartige Vergrößerungen dar. In Bau- oder Grundstücksplänen werden die entsprechenden Objekte jeweils in einem bestimmten Maßstab (z. B. 1 : 500) verkleinert gezeichnet. Beim Modellbau werden maßstabsgetreue, verkleinerte Abbilder von Flugzeugen oder Schiffen konstruiert.
Vergrößerungen oder Verkleinerungen sollen in der Regel maßstabsgetreu sein, d. h. Original- und Bildfigur stimmen in der Gestalt völlig überein, haben jedoch unterschiedliche Größe. Wir sagen dann auch: Original- und Bildfigur sind **ähnlich**.

Merke

Ähnliche Figuren

Zwei ähnliche Figuren F_1 und F_2 ($F_1 \sim F_2$) stimmen
- in den Maßen entsprechender Winkel (Winkeltreue)
- im Verhältnis entsprechender Streckenlängen (Verhältnistreue)

überein.

So ist in der Abbildung die rechte Figur eine Vergrößerung der linken Figur, umgekehrt ist die linke Figur eine Verkleinerung der rechten Figur. Die Figuren sind ähnlich: $F_1 \sim F_2$.
Für den Fall der Vergrößerung können wir für das Verhältnis der Längen einander entsprechender Strecken ablesen:

$$\frac{\overline{ZP'}}{\overline{ZP}} = 2$$

$$\overline{ZP'} = 2 \cdot \overline{ZP}$$

und

$$\frac{\overline{A'B'}}{\overline{AB}} = 2$$

$$\overline{A'B'} = 2 \cdot \overline{AB}$$

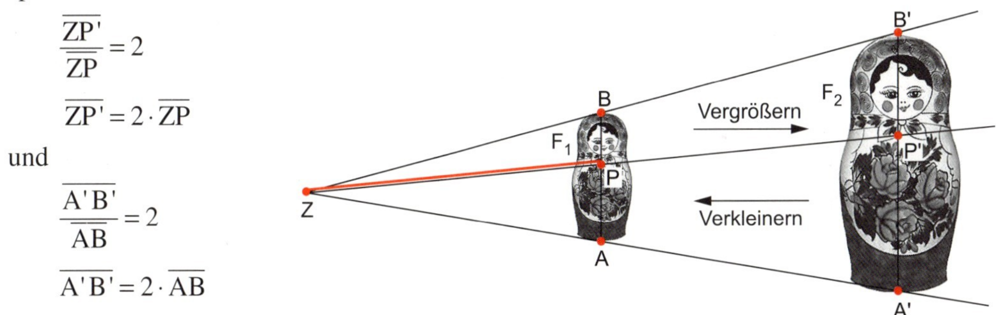

Für den Fall der Verkleinerung hat das Verhältnis entsprechender Streckenlängen den Wert $\frac{1}{2}$.

Das **Vergrößern (Strecken)** oder **Verkleinern (Stauchen)** einer Figur erfolgt von einem festen Punkt, dem **Zentrum Z**, aus nach folgender Vorschrift:

Merke

Zentrische Streckung

Zu jedem Punkt P der Originalfigur erhält man den entsprechenden Bildpunkt P', indem man die Strecke $\overline{ZP}$ mit einem Faktor $|k|$ multipliziert.

Das Ergebnis ist die Strecke $\overline{ZP'}$, mit $\overline{ZP'} = |k| \cdot \overline{ZP}$ und $P' \in ZP$ (siehe Abbildung).

Originalpunkt P und Bildpunkt P' liegen auf einer Geraden durch das Zentrum Z.

Die Gesamtheit aller Bildpunkte P' ergibt die Bildfigur.

Der Faktor k heißt auch **Streckungsfaktor**, ist eine reelle, von Null verschiedene Zahl und gibt das Verhältnis von Bild- und Originalstrecke an:

$$|k| = \frac{\overline{ZP'}}{\overline{ZP}}$$

Der Wert des Streckungsfaktors k bestimmt den Maßstab der Vergrößerung bzw. der Verkleinerung sowie die gegenseitige Lage von Original- und Bildfigur.

Merke

Eigenschaften der zentrischen Streckung

$k > 1$	und	$k < -1$	Vergrößerung
$k = 1$	und	$k = -1$	gleiche Größe
$-1 < k < 0$	und	$0 < k < 1$	Verkleinerung.

Für **positive k** liegen Original- und Bildpunkt auf der Geraden durch Z auf der gleichen Seite von Z.

Für **negative k** liegen Original- und Bildpunkt auf der Geraden durch Z auf verschiedenen Seiten von Z.

Die Vorschrift, nach der wir eine Originalfigur punktweise auf eine Bildfigur verkleinert oder vergrößert abbilden, wird auch als **zentrische Streckung** bezeichnet.

$k = 2$: **Vergrößerung**
Alle Bildstrecken sind 2-mal so lang wie die entsprechenden Originalstrecken.

$\Delta ABC \sim \Delta A'B'C'$

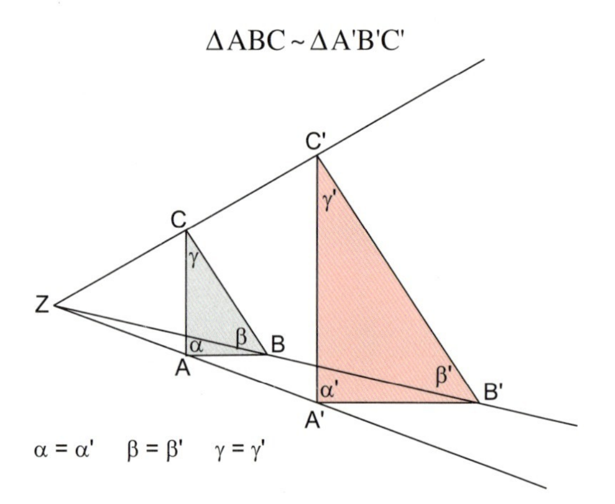

$k = \frac{1}{2}$: **Verkleinerung**
Alle Bildstrecken sind $\frac{1}{2}$-mal so lang wie die entsprechenden Originalstrecken.

$\Delta ABC \sim \Delta A'B'C'$

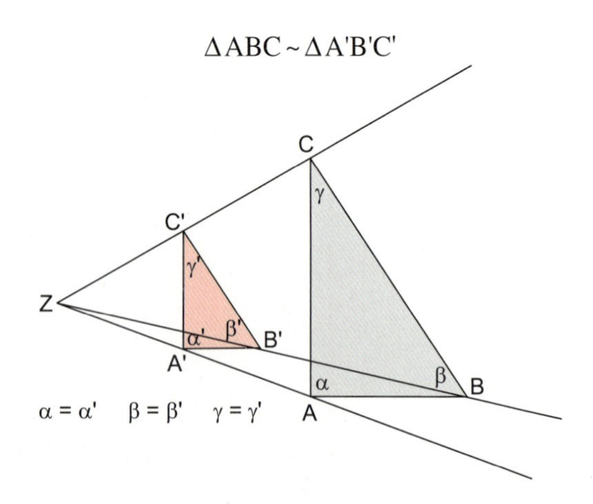

$k = -2$: **Vergrößerung**
Alle Bildstrecken sind 2-mal so lang wie die entsprechenden Originalstrecken. Original- und Bildpunkt liegen jeweils auf verschiedenen Seiten des Zentrums Z.

$\Delta ABC \sim \Delta A'B'C'$

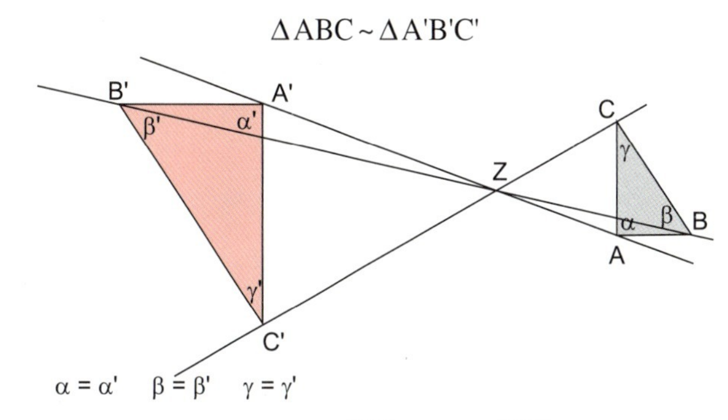

Beispiele

1. Ein rechtwinkliges Dreieck ABC mit den Seitenlängen $\overline{AB} = 5\text{ cm}$, $\overline{AC} = 3\text{ cm}$ und $\overline{BC} = 4\text{ cm}$ wird auf das Bilddreieck A'B'C' vergrößert. Zentrum ist der Eckpunkt A und $k = 3$.
   - Seitenlängen des Dreiecks A'B'C'.

     $\overline{A'B'} = k \cdot \overline{AB}$ $\qquad \overline{A'C'} = k \cdot \overline{AC}$ $\qquad \overline{B'C'} = k \cdot \overline{BC}$

     $\overline{A'B'} = 3 \cdot 5\text{ cm}$ $\qquad \overline{A'C'} = 3 \cdot 3\text{ cm}$ $\qquad \overline{B'C'} = 3 \cdot 4\text{ cm}$

     $\overline{A'B'} = 15\text{ cm}$ $\qquad \overline{A'C'} = 9\text{ cm}$ $\qquad \overline{B'C'} = 12\text{ cm}$
   - Flächeninhalte der Dreiecke ABC und A'B'C':
     Beide Dreiecke sind bei C bzw. bei C' rechtwinklig.

     $A_{\Delta ABC} = \frac{1}{2} \cdot \overline{AC} \cdot \overline{BC}$ $\qquad A_{\Delta A'B'C} = \frac{1}{2} \cdot \overline{A'C'} \cdot \overline{B'C'}$

     $A_{\Delta ABC} = \frac{1}{2} \cdot 3\text{ cm} \cdot 4\text{ cm}$ $\qquad A_{\Delta A'B'C'} = \frac{1}{2} \cdot 9\text{ cm} \cdot 12\text{ cm}$

     $A_{\Delta ABC} = 6\text{ cm}^2$ $\qquad A_{\Delta A'B'C'} = 54\text{ cm}^2$

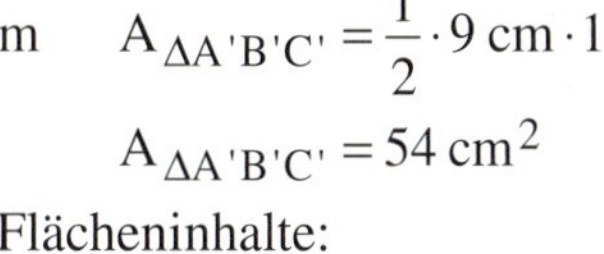

   - Verhältnis der beiden Flächeninhalte:

     $$\frac{A_{\Delta A'B'C'}}{A_{\Delta ABC}} = \frac{54\text{ cm}^2}{6\text{ cm}^2} = 9 = 3^2 = k^2$$

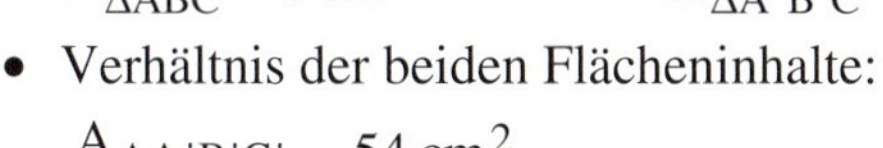

     Dieses Ergebnis gilt allgemein für alle Dreiecke:

     $$A_{\Delta A'B'C'} = \frac{1}{2} \cdot g' \cdot h' \xrightarrow[\text{und } h' = k \cdot h]{\text{mit } g' = k \cdot g} A_{\Delta A'B'C'} = \frac{1}{2} \cdot k \cdot g \cdot k \cdot h$$

     $$A_{\Delta A'B'C'} = k^2 \cdot \underbrace{\frac{1}{2} \cdot g \cdot h}$$

     $$A_{\Delta A'B'C'} = k^2 \cdot A_{\Delta ABC}$$

Da wir Vielecke in Dreiecke zerlegen und auch die Kreisfläche durch Dreiecksflächen beliebig genau annähern können, gilt das erhaltene Ergebnis allgemein für alle ebenen Figuren.

Merke

Veränderung des Flächeninhalts bei der zentrischen Streckung

Für das Verhältnis der Flächeninhalte A_{F_2} und A_{F_1} zweier ähnlicher Figuren F_1 und F_2 gilt:

$$\frac{A_{F_2}}{A_{F_1}} = k^2$$

Dabei ist k der Streckungsfaktor der zentrischen Streckung.

2. Vergrößerung (Streckung) des Vierecks ABCD mit dem Zentrum Z und $k = 2$.
Von Z aus tragen wir auf den Halbgeraden ZA, ZB, ZC und ZD Strecken der Länge $k \cdot \overline{ZA} = 2 \cdot \overline{ZA}$, $k \cdot \overline{ZB} = 2 \cdot \overline{ZB}$, $k \cdot \overline{ZC} = 2 \cdot \overline{ZC}$ und $k \cdot \overline{ZD} = 2 \cdot \overline{ZD}$ ab und erhalten damit die Eckpunkte A', B', C' und D' des vergrößerten Vierecks A'B'C'D'.

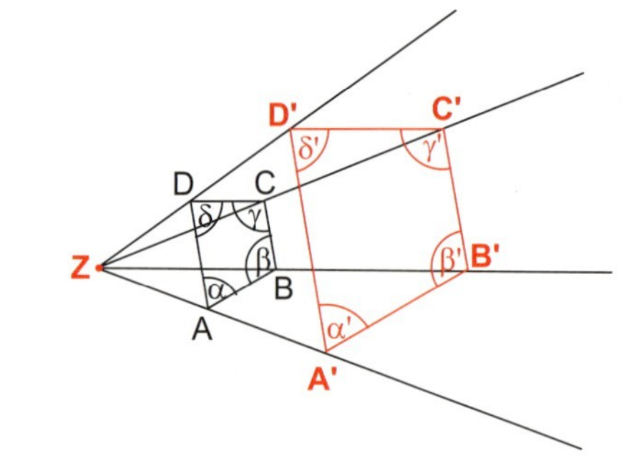

Es ist: $\overline{A'B'} = 2 \cdot \overline{AB}$ und $\alpha' = \alpha$
$\overline{B'C'} = 2 \cdot \overline{BC}$ $\beta' = \beta$
$\overline{C'D'} = 2 \cdot \overline{CD}$ $\gamma' = \gamma$
$\overline{D'A'} = 2 \cdot \overline{DA}$ $\delta' = \delta$

3. Das Dreieck ABC mit $A(0|2)$, $B(3|0)$ und $C(3|2)$ wird vom Zentrum $Z(0|0)$ aus mit dem Faktor $k_1 = 3$ auf das Bilddreieck A'B'C' vergrößert.

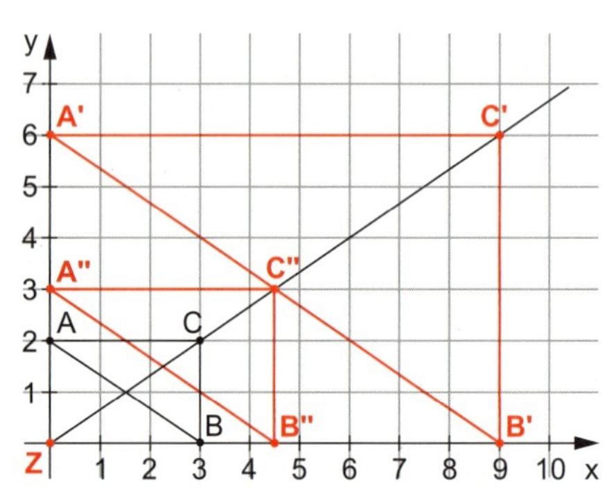

a) Wir konstruieren das Dreieck A'B'C' und berechnen die Koordinaten der Eckpunkte A', B' und C'.

Koordinaten von

$A'(x'|y')$: $A\begin{pmatrix} x = 0 \\ y = 2 \end{pmatrix}$; $\begin{matrix} x' = k \cdot x = 3 \cdot 0 = 0 \\ y' = k \cdot y = 3 \cdot 2 = 6 \end{matrix}$ $A'(0|6)$

$B'(x'|y')$: $B\begin{pmatrix} x = 3 \\ y = 0 \end{pmatrix}$; $\begin{matrix} x' = k \cdot x = 3 \cdot 3 = 9 \\ y' = k \cdot y = 3 \cdot 0 = 0 \end{matrix}$ $A'(9|0)$

$C'(x'|y')$: $C\begin{pmatrix} x = 3 \\ y = 2 \end{pmatrix}$; $\begin{matrix} x' = k \cdot x = 3 \cdot 3 = 9 \\ y' = k \cdot y = 3 \cdot 2 = 6 \end{matrix}$ $A'(9|6)$

b) Wir bestimmen die Flächeninhalte beider Dreiecke.

ΔABC: $\overline{AC} = 3\text{ cm}$
$\overline{BC} = 2\text{ cm}$

$A_{\Delta ABC} = \frac{1}{2} \cdot \overline{AC} \cdot \overline{BC}$
$A_{\Delta ABC} = \frac{1}{2} \cdot 3\text{ cm} \cdot 2\text{ cm}$
$A_{\Delta ABC} = 3\text{ cm}^2$

$\Delta A'B'C'$: $\overline{A'C'} = k \cdot \overline{AC}$
$\overline{A'C'} = 9\text{ cm}$
$\overline{B'C'} = k \cdot \overline{BC}$
$\overline{B'C'} = 6\text{ cm}$

$A_{\Delta A'B'C} = k^2 \cdot A_{\Delta ABC}$
$A_{\Delta A'B'C'} = 9 \cdot 3\text{ cm}^2$
$A_{\Delta A'B'C'} = 27\text{ cm}^2$

c) Das Dreieck A'B'C' wird vom Zentrum $Z(0|0)$ mit dem Faktor $k_2 = \frac{1}{2}$ auf das Dreieck A''B''C'' verkleinert.
Wir konstruieren das Dreieck A''B''C'' und berechnen die Koordinaten der Eckpunkte A'', B'' und C'' sowie den Flächeninhalt.

$x'' = \frac{1}{2} \cdot x'$ $y'' = \frac{1}{2} \cdot y'$
$A'(0|6) \rightarrow A''(0|3)$
$B'(9|0) \rightarrow B''(4{,}5|0)$
$C'(9|6) \rightarrow C''(4{,}5|3)$

$\overline{A''C''} = \frac{1}{2} \cdot \overline{A'C'} = 4{,}5 \text{ cm}$

$\overline{B''C''} = \frac{1}{2} \cdot \overline{B'C'} = 3 \text{ cm}$

$A_{\Delta A''B''C''} = \left(\frac{1}{2}\right)^2 \cdot A_{\Delta A'B'C'}$

$A_{\Delta A''B''C''} = 6{,}75 \text{ cm}^2$

d) Wenn wir das Ausgangsdreieck ABC vom gleichen Zentrum Z(0|0) aus mit dem Faktor $k_2 = \frac{3}{2} = k_1 \cdot k_2$ vergrößern, erhalten wir:
A"(0|3) B"(4,5|0) C"(4,5|3)

$\overline{A''C''} = 4{,}5 \text{ cm}$

$\overline{B''C''} = 3 \text{ cm}$

$A_{\Delta A''B''C''} = 6{,}75 \text{ cm}^2$

Dieses Ergebnis gilt allgemein.

Merke

Hintereinanderausführung von zentrischen Streckungen

Mehrere nacheinander ausgeführte Vergrößerungen oder Verkleinerungen mit den Faktoren $k_1, k_2, \ldots, k_n$ können durch eine einzige Vergrößerung oder Verkleinerung mit dem Faktor $k = k_1 \cdot k_2 \cdot \ldots \cdot k_n$ ersetzt werden. Dabei müssen alle Vergrößerungen bzw. Verkleinerungen vom selben Zentrum Z erfolgen.

4. Ein Dreieck ABC wird vom Zentrum Z(1|4) aus mit dem Faktor $k = \frac{5}{2}$ auf das Dreieck A'B'C' vergrößert. A'(4|2), B'(8|2), C'(7|5)

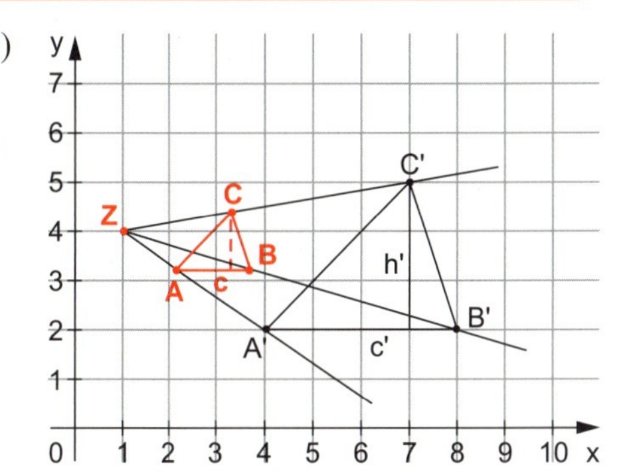

a) Konstruiere das Dreieck ABC.

$c' = k \cdot c$

$c' = \frac{5}{2} \cdot c \quad \Big| : \frac{5}{2}$

$\frac{2}{5} \cdot c' = c \rightarrow c = 0{,}4 \cdot c'$

Wir tragen von Z aus auf den Halbgeraden ZA', ZB' und ZC' jeweils Strecken der Länge $\overline{ZA} = 0{,}4 \cdot \overline{ZA'}$, $\overline{ZB} = 0{,}4 \cdot \overline{ZB'}$ und $\overline{ZC} = 0{,}4 \cdot \overline{ZC'}$ ab. Die Endpunkte dieser Strecken A, B und C sind Eckpunkte des Ausgangsdreiecks ABC.

b) Berechne den Flächeninhalt des Dreiecks ABC.

$A_{\Delta ABC} = k^2 \cdot A_{\Delta A'B'C'}$

$A_{\Delta ABC} = (0{,}4)^2 \cdot \frac{1}{2} \cdot c' \cdot h'$

$A_{\Delta ABC} = 0{,}4^2 \cdot \frac{1}{2} \cdot 4 \text{ cm} \cdot 3 \text{ cm}$

$A_{\Delta ABC} = 0{,}96 \text{ cm}^2$

Merke

Umkehrung der zentrischen Streckung

Die Umkehrung einer Vergrößerung/Verkleinerung mit dem Faktor k ist eine Verkleinerung/Vergrößerung mit dem Faktor $\frac{1}{k}$ (jeweils gleiches Zentrum).

Aufgaben

113 Es sind fünf Dreiecke D_1 bis D_5 mit den jeweils angegebenen Maßen gegeben.

D_1:	$a_1 = 18$ cm	$b_1 = 12$ cm	$c_1 = 24$ cm
D_2:	$a_2 = 6$ cm	$b_2 = 4$ cm	$c_2 = 8$ cm
D_3:	$a_3 = 7{,}5$ cm	$b_3 = 5$ cm	$c_3 = 9$ cm
D_4:	$\alpha_4 = 78°$	$\gamma_4 = 47°$	
D_5:	$\beta_5 = 78°$	$\gamma_5 = 47°$	

Prüfe, ob die Dreiecke D_1 und D_2, D_2 und D_3, D_4 und D_5 jeweils ähnlich sind.

114 Ein Dreieck ABC hat die Seitenlängen $\overline{AB} = 12$ cm, $\overline{AC} = 5$ cm und $\overline{BC} = 13$ cm.

a) Bestimme die Seitenlänge eines zum Dreieck ABC ähnlichen Dreiecks A'B'C', wobei das Verhältnis entsprechender Seiten $k = \frac{1}{2}$ ist.

b) Berechne den Flächeninhalt des Dreiecks A'B'C'.

115 Bei Land- oder Straßenkarten bedeutet ein Maßstab von 1 : k, dass 1 cm auf der Karte in der Wirklichkeit k cm entspricht.
Was bedeuten demnach die Maßstäbe 1 : 200 000 und 1 : 1 000 000?

116 Zeichne ein Dreieck ABC mit a = 3 cm, b = 4 cm und c = 5 cm. Vergrößere/verkleinere dieses Dreieck, wobei

a) Zentrum der Eckpunkt A und $k = \frac{3}{2}$ ist,

b) Zentrum der Schnittpunkt S der Seitenhalbierenden und k = 3 ist,

c) Zentrum ein Punkt Z außerhalb des Dreiecks und $k = \frac{2}{3}$ ist.

Bestimme jeweils die Längen der Seiten des Dreiecks A'B'C' sowie dessen Flächeninhalt.

117 Das Dreieck ABC mit A(2 | 3), B(8 | 3) und C(4 | 8) wird vom Zentrum Z(0 | 0) aus mit $k_1 = 1{,}5$ auf das Dreieck A'B'C' vergrößert. Anschließend wird das Dreieck A'B'C' von Z(0 | 0) aus mit $k_2 = \frac{1}{2}$ auf das Dreieck A"B"C" verkleinert.

a) Konstruiere in einem Koordinatensystem die Dreiecke A'B'C' und A"B"C".

b) Berechne den Flächeninhalt für die Dreiecke ABC, A'B'C' und A"B"C".

c) Durch welche Vergrößerung/Verkleinerung kann das Dreieck A"B"C" wieder in das Ausgangsdreieck ABC übergeführt werden?

118 Ein Quadrat mit der Seitenlänge a = 4 cm wird von einem Eckpunkt als Zentrum mit dem Faktor k = 2,5 vergrößert.

a) Konstruiere das vergrößerte Quadrat und gib dessen Seitenlänge a' an.

b) Bestimme den Inkreisradius r_i' und den Umkreisradius r_u' des vergrößerten Quadrats.

c) Begründe, warum bei einer maßstabsgetreuen Streckung oder Stauchung ein Kreis wieder zu einem Kreis wird.

Interaktive Aufgaben

1. Ähnliche Dreiecke
2. Dreieck zeichnen

5.2 Strahlensätze

Werden zwei Geraden, die sich in einem Punkt schneiden, von einem Paar paralleler Geraden geschnitten, so entstehen zwei ähnliche Dreiecke (siehe Abbildung): $\Delta AZB \sim \Delta A'ZB'$.
Da für diese Dreiecke das Verhältnis der Längen entsprechender Strecken bzw. Seiten gleich ist (gleich dem Faktor k ist), lassen sich aus der Abbildung die folgenden als **Strahlensätze** bezeichneten Zusammenhänge ablesen.

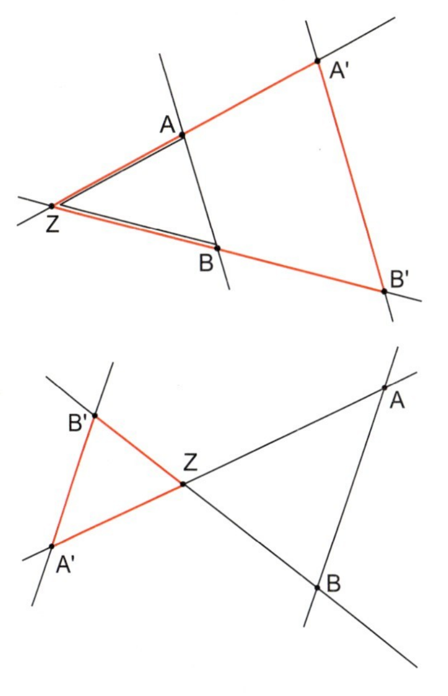

Merke

Strahlensätze

Werden zwei sich schneidende Geraden von einem Parallelenpaar geschnitten, so gelten folgende Verhältnisse:

1. Strahlensatz:
Die Strecken auf der einen Geraden verhalten sich wie die entsprechenden Strecken auf der anderen Geraden.

$$\frac{\overline{ZA}}{\overline{ZA'}} = \frac{\overline{ZB}}{\overline{ZB'}} \qquad \frac{\overline{ZA}}{\overline{AA'}} = \frac{\overline{ZB}}{\overline{BB'}}$$

2. Strahlensatz:
Die Strecken auf den parallelen Geraden verhalten sich wie die entsprechenden Strecken auf einer der beiden sich schneidenden Geraden.

$$\frac{\overline{AB}}{\overline{A'B'}} = \frac{\overline{ZA}}{\overline{ZA'}}$$

Beispiele

1. Berechne jeweils die Längen x und y der zugehörigen Strecken.

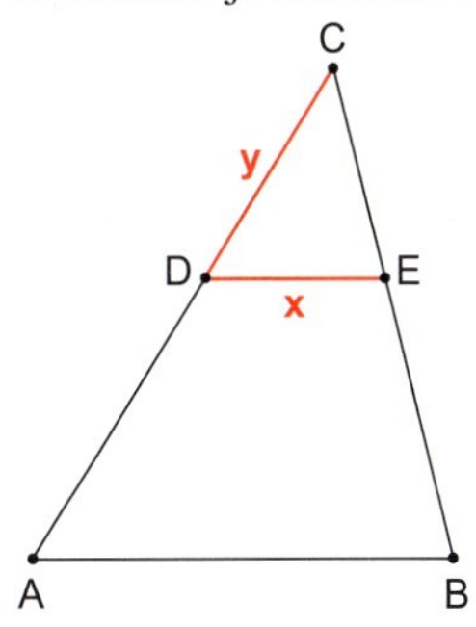

$\overline{AB} = 6\text{ cm}$
$\overline{BC} = 7\text{ cm}$ $\overline{EC} = 3\text{ cm}$
$\overline{AC} = 8\text{ cm}$

$$\frac{\overline{DE}}{\overline{AB}} = \frac{\overline{CE}}{\overline{CB}} \quad |\cdot \overline{AB}$$
$$x = \overline{AB} \cdot \frac{\overline{CE}}{\overline{CB}}$$
$$x = 6\text{ cm} \cdot \frac{3\text{ cm}}{7\text{ cm}}$$
$$x = 2{,}57\text{ cm}$$

$$\frac{\overline{CD}}{\overline{AC}} = \frac{\overline{CE}}{\overline{CB}} \quad |\cdot \overline{AC}$$
$$y = \overline{AC} \cdot \frac{\overline{CE}}{\overline{CB}}$$
$$y = 8\text{ cm} \cdot \frac{3\text{ cm}}{7\text{ cm}}$$
$$y = 3{,}43\text{ cm}$$

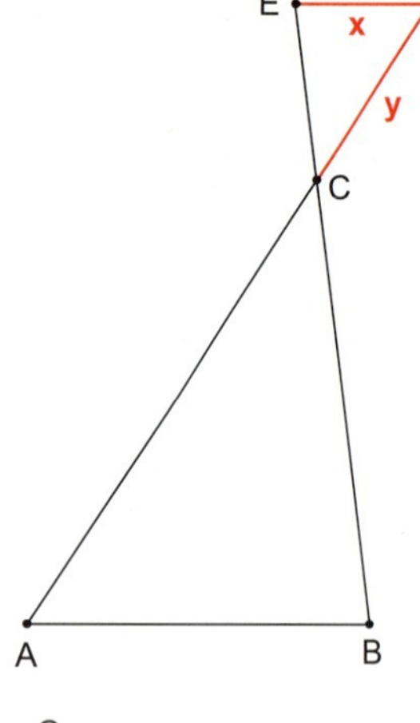

$\overline{AB} = 8\text{ cm}$
$\overline{BC} = 10\text{ cm}$ $\overline{EC} = 4\text{ cm}$
$\overline{AC} = 12\text{ cm}$

$$\frac{\overline{DC}}{\overline{AC}} = \frac{\overline{EC}}{\overline{CB}} \quad \Big|\cdot \overline{AC}$$

$$y = \overline{AC} \cdot \frac{\overline{EC}}{\overline{CB}}$$

$$y = 12\text{ cm} \cdot \frac{4\text{ cm}}{10\text{ cm}}$$

$$y = 4{,}8\text{ cm}$$

$$\frac{\overline{ED}}{\overline{AB}} = \frac{\overline{CD}}{\overline{AC}} \quad \Big|\cdot \overline{AB}$$

$$x = \overline{AB} \cdot \frac{y}{\overline{AC}}$$

$$x = 8\text{ cm} \cdot \frac{4{,}8\text{ cm}}{12\text{ cm}}$$

$$x = 3{,}2\text{ cm}$$

$\overline{AB} = 12\text{ cm}$
$\overline{AC} = 16\text{ cm}$

$$\frac{\overline{CD}}{\overline{AC}} = \frac{\overline{DE}}{\overline{AB}}$$

$$\frac{16\text{ cm} - x}{16\text{ cm}} = \frac{x}{12\text{ cm}} \quad \Big|\cdot 16\text{ cm} \cdot 12\text{ cm}$$

$$12\text{ cm} \cdot (16\text{ cm} - x) = x \cdot 16\text{ cm} \quad \Big|:\text{cm}$$

$$12 \cdot (16\text{ cm} - x) = x \cdot 16$$

$$192\text{ cm} - 12\,x = 16\,x \quad \Big|+12x$$

$$192\text{ cm} = 28x \quad \Big|:28$$

$$x \approx 6{,}86\text{ cm}$$

2. Einem rechtwinkligen Dreieck wird ein Rechteck einbeschrieben (siehe nebenstehende Skizze).
   $\overline{AB} = 18\text{ cm}$ $\overline{BC} = 24\text{ cm}$

   Berechne die Längen der Rechtecksseiten.
   Strahlensatz:

$$\frac{\overline{DE}}{\overline{AB}} = \frac{\overline{CE}}{\overline{CB}}$$

$$\frac{2x}{18\text{ cm}} = \frac{24\text{ cm} - x}{24\text{ cm}} \quad \Big|\cdot 18\text{ cm} \cdot 24\text{ cm}$$

$$2x \cdot 24\text{ cm} = (24\text{ cm} - x) \cdot 18\text{ cm} \quad \Big|:\text{cm}$$

$$48x = 432\text{ cm} - 18 \cdot x \quad \Big|+18x$$

$$66x = 432\text{ cm};$$

$$x \approx 6{,}55\text{ cm}$$

Rechtecksseiten: $\overline{DF} = 6{,}55\text{ cm}$; $\overline{DE} = 13{,}10\text{ cm}$

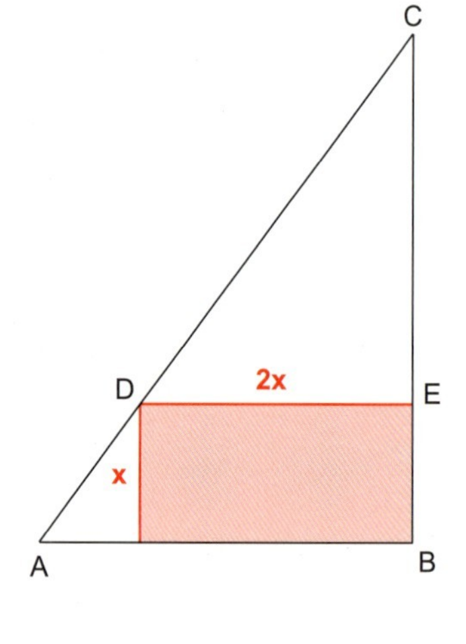

3. Mit folgender Methode kannst du die Breite eines Flusses oder eines unzugänglichen Geländebereichs zumindest näherungsweise bestimmen. Du musst dazu nur deine Schrittweite s kennen. Dazu gibst du eine Strecke [QZ] mit der Länge ℓ_1 Schritte vor. Suche dir einen Punkt A, von dem aus du über Z den auf der anderen Flussseite gelegenen Punkt P anvisierst. Verändere deinen Standpunkt A auf der Geraden PZ so, dass die Länge von [BA] gleich 1 Schrittlänge ist. Die Länge von [BZ] beträgt ℓ_2 Schritte. Mit dem Strahlensatz und deiner bekannten Schrittlänge, z. B. s = 0,75 m, erhält man dann:

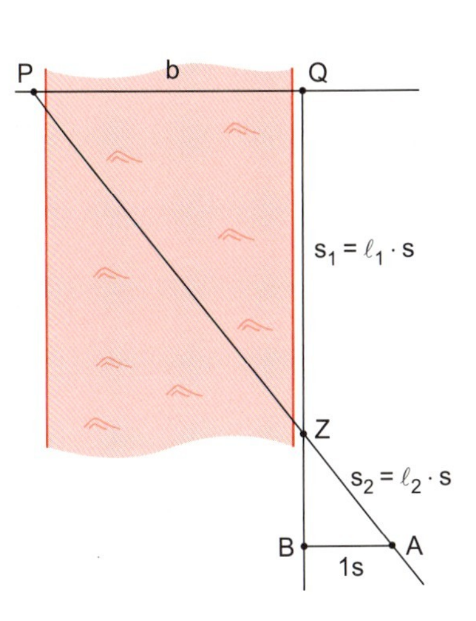

$$\frac{\overline{PQ}}{\overline{AB}} = \frac{\overline{QZ}}{\overline{BZ}} \rightarrow \frac{b}{1\,s} = \frac{s_1}{s_2} \rightarrow \frac{b}{s} = \frac{\ell_1 \cdot s}{\ell_2 \cdot s} \quad | \cdot s$$

Mit $\ell_1 = 65$ Schritte, $\ell_2 = 2$ Schritte und s = 0,75 m erhält man dann die Breite b des Flusses:

$$b = \frac{65}{2} \cdot 0{,}75\text{ m}$$

$$b = 24\text{ m}$$

Aufgaben

119 In der nebenstehenden Zeichnung sind die Geraden AB und CD parallel.
Welche der angegebenen Verhältnisse sind richtig, welche falsch?

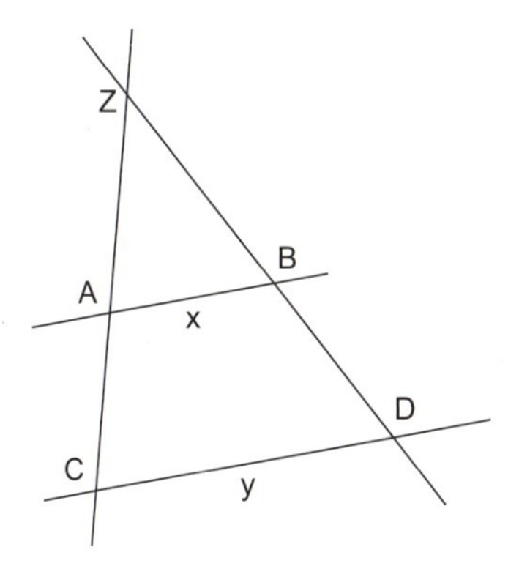

a) $\frac{\overline{ZA}}{\overline{ZC}} = \frac{\overline{ZB}}{\overline{ZD}}$ b) $\frac{\overline{ZA}}{\overline{ZC}} = \frac{x}{y}$

c) $\frac{\overline{ZD}}{\overline{ZB}} = \frac{x}{y}$ d) $\frac{\overline{ZA}}{\overline{ZA} + \overline{AC}} = \frac{x}{y}$

e) $\frac{\overline{ZA}}{\overline{ZB}} = \frac{x}{y}$ f) $\frac{\overline{ZA}}{\overline{AC}} = \frac{\overline{ZB}}{\overline{ZD}}$

g) $\frac{\overline{ZA}}{\overline{AC}} = \frac{x}{y}$

120 In der nebenstehenden Zeichnung sind die Strecken x, y und z parallel.
Welche der angegebenen Verhältnisse sind richtig, welche falsch?

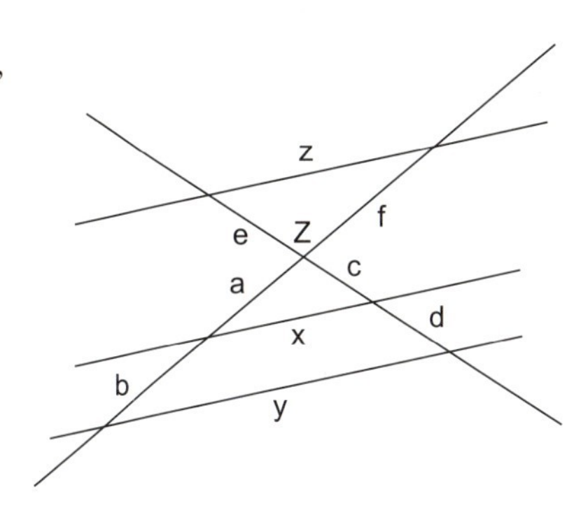

a) $\frac{a}{a+b} = \frac{c}{c+d}$ b) $\frac{a}{b} = \frac{x}{y}$

c) $\frac{a}{b} = \frac{c}{d}$ d) $\frac{c+d}{c} = \frac{y}{x}$

e) $\frac{a}{f} = \frac{c}{e}$ f) $\frac{x}{z} = \frac{a}{f}$

g) $\frac{a}{c} = \frac{e}{f}$ h) $\frac{a}{c} = \frac{f}{e}$

121 Berechne die Längen x und y der entsprechenden Strecken.

a) $\overline{AB} = 8\text{ cm}$

$\overline{BC} = 7\text{ cm}$

$\overline{AC} = 9\text{ cm}$

$\overline{CD} = 5\text{ cm}$

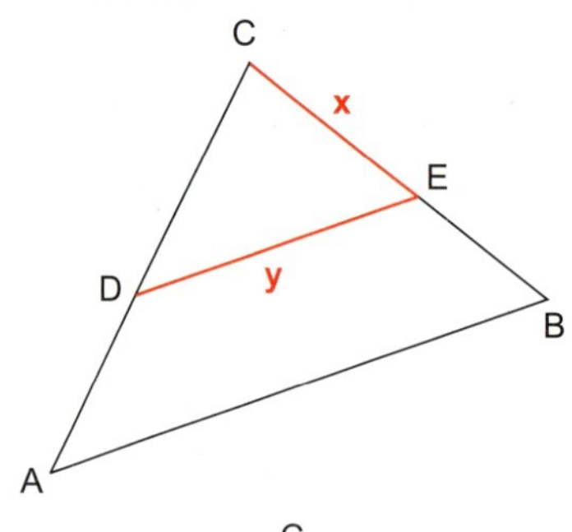

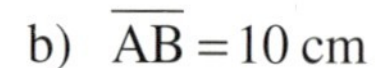

b) $\overline{AB} = 10\text{ cm}$

$\overline{BC} = 10\text{ cm}$

$\overline{AC} = 9\text{ cm}$

$\overline{BE} = 6\text{ cm}$

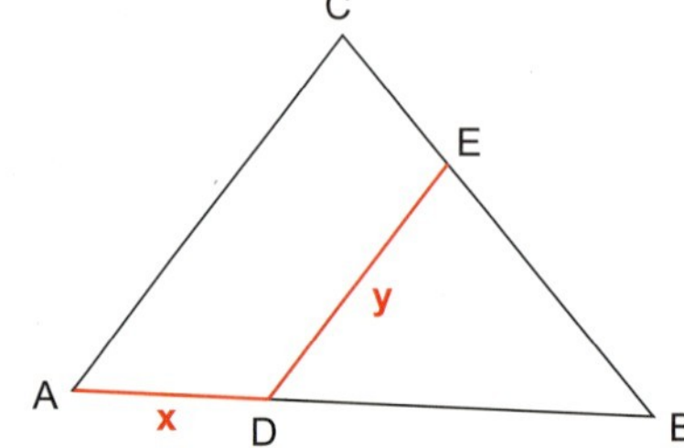

122 Berechne mit den in der nebenstehenden Zeichnung gegebenen Streckenlängen die restlichen Streckenlängen.

Gegeben:

$\overline{AB} = 8\text{ cm}$; $\overline{BC} = 9\text{ cm}$;

$\overline{AD} = 3\text{ cm}$; $\overline{FC} = 5{,}5\text{ cm}$

Gesucht:

$\overline{FD}$, $\overline{FE}$, $\overline{EB}$, $\overline{EC}$, $\overline{AF}$, $\overline{AC}$, $\overline{EG}$, $\overline{BG}$

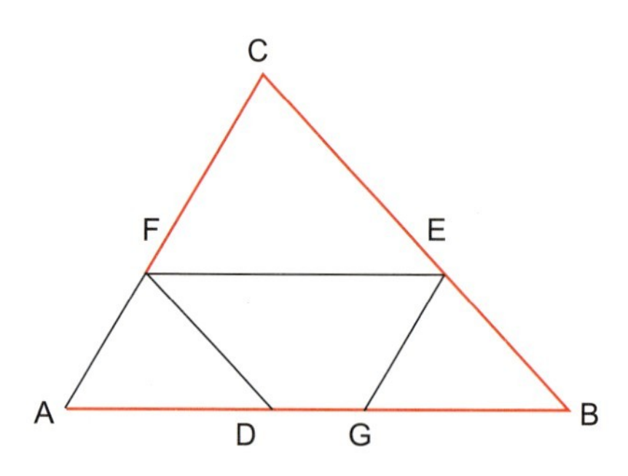

123 Ein Turm wirft einen 40 m langen Schatten, während ein senkrecht gestellter Meterstab (zur selben Zeit) einen 65 cm langen Schatten wirft.
Erstelle eine Skizze und berechne die Höhe des Turms.

Interaktive Aufgaben

1. Strecke bestimmen
2. Strecke bestimmen
3. Strecke bestimmen
4. Straßen

6 Sätze am rechtwinkligen Dreieck

Merke

Bezeichnungen im rechtwinkligen Dreieck

Ein Dreieck mit einem rechten Winkel (= 90°) wird als **rechtwinkliges Dreieck** bezeichnet. Die Dreieckseite (in der Abb. Seite c), die dem rechten Winkel gegenüber liegt, heißt **Hypotenuse**.

Die beiden anderen Seiten a und b, die den rechten Winkel einschließen, werden als **Katheten** bezeichnet.

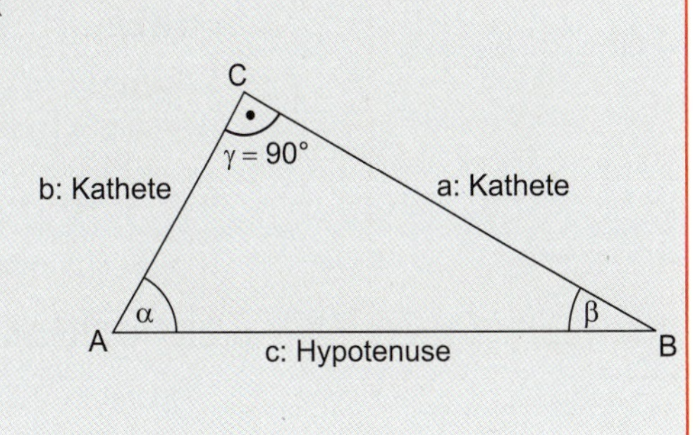

In jedem rechtwinkligen Dreieck gelten die folgenden wichtigen Sätze, die als Flächensätze oder zusammen als Satzgruppe des Pythagoras bezeichnet werden.

6.1 Der Satz des Pythagoras

Merke

Der Satz des Pythagoras

Die **Quadrate über den Katheten** eines rechtwinkligen Dreiecks haben **zusammen** den **gleichen Flächeninhalt** wie das **Quadrat über der Hypotenuse**.

$\mathbf{a^2 + b^2 = c^2}$

Umgekehrt ist **jedes Dreieck**, für das **diese Beziehung erfüllt** ist, **rechtwinklig.**

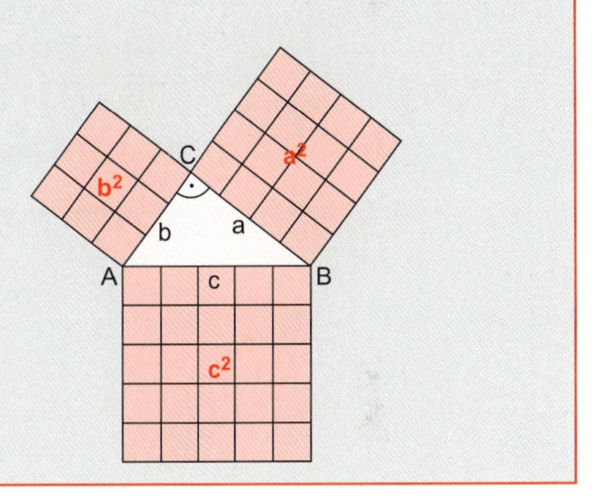

Beispiele

1. Ein rechtwinkliges Dreieck hat die Hypotenuse c = 13 cm und die Kathete a = 5 cm.

$c^2 = a^2 + b^2$ — Satz des Pythagoras

$b^2 = c^2 - a^2$ — Äquivalenzumformung

$b^2 = (13\text{ cm})^2 - (5\text{ cm})^2$ — Werte für a und c einsetzen

$b^2 = 169\text{ cm}^2 - 25\text{ cm}^2$

$b^2 = 144\text{ cm}^2$ — Da $b > 0$ sein muss, scheidet die 2. Lösung $b = -12$ cm aus.

$b = 12\text{ cm}$

2. Prüfe durch Rechnung, ob das Dreieck rechtwinklig ist:
   a) a = 8 cm; b = 6 cm; c = 10 cm
   b) a = 6 cm; b = 4 cm; c = 8 cm
   c) a = 4 cm; b = 3 cm; c = 5 cm

Lösung:

a) $64\text{ cm}^2 + 36\text{ cm}^2 = 100\text{ cm}^2$ — Dreieck **rechtwinklig**

b) $36\text{ cm}^2 + 16\text{ cm}^2 < 64\text{ cm}^2$ — Dreieck **nicht rechtwinklig**

c) $16\text{ cm}^2 + 9\text{ cm}^2 = 25\text{ cm}^2$ — Dreieck **rechtwinklig**

3. Berechne die Länge der Raumdiagonalen [BH] des Quaders. Es gilt:
   $a = 10$ cm
   $b = 6$ cm
   $c = 8$ cm

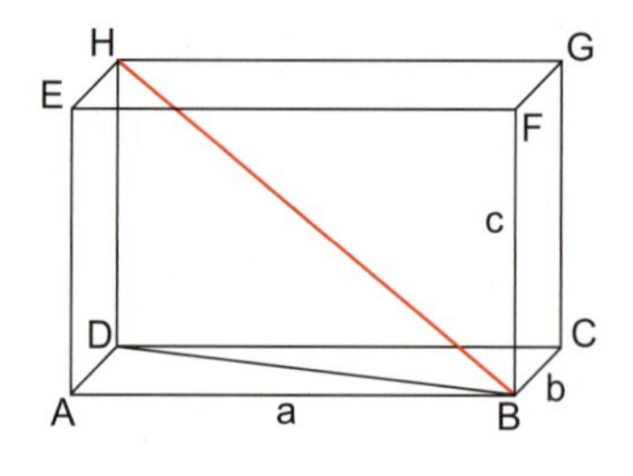

Lösung:

Dreieck ABD ist bei A rechtwinklig.

$\overline{BD}^2 = \overline{AB}^2 + \overline{AD}^2$ Satz des Pythagoras im ΔABD

$\overline{BD}^2 = (10\text{ cm})^2 + (6\text{ cm})^2$

$\overline{BD}^2 = 136\text{ cm}^2$

$\overline{BD} = \sqrt{136}\text{ cm}$

$\overline{BD} \approx 11{,}66\text{ cm}$

Die Diagonale [BD] des Rechtecks ABCD (Grundfläche des Quaders) hat die Länge 11,66 cm.

Dreieck DBH ist bei D rechtwinklig.

$\overline{BH}^2 = \overline{BD}^2 + \overline{HD}^2$ Satz des Pythagoras im ΔDBH

$\overline{BH}^2 = 136\text{ cm}^2 + (8\text{ cm})^2$

$\overline{BH}^2 = 200\text{ cm}^2$

$\overline{BH} = \sqrt{200}\text{ cm}$

$\overline{BH} \approx 14{,}14\text{ cm}$

Die Raum-Diagonale [BH] des Quaders hat die Länge 14,14 cm.

4. Berechne den Abstand der beiden Punkte P(–4|–2) und Q(6|4).

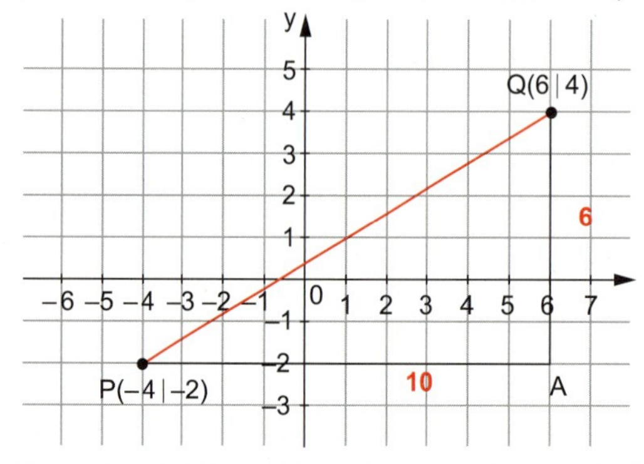

Im rechtwinkligen Koordinatendreieck PAQ ist [PQ] die Hypotenuse.
Die beiden Katheten haben die Längen 10 LE und 6 LE.

$\overline{PQ}^2 = (10\text{ LE})^2 + (6\text{ LE})^2$ Satz des Pythagoras im Koordinatendreieck PAQ

$\overline{PQ}^2 = 136\text{ FE}$

$\overline{PQ} = \sqrt{136}\text{ LE}$

$\overline{PQ} \approx 11{,}66\text{ LE}$

1. Hypotenuse bestimmen
2. Kathete bestimmen
3. Zusammengesetzte Fläche
4. Zweimal Pythagoras
5. Ist das Dreieck rechtwinklig?
6. Seite gesucht
7. Spielplatz
8. Fernseher

6.2 Der Kathetensatz

Merke

Bezeichnungen im rechtwinkligen Dreieck

Die Höhe h auf die Hypotenuse c teilt diese in die beiden **Hypotenusenabschnitte p und q** und das rechtwinklige Dreieck ABC in die beiden rechtwinkligen Dreiecke AHC und BCH, die zum Dreieck ABC ähnlich sind.

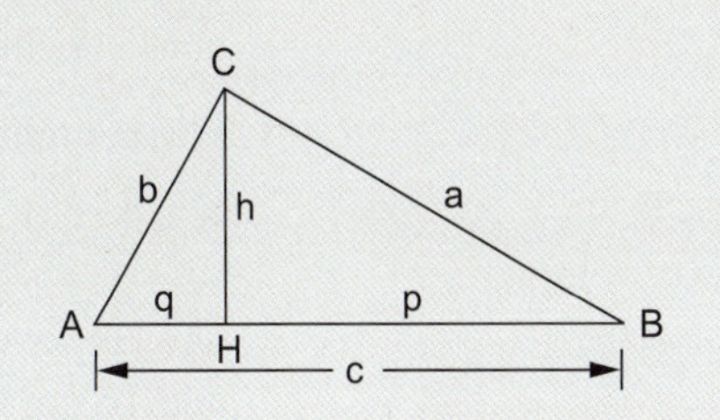

Damit kann man folgenden Zusammenhang formulieren.

Merke

Der Kathetensatz

Das **Quadrat über einer Kathete** eines rechtwinkligen Dreiecks hat den **gleichen Flächeninhalt** wie das **Rechteck, dessen Seiten** die **Hypotenuse** und der an der **Kathete anliegende Hypotenusenabschnitt** sind.

$\mathbf{b^2 = q \cdot c}$

$\mathbf{a^2 = p \cdot c}$

$\mathbf{q + p = c}$

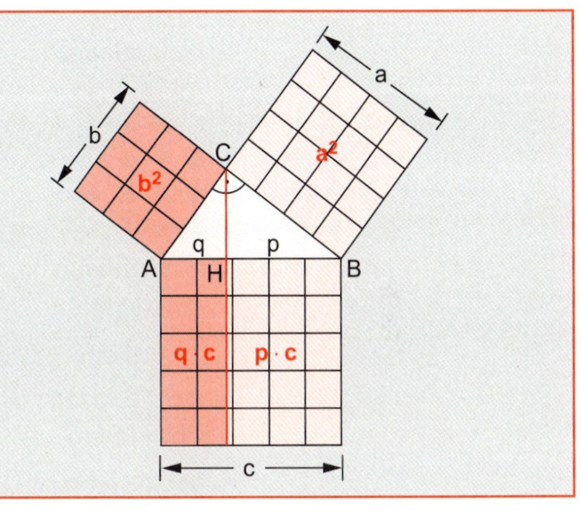

Beispiele

1. In einem bei C rechtwinkligen Dreieck ABC ist die Kathete [BC] 12 cm und der anliegende Hypotenusenabschnitts [BH] 7,2 cm lang.
   Berechne die Längen der restlichen Seiten und den Flächeninhalt des Dreiecks ABC.

   Lösung:

   Seitenlänge c:

   $a^2 = p \cdot c$ — Kathetensatz im Dreieck ABC

   $c = \frac{a^2}{p} = \frac{(12\text{ cm})^2}{7{,}2\text{ cm}} = 20\text{ cm}$

   Seitenlänge b:

   $a^2 + b^2 = c^2$ — Satz des Pythagoras im Dreieck ABC

   $b^2 = c^2 - a^2$

   $b^2 = 400\text{ cm}^2 - 144\text{ cm}^2$

   $b^2 = 256\text{ cm}^2$

   $b = \sqrt{256\text{ cm}^2}$

   $b = 16\text{ cm}$

   Höhe h:

   $a^2 = h^2 + p^2$ — Satz des Pythagoras im Dreieck BCH

   $h^2 = a^2 - p^2$

   $h^2 = (12\text{ cm})^2 - (7{,}2\text{ cm})^2$

   $h^2 = 92{,}16\text{ cm}^2$

   $h = \sqrt{92{,}16\text{ cm}^2}$

   $h = 9{,}6\text{ cm}$

Hypotenusenabschnitt q:
$q = c - p$
$q = 20\text{ cm} - 7{,}2\text{ cm}$
$q = 12{,}8\text{ cm}$

Flächeninhalt des Dreiecks ABC:

$A = \frac{1}{2} \cdot c \cdot h = \frac{1}{2} \cdot 20\text{ cm} \cdot 9{,}6\text{ cm} = 96\text{ cm}^2$

2. Die Hypotenusenabschnitte eines bei C rechtwinkligen Dreiecks ABC sind 9 cm und 16 cm lang. Berechne die Längen der restlichen Seiten.

Lösung:
Seitenlänge c:
$c = p + q = 16\text{ cm} + 9\text{ cm} = 25\text{ cm}$
Seitenlänge a:
$a^2 = p \cdot c$ — Kathetensatz im Dreieck ABC
$a^2 = 16\text{ cm} \cdot 25\text{ cm}$
$a^2 = 400\text{ cm}^2$
$a = 20\text{ cm}$
Seitenlänge b:
$b^2 = q \cdot c$ — Kathetensatz im Dreieck ABC
$b^2 = 9\text{ cm} \cdot 25\text{ cm}$
$b^2 = 225\text{ cm}^2$
$b = 15\text{ cm}$

Hinweis: Die Aufgabe ist ohne die Angabe, welcher Hypotenusenabschnitt welche Länge hat, nicht eindeutig lösbar. Hier wurde $p = 16$ cm und $q = 9$ cm gesetzt. Wäre umgekehrt $p = 9$ cm und $q = 16$ cm, so wäre $a = 15$ cm und $b = 20$ cm.

3. Die Hypotenuse eines gleichschenklig-rechtwinkligen Dreiecks hat die Länge 12 cm. Berechne die Länge der Katheten und den Flächeninhalt des Dreiecks.
Hinweis: Man könnte den einen Teil der Aufgabe auch anders formulieren: Berechne die Seite eines Quadrats, dessen Diagonale die Länge 12 cm hat.
Du kannst diesen Teil der Aufgabe auf zwei Arten lösen:

Satz des Pythagoras:
$a^2 + a^2 = c^2$
$2a^2 = c^2$
$2a^2 = 144\text{ cm}^2$
$a^2 = 72\text{ cm}^2$
$a = \sqrt{72\text{ cm}^2}$
$a = 6\sqrt{2}\text{ cm}$

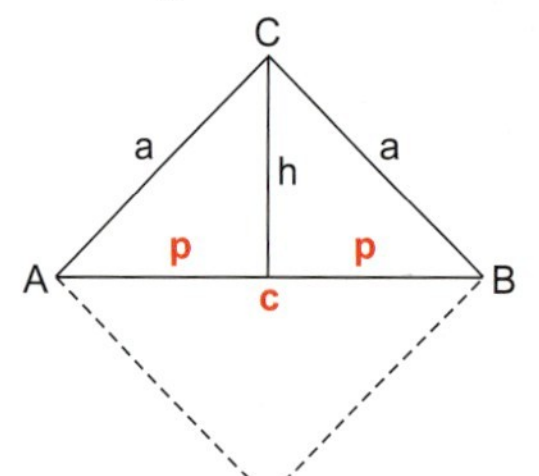

Kathetensatz:
$a^2 = p \cdot c$
$a^2 = 6\text{ cm} \cdot 12\text{ cm}$
$a^2 = 72\text{ cm}^2$
$a = 6\sqrt{2}\text{ cm}$

Die beiden Teildreiecke, in die das Dreieck ABC durch die Höhe zerlegt wird, sind ebenfalls gleichschenklig-rechtwinklige Dreiecke. Somit gilt $h = p$.
Flächeninhalt des Dreiecks:

$A = \frac{1}{2} \cdot c \cdot h = \frac{1}{2} \cdot 2p \cdot p = p^2 = (6\text{ cm})^2 = 36\text{ cm}^2$

1. Kathete bestimmen
2. Fläche bestimmen

6.3 Der Höhensatz

Merke

Der Höhensatz

Das **Quadrat über der Höhe** eines rechtwinkligen Dreiecks hat den **gleichen Flächeninhalt** wie das **Rechteck, dessen Seiten die beiden Hypotenusenabschnitte** sind.

$\mathbf{h^2 = p \cdot q}$

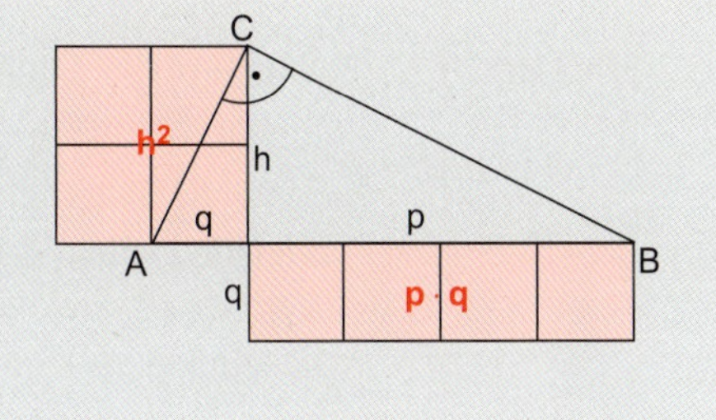

Beispiele

1. Die Hypotenusenabschnitte eines bei C rechtwinkligen Dreiecks ABC sind $p = 9$ cm und $q = 4$ cm.
   Berechne die Längen der restlichen Seiten.

   Lösung:

   Höhe h:

   $h^2 = p \cdot q$ — Höhensatz im Dreieck ABC

   $h^2 = 9\text{ cm} \cdot 4\text{ cm}$

   $h^2 = 36\text{ cm}^2$

   $h = \sqrt{36\text{ cm}^2}$

   $h = 6\text{ cm}$

   Kathete a:

   $a^2 = p \cdot c$ — Kathetensatz im Dreieck ABC

   $a^2 = 9\text{ cm} \cdot 13\text{ cm}$

   $a^2 = 117\text{ cm}^2$

   $a = \sqrt{117\text{ cm}^2}$

   $a \approx 10{,}82\text{ cm}$

   Kathete b:

   $b^2 = q \cdot c$ — Kathetensatz im Dreieck ABC

   $b^2 = 4\text{ cm} \cdot 13\text{ cm}$

   $b^2 = 52\text{ cm}^2$

   $b = \sqrt{52\text{ cm}^2}$

   $b \approx 7{,}21\text{ cm}$

2. Bestimme die Seitenlänge x eines Quadrats, das den gleichen Flächeninhalt hat wie ein Rechteck mit den Seiten $a = 27$ m und $b = 12$ m.

   Lösung:

   Fasse die Rechtecksseiten a und b als Hypotenusenabschnitte und die Quadratseite x als Höhe in einem rechtwinkligen Dreieck auf. Dann ist:

   $x^2 = a \cdot b$ — Höhensatz

   $x^2 = 27\text{ m} \cdot 12\text{ m}$

   $x^2 = 324\text{ m}^2$

   $x = \sqrt{324\text{ m}^2}$

   $x = 18\text{ m}$

1. Höhe bestimmen

6.4 Der Satz des Thales

Merke

Der Satz des Thales

Ein Dreieck ist in einem Eckpunkt genau dann rechtwinklig, wenn dieser Eckpunkt auf dem Halbkreis (**Thaleskreis**) über der Verbindungsstrecke der beiden anderen Eckpunkte als Durchmesser liegt.

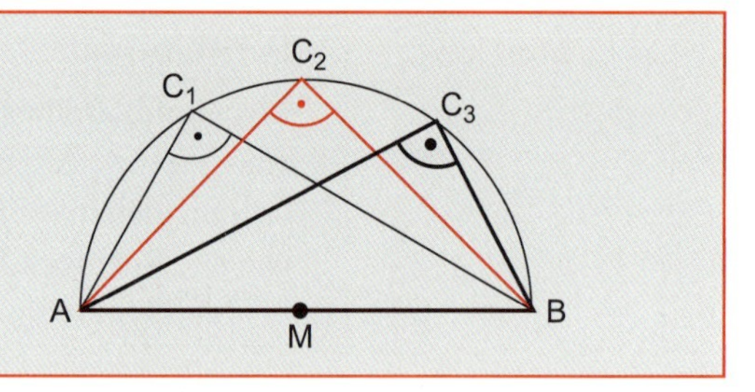

Beispiel

In der Zeichnung sind die Winkel C_1, C_2 und C_3 rechte Winkel, weil die Eckpunkte auf dem Halbkreis über der Dreiecksseite [AB] als Durchmesser liegen.

Von einem Punkt R außerhalb eines Kreises mit dem Mittelpunkt M und dem Radius r = 3 cm sind die Tangenten an den Kreis gezeichnet. Der Punkt R ist vom Kreismittelpunkt 7 cm entfernt.
Berechne die Länge der Tangentenabschnitte sowie den Flächeninhalt des Vierecks, das von den Punkten M, R und den beiden Berührpunkten gebildet wird.

Lösung:
Länge der Tangentenabschnitte:
Da der Radius und der Tangentenabschnitt in den Berührpunkten aufeinander senkrecht stehen, liegen die Berührpunkte P und Q auf dem Thaleskreis über der Strecke [MR].
Nach dem Satz des Pythagoras gilt:

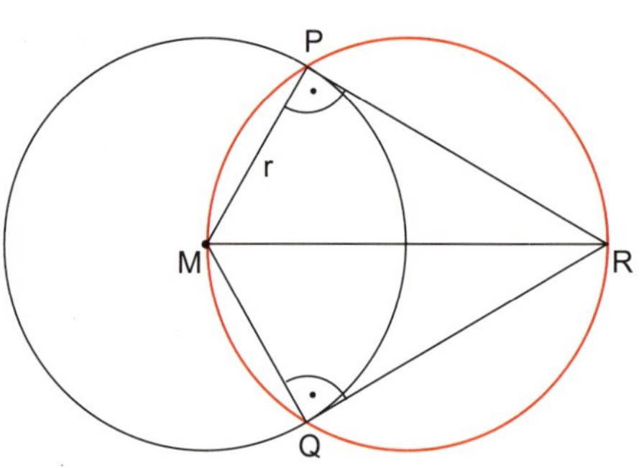

(Abbildung nicht maßstabsgetreu)

$$\overline{MR}^2 = \overline{MP}^2 + \overline{PR}^2$$
$$\overline{MR}^2 = r^2 + \overline{PR}^2$$
$$\overline{PR}^2 = \overline{MR}^2 - r^2$$
$$\overline{PR}^2 = (7\text{ cm})^2 - (3\text{ cm})^2$$
$$\overline{PR}^2 = 40\text{ cm}^2$$
$$\overline{PR} \approx 6{,}32\text{ cm}$$

Flächeninhalt des Vierecks:
Der Flächeninhalt des Drachenvierecks MQRP ist doppelt so groß wie der Flächeninhalt des rechtwinkligen Dreiecks MRP.

$$A = 2 \cdot \frac{1}{2} \cdot \overline{MP} \cdot \overline{PR}$$
$$A = 2 \cdot \frac{1}{2} \cdot 3\text{ cm} \cdot 6{,}32\text{ cm}$$
$$A = 18{,}96\text{ cm}^2$$

Interaktive Aufgabe

1. Eisenbahn

Aufgaben

124 In folgender Tabelle sind vom rechtwinkligen Dreieck ABC jeweils zwei Größen gegeben. Berechne die anderen. (Der rechte Winkel liegt bei C.)

	a)	b)	c)	d)	e)	f)	g)	h)
a		40		5,9			12,8	6
b			26		12		6,6	
c	3,38			6,7	13			
p		32				6		
q	2,88		10			7		
h								4

125 Im Dreieck ABC sind $\overline{AC} = 10$ cm, $\overline{CD} = 8$ cm und $\overline{DB} = 12$ cm.

a) Berechne die Längen der Strecken [AB], [AD] und [BC].

b) Prüfe durch Rechnung, ob das Dreieck ABC rechtwinklig ist.

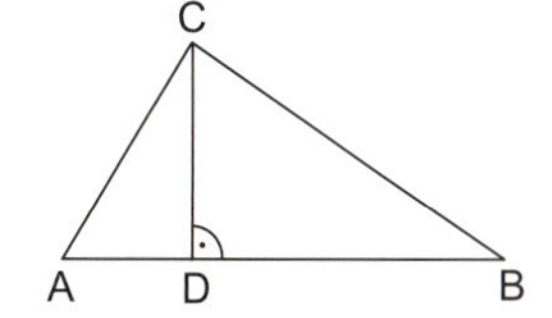

126 Berechne die Länge der Raumdiagonalen für einen Würfel mit der Kantenlänge a.

a) allgemein b) für a = 10 cm

127 Weise durch Rechnung nach, dass das Dreieck ABC mit A(–2|–4), B(–2|9) und C(4|0) rechtwinklig ist. Bestimme die Längen der drei Dreiecksseiten.

128 Die Gerade g mit der Gleichung $y = -\frac{3}{2}x + 12$ schneidet die x-Achse im Punkt A(x|0) und die y-Achse im Punkt B(0|y). Die Punkte A und B legen zusammen mit dem Koordinatenursprung O das bei O rechtwinklige Dreieck OAB fest. Von O ist das Lot [OF] auf die Gerade g gefällt.
Berechne mithilfe der Flächensätze die Längen der Strecken [OA], [OB], [AB], [OF], [AF] und [BF] sowie den Flächeninhalt des Dreiecks.

129 Die Breite eines Flusses kannst du mit folgender Methode (angenähert) bestimmen:
Von einem Standort S_1 visierst du genau gegenüber (senkrecht zur Uferlinie) einen Gegenstand, z. B. einen Baum, an. An der Uferlinie suchst du einen zweiten Standort S_2, von dem aus du den Gegenstand unter einem Winkel von 60° anvisieren kannst.
Die Strecke, die du dabei von S_1 nach S_2 zurückgelegt hast, hat die Länge s m (z. B. 45 m).
Berechne mit diesen Angaben die Breite b des Flusses.

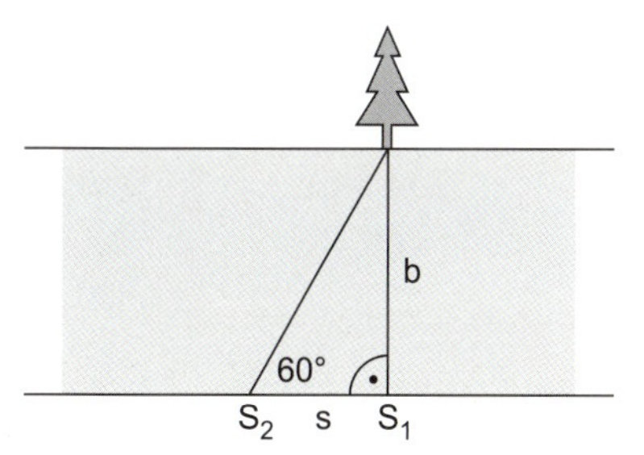

130 Von einem Punkt P außerhalb eines Kreises mit dem Radius r = 6 cm sind die Tangenten an den Kreis gezogen. Die Länge der Tangentenabschnitte $\overline{B_1P}$ bzw. $\overline{B_2P}$ beträgt t = 8 cm.

a) Berechne den Abstand des Punktes P vom Kreismittelpunkt M.

b) Berechne die Länge der Sehne $[B_1B_2]$ sowie den Abstand $\overline{MA}$ der Sehne vom Kreismittelpunkt.

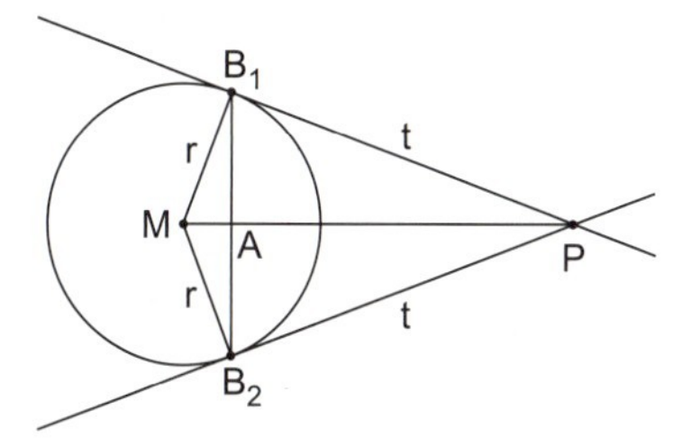

7 Trigonometrie

7.1 Trigonometrische Funktionen am rechtwinkligen Dreieck

Im rechtwinkligen Dreieck verwendet man folgende Bezeichnungen:

Merke

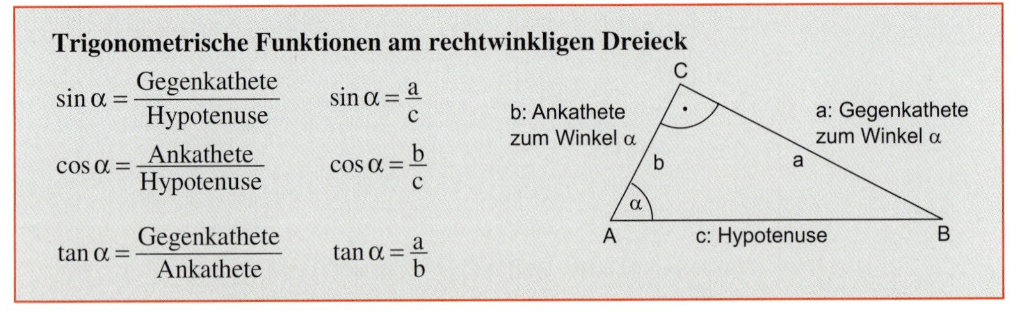

Taschenrechner

- Für jedes beliebige Winkelmaß sind die Sinus-, Kosinus- und Tangenswerte reelle Zahlen und können mit den Tasten [SIN], [COS] und [TAN] auf dem Taschenrechner angegeben werden.

Beispiele

$\sin 60° \approx 0{,}866025$	$\cos 60° = 0{,}5$	$\tan 60° \approx 1{,}732051$
$\sin 36° \approx 0{,}587785$	$\cos 36° \approx 0{,}809017$	$\tan 36° \approx 0{,}726542$
$\sin 135° \approx 0{,}707107$	$\cos 135° \approx -0{,}707107$	$\tan 135° = -1$
$\sin 210° = -0{,}5$	$\cos 210° \approx -0{,}866025$	$\tan 210° \approx 0{,}577350$
$\sin 300° \approx -0{,}866025$	$\cos 300° = 0{,}5$	$\tan 300° \approx -1{,}732051$
$\sin 90° = 1$	$\cos 90° = 0$	$\tan 90°$ nicht definiert

Aufgabe 131

Bestimme mithilfe des Taschenrechners für die angegebenen Winkelmaße jeweils den Sinus-, Kosinus- und den Tangenswert.

a) 22,5° b) 173° c) 225°
d) 263° e) 90° f) 180°
g) 360° h) 270°

Merke

> **Zurückführung auf spitze Winkel**
>
> Zu jedem Sinuswert und zu jedem Kosinuswert gibt es zwischen 0° und 360° zwei Winkelmaße.
>
> $\sin\varphi = \sin(180° - \varphi)$
>
> $\cos\varphi = \cos(360° - \varphi)$
>
> Entsprechendes gilt für die Tangenswerte: $\tan\varphi = \tan(\varphi + 180°)$

Taschenrechner

- Umgekehrt kannst du mit den Tasten [SIN⁻¹] oder [ARCSIN], [COS⁻¹] oder [ARCCOS] bzw. [TAN⁻¹] oder [ARCTAN] auf dem Taschenrechner das einem bestimmten Sinus-, Kosinus- oder Tangenswert entsprechende Winkelmaß erhalten. Beachte aber, dass es zu einem bestimmten Wert einer trigonometrischen Funktion je nach Wertebereich mehrere passende Winkelmaße geben kann.

Beispiele

$\sin^{-1}(0{,}5678)$	$\varphi_1 \approx 34{,}6°$	$\varphi_2 \approx 145{,}4°$
$\cos^{-1}(0{,}5678)$	$\varphi_1 \approx 55{,}4°$	$\varphi_2 \approx 304{,}6°$
$\sin^{-1}(-0{,}7254)$	$\varphi_1 \approx 226{,}5°$	$\varphi_2 \approx 313{,}5°$
$\cos^{-1}(-0{,}7254)$	$\varphi_1 \approx 136{,}5°$	$\varphi_2 \approx 223{,}5°$
$\sin^{-1}\left(\frac{\sqrt{3}}{2}\right)$	$\varphi_1 = 60°$	$\varphi_2 = 120°$
$\cos^{-1}\left(\frac{\sqrt{3}}{2}\right)$	$\varphi_1 = 30°$	$\varphi_2 = 330°$
$\tan^{-1}(1)$	$\varphi_1 = 45°$	$\varphi_2 = 225°$
$\tan^{-1}(3{,}7320508)$	$\varphi_1 \approx 75°$	$\varphi_2 \approx 255°$
$\tan^{-1}(-0{,}267949192)$	$\varphi_1 \approx 165°$	$\varphi_2 \approx 345°$

Aufgabe 132

Gib die zugehörigen Winkelmaße an ($0° < \varphi < 360°$):

a) $\sin \varphi = 0{,}25$ b) $\sin \varphi = -0{,}25$ c) $\sin \varphi = 0{,}75$
d) $\cos \varphi = 0{,}25$ e) $\cos \varphi = -0{,}25$ f) $\cos \varphi = 0{,}75$
g) $\tan \varphi = -1$ h) $\tan \varphi = 2$ i) $\tan \varphi = 0{,}5$

Interaktive Aufgabe

1. Zurückführung auf stumpfe Winkel

Die trigonometrischen Funktionen kann man zu Berechnungen an rechtwinkligen Dreiecken verwenden.

Beispiele

1. In einem rechtwinkligen Dreieck sind die Länge der Hypotenuse c = 9,2 cm und die Länge der Kathete a = 4,2 cm.
Berechne die Maße der Winkel α und β, die Länge der Kathete b sowie die Längen der Höhe h_c und der Hypotenusenabschnitte p und q.

Lösung:

Winkel α:

$$\sin\alpha = \frac{a}{c} = \frac{4{,}2\text{ cm}}{9{,}2\text{ cm}} = 0{,}456522$$

$$\Rightarrow \quad \alpha \approx 27{,}2°$$

Winkel β:

$$\cos\beta = \frac{a}{c} = \frac{4{,}2\text{ cm}}{9{,}2\text{ cm}} = 0{,}456522$$

$$\Rightarrow \quad \beta \approx 62{,}8°$$

oder:

$$\beta = 180° - \gamma - \alpha$$
$$\beta = 180° - 90° - 27{,}2°$$
$$\beta = 62{,}8°$$

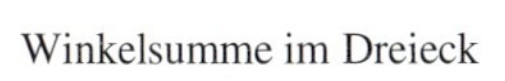
Winkelsumme im Dreieck

Kathete b:

$$\cos\alpha = \frac{b}{c}$$
$$b = c \cdot \cos\alpha$$
$$b = 9{,}2\text{ cm} \cdot \cos 27{,}2°$$
$$b \approx 9{,}2\text{ cm} \cdot 0{,}889416$$
$$b \approx 8{,}18\text{ cm}$$

oder:

$$\sin\beta = \frac{b}{c}$$
$$b = c \cdot \sin\beta$$
$$b = 9{,}2\text{ cm} \cdot \sin 62{,}8°$$
$$b \approx 8{,}18\text{ cm}$$

Höhe h_c:

Teildreieck ADC: *oder:* Teildreieck DBC:

$\sin\alpha = \frac{h_c}{b}$

$h_c = b \cdot \sin\alpha$

$h_c = 8{,}18\text{ cm} \cdot \sin 27{,}2°$

$h_c \approx 8{,}18\text{ cm} \cdot 0{,}457098$

$h_c \approx 3{,}74\text{ cm}$

oder: Teildreieck DBC:

$\sin\beta = \frac{h_c}{a}$

$h_c = a \cdot \sin\beta$

$h_c \approx 4{,}2\text{ cm} \cdot 0{,}889416$

$h_c \approx 3{,}74\text{ cm}$

Hypotenusenabschnitt q (Teildreieck ADC):

$\cos\alpha = \frac{q}{b}$

$q = b \cdot \cos\alpha$

$q \approx 8{,}18\text{ cm} \cdot 0{,}889416$

$q \approx 7{,}28\text{ cm}$

oder:

$\tan\alpha = \frac{h_c}{q}$

$q = \frac{h_c}{\tan\alpha}$

$q \approx \frac{3{,}74\text{ cm}}{0{,}51393}$

$q \approx 7{,}28\text{ cm}$

Hypotenusenabschnitt p (Teildreieck DBC):

$\cos\beta = \frac{p}{a}$

$p = a \cdot \cos\beta$

$p \approx 4{,}2\text{ cm} \cdot 0{,}4571$

$p \approx 1{,}92\text{ cm}$

oder:

$\tan\beta = \frac{h_c}{p}$

$p = \frac{h_c}{\tan\beta}$

$p \approx \frac{3{,}74\text{ cm}}{1{,}9458}$

$p \approx 1{,}92\text{ cm}$

2. Um die Höhe h eines Turmes zu bestimmen, misst man mit einem Theodoliten (Winkelmessgerät) von einer bestimmten Standweite s aus den Sichtwinkel φ. Die Messung erfolgt dabei in Augenhöhe a. Berechne die Höhe h des Turms.

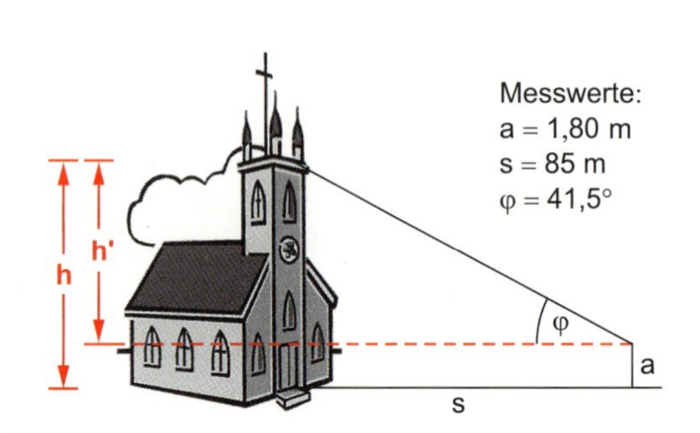

Lösung:

Es gilt:

Turmhöhe $h = h' + 1{,}80\text{ m}$

Höhe h':

$\tan\varphi = \frac{h'}{s}$

$h' = s \cdot \tan\varphi$

$h' = 85\text{ m} \cdot \tan 41{,}5°$

$h' \approx 85\text{ m} \cdot 0{,}884725$

$h' \approx 75{,}20\text{ m}$

Höhe des Turms:

$h = 75{,}20\text{ m} + 1{,}80\text{ m}$

$h = 77\text{ m}$

3. Von einem Dreieck ABC sind c = 12 cm, a = 8,5 cm und das Maß des Winkels $\beta = 50°$ gegeben. Bestimme die Länge der Seite b und das Maß des Winkels α.

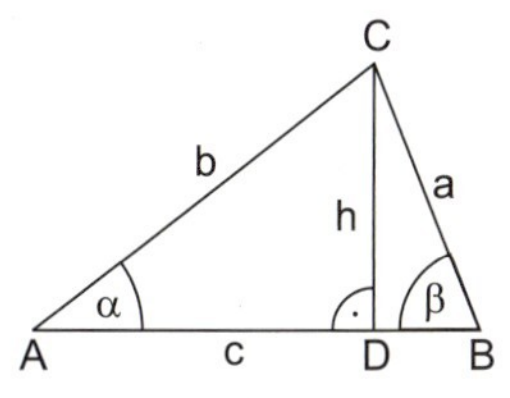

Lösung:
Zeichne die Höhe h als Hilfslinie und bestimmen deren Länge im Dreieck DBC.

Höhe h (Dreieck DBC):

$\sin\beta = \frac{h}{a}$

$h = a \cdot \sin\beta$

$h = 8{,}5\text{ cm} \cdot \sin 50°$

$h \approx 6{,}51\text{ cm}$

Seite $\overline{DB}$:

$\cos\beta = \frac{\overline{DB}}{a}$

$\overline{DB} = a \cdot \cos\beta$

$\overline{DB} = 8{,}5\text{ cm} \cdot \cos 50°$

$\overline{DB} \approx 5{,}46\text{ cm}$

Seite $\overline{AD}$:

$\overline{AD} = c - \overline{DB}$

$\overline{AD} = 12\text{ cm} - 5{,}46\text{ cm}$

$\overline{AD} = 6{,}54\text{ cm}$

Winkel α (Dreieck ADC):

$\tan\alpha = \frac{h}{\overline{AD}}$

$\tan\alpha = \frac{6{,}51\text{ cm}}{6{,}54\text{ cm}}$

$\tan\alpha \approx 0{,}995413$

$\alpha \approx 44{,}87°$

Seite b:

$\sin\alpha = \frac{h}{b}$

$b = \frac{h}{\sin\alpha}$

$b = \frac{6{,}51\text{ cm}}{\sin 44{,}87°}$

$b \approx 9{,}23\text{ cm}$

4. Gegeben ist ein Quader mit den Seitenlängen a = 12 cm, b = 10 cm und c = 8 cm.
   a) Bestimme das Maß des Neigungswinkels ε einer Raumdiagonalen [BH] gegen die Grundfläche ABCD.
   b) Bestimme das Maß des Neigungswinkels α der Seitendiagonalen [BG] gegen die Grundfläche.

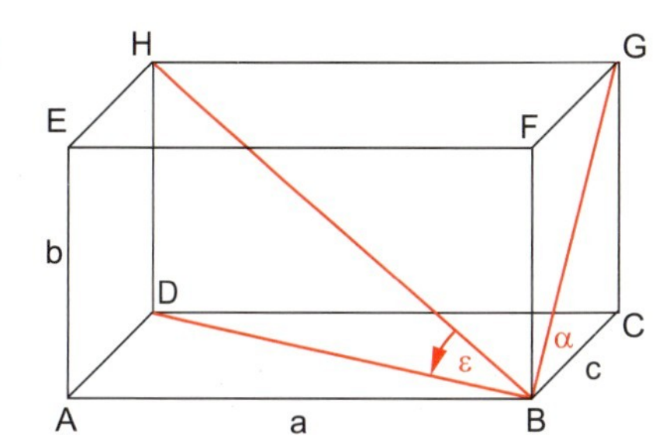

Lösung:
Länge der Diagonale [DB]:

$\overline{DB}^2 = a^2 + c^2$ — Satz des Pythagoras im Dreieck ABD

$\overline{DB}^2 = (12\text{ cm})^2 + (8\text{ cm})^2$

$\overline{DB}^2 = 208\text{ cm}^2$

$\overline{DB} \approx 14{,}42\text{ cm}$

Länge der Raumdiagonale [BH]:

$\overline{BH}^2 = \overline{DB}^2 + b^2$ — Satz des Pythagoras im Dreieck DBH

$\overline{BH}^2 = 208\text{ cm}^2 + 100\text{ cm}^2$

$\overline{BH}^2 = 308\text{ cm}^2$

$\overline{BH} \approx 17{,}55\text{ cm}$

Maß des Winkels ε (Dreieck DBH):

$\sin\varepsilon = \frac{\overline{DH}}{\overline{BH}}$ *oder:* $\cos\varepsilon = \frac{\overline{DB}}{\overline{BH}}$ *oder:* $\tan\varepsilon = \frac{b}{\overline{DB}}$

$\sin\varepsilon = \frac{10\text{ cm}}{17{,}55\text{ cm}}$ $\cos\varepsilon = \frac{14{,}42\text{ cm}}{17{,}55\text{ cm}}$ $\tan\varepsilon = \frac{10\text{ cm}}{14{,}42\text{ cm}}$

$\sin\varepsilon \approx 0{,}569801$ $\cos\varepsilon \approx 0{,}821652$ $\tan\varepsilon \approx 0{,}693481$

$\varepsilon \approx 34{,}74°$ $\varepsilon \approx 34{,}75°$ $\varepsilon \approx 34{,}74°$

Länge der Seitendiagonale [BG]:

$\overline{BG}^2 = c^2 + b^2$ Satz des Pythagoras im Dreieck BCG

$\overline{BG}^2 = (8\text{ cm})^2 + (10\text{ cm})^2$

$\overline{BG}^2 = 164\text{ cm}^2$

$\overline{BG} \approx 12{,}81\text{ cm}$

Maß des Winkels α:

$\cos\alpha = \frac{c}{\overline{BG}}$ Dreieck BCG

$\cos\alpha = \frac{8\text{ cm}}{12{,}81\text{ cm}}$

$\cos\alpha \approx 0{,}624512$

$\alpha \approx 51{,}34°$

5. Die Endpunkte A und B des Durchmessers eines Halbkreises sind Eckpunkte von Dreiecken ABC. Der Eckpunkt C liegt auf dem Halbkreis über [AB]. M ist der Mittelpunkt des Halbkreises mit dem Radius x cm.
   a) Fertige für x cm = 4 cm eine Zeichnung an und trage zwei Dreiecke ein.
   b) Stelle den Flächeninhalt A(x; α) der Dreiecke in Abhängigkeit von x und α dar.
   c) Erstelle eine Wertetabelle für x = 4 und α ∈ [0°; 10°; …; 90°] und zeichne den zu A(x; α) gehörigen Graphen.
   d) Für welches Winkelmaß α ergibt sich das Dreieck mit dem größtem Flächeninhalt?

Lösung:

a) Zeichnung:

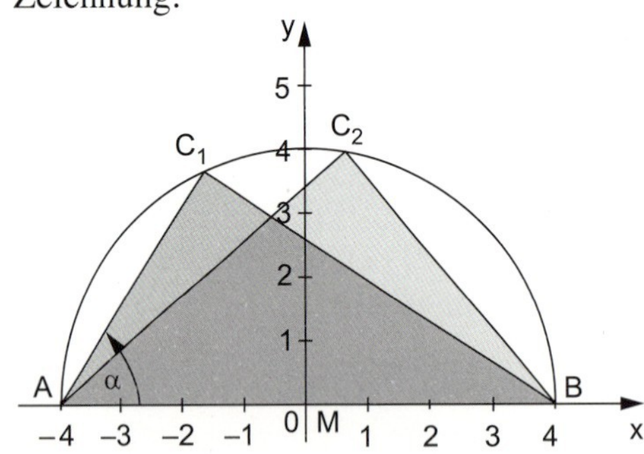

b) *Hinweis:* Die Dreiecke sind rechtwinklig mit rechtem Winkel bei C (Thaleskreis).

Kathete $\overline{AC}$:

$\cos\alpha = \frac{\overline{AC}}{\overline{AB}}$

$\overline{AC} = \overline{AB} \cdot \cos\alpha$

$\overline{AC} = 2x \cdot \cos\alpha\text{ cm}$

Kathete $\overline{BC}$:

$\sin\alpha = \frac{\overline{BC}}{\overline{AB}}$

$\overline{BC} = \overline{AB} \cdot \sin\alpha$

$\overline{BC} = 2x \cdot \sin\alpha\text{ cm}$

Flächeninhalt:

$A(x; \alpha) = \frac{1}{2} \cdot \overline{AC} \cdot \overline{BC}$

$A(x; \alpha) = \frac{1}{2} \cdot 2x \cdot \cos\alpha \cdot 2x \cdot \sin\alpha \text{ cm}^2$

$A(x; \alpha) = 2x^2 \cdot \sin\alpha \cdot \cos\alpha \text{ cm}^2$

c) Für $x = 4$ gilt: $A(4; \alpha) = 32 \cdot \sin\alpha \cdot \cos\alpha \text{ cm}^2$

Wertetabelle:

α in °	0	10	20	30	40	50	60	70	80	90
A in cm^2	0	5,5	10,3	13,9	15,8	15,8	13,9	10,3	5,5	0

Hinweis: Die Werte sind gegebenenfalls gerundet.

Zeichnung:

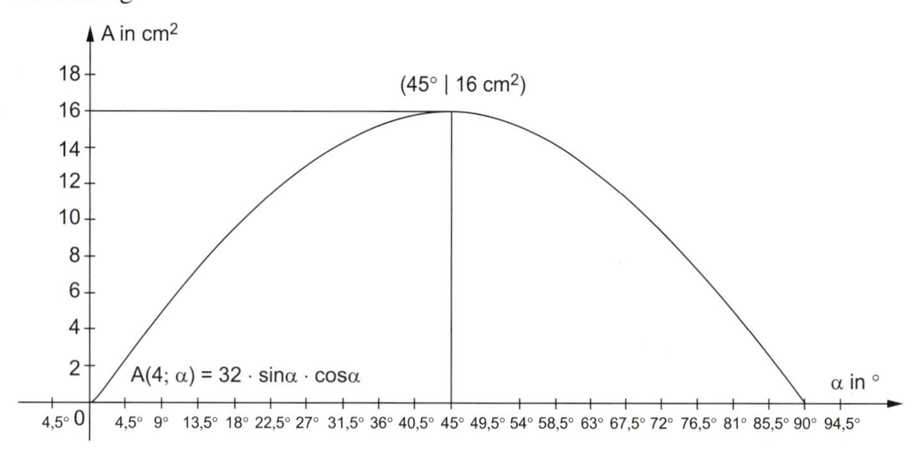

d) Der grafischen Darstellung von $A(4; \alpha)$ kannst du entnehmen, dass sich für $\alpha = 45°$ die größte Dreiecksfläche $A_{max} = 16 \text{ cm}^2$ ergibt.

Hinweis:

Das Dreieck ABC mit maximalem Flächeninhalt ist gleichschenklig rechtwinklig mit $\overline{AC} = \overline{BC}$.

$\overline{AC} = 2x \cdot \cos\alpha \text{ cm}$ $\qquad$ $\overline{BC} = 2x \cdot \sin\alpha \text{ cm}$

$\overline{AC} = 8 \text{ cm} \cdot \cos 45°$ $\qquad$ $\overline{BC} = 8 \text{ cm} \cdot \sin 45°$

$\overline{AC} \approx 5{,}66 \text{ cm}$ $\qquad$ $\overline{BC} \approx 5{,}66 \text{ cm}$

Aufgaben

133 In einem rechtwinkligen Dreieck sind die Hypotenuse $c = 12$ cm und die Kathete $b = 7$ cm lang.
Berechne: α, β, a, h_c, p, q, A

134 Der Umkreisradius r eines regulären 8-Ecks beträgt 12 cm.
Berechne die Seitenlänge des 8-Ecks.

135 Von einem Dreieck ABC (nicht rechtwinklig!) sind bekannt: $\alpha = 48°$, $a = 10{,}5$ cm und $b = 7$ cm.
Bestimme β, γ und die Länge der Seite c. (*Hinweis:* Zeichne als Hilfslinie die Höhe h_c.)

136 Bestimme für die beiden Würfel mit den Kantenlängen 8 cm und 12 cm jeweils den Neigungswinkel ε einer Raumdiagonalen gegen die Grundfläche.

137 Die Schenkel eines gleichschenkligen Dreiecks sind 12 cm lang, der Winkel an der Spitze C hat das Maß 60°.
Berechne die Basis c, die Höhe h_c und den Flächeninhalt A des Dreiecks.

138 Mit einem Theodoliten wird der Sichtwinkel des Turmes der St. Andreas-Kirche in Hildesheim mit $\varphi = 66{,}1°$ gemessen. Die Augenhöhe ist $a = 1{,}5$ m. Die Entfernung Standort – Fuß des Turmes beträgt $s = 50$ m. Bei unveränderter Augenhöhe und Standweite betragen die Sichtwinkel zur 1. Aussichtsebene und zur 3. Aussichtsebene des Turms 27,9° und 55,8°.

a) Berechne die Höhe des Turms.
b) In welcher Höhe beginnt die erste Aussichtsebene?
c) Wie groß ist der Abstand zwischen der ersten und der dritten Aussichtsebene?

139 Auf der Mittellinie [SR] der Deckfläche EFGH eines Quaders bewegt sich ein Punkt P. Der Quader hat die Kantenlängen $a = 16$ cm, $b = 10$ cm und $c = 12$ cm.

a) Bestimme den Flächeninhalt der Dreiecke BCP in Abhängigkeit von Maß des Winkels φ. ($P \in [SR]$)
b) Für welchen Wert von φ beträgt der Flächeninhalt des zugehörigen Dreiecks 75 cm²?
c) Bestimme den zulässigen Bereich für φ, wenn $P \in [SR]$.

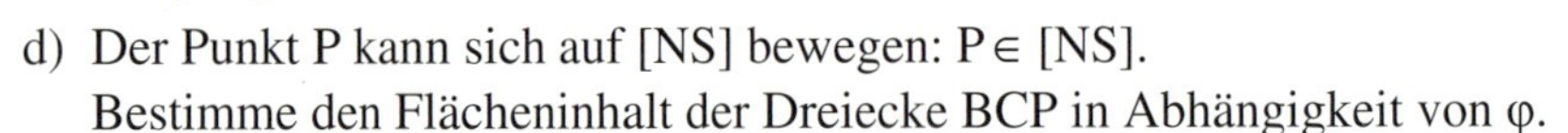

d) Der Punkt P kann sich auf [NS] bewegen: $P \in [NS]$.
Bestimme den Flächeninhalt der Dreiecke BCP in Abhängigkeit von φ.
e) Für welche Lage des Punktes P auf RSN bzw. für welchen Winkel φ wird die Dreiecksfläche maximal?

140 Eine Gerade hat die Gleichung g: $y = \frac{1}{2}x - 2$. Bestimme die Maße der Winkel, die der Graph von g mit der x-Achse und der y-Achse einschließt.

141 Um die Breite x eines unzugänglichen Geländebereichs zwischen den Punkten P und Q zu bestimmen, wendet man in der Geländevermessung oft folgende Methode an:
Man sucht zwei Punkte A und B, so dass P, Q und A in einer Sichtlinie liegen und [AB] senkrecht zu [PQ] bzw. zu [PA] verläuft (siehe Skizze). Aus den gemessenen Größen $s = \overline{AB}$, $\alpha = \sphericalangle ABP$ und $\beta = \sphericalangle ABQ$ kann man x berechnen.
Gemessen: $s = 125$ m; $\alpha = 80°$; $\beta = 63°$
Berechne $x = \overline{PQ}$.

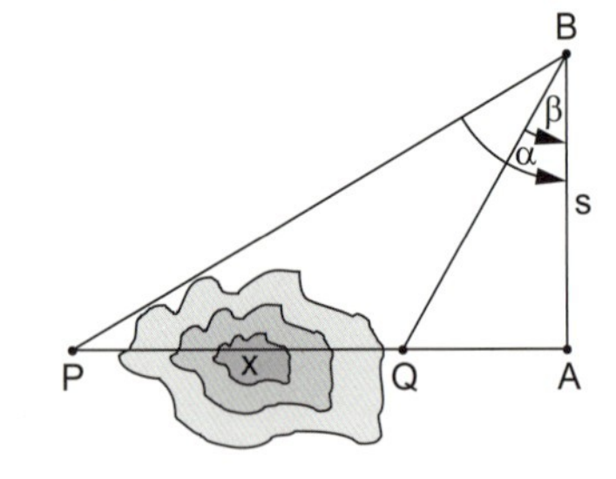

Interaktive Aufgaben

- 2. Seite bestimmen
- 3. Seite und Winkel bestimmen
- 4. Gebäudehöhe bestimmen
- 5. Hängebrücke

7.2 Sinus- und Kosinussatz – Berechnungen an beliebigen Dreiecken

Merke

Sinussatz

In **jedem Dreieck** haben die **Quotienten** aus der **Länge einer Seite** und dem **Sinuswert** des zugehörigen **Gegenwinkels** den gleichen Wert.

$$\frac{a}{\sin\alpha} = \frac{b}{\sin\beta} = \frac{c}{\sin\gamma}$$

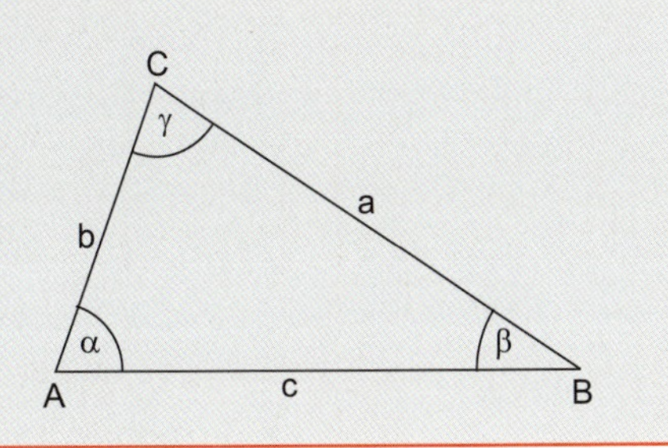

Beispiel

Von einem Dreieck ABC sind $a = 9{,}5$ cm, $c = 7{,}5$ cm und $\alpha = 35°$ bekannt.
Berechne: b, β, γ, A

Lösung:

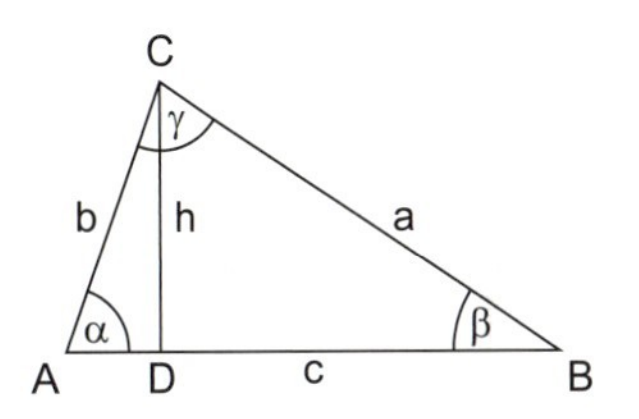

- Winkel γ:

$$\frac{a}{\sin\alpha} = \frac{c}{\sin\gamma} \quad |\cdot\sin\gamma\cdot\sin\alpha \quad |:a$$

$$\sin\gamma = \frac{c}{a}\cdot\sin\alpha$$

$$\sin\gamma = \frac{7{,}5\text{ cm}}{9{,}5\text{ cm}}\cdot\sin 35°$$

$$\sin\gamma \approx 0{,}452824$$

$$\gamma \approx 26{,}9°$$

- Winkel β:

$$\beta = 180° - \alpha - \gamma$$
$$\beta = 180° - 35° - 26{,}9°$$
$$\beta = 118{,}1°$$

- Seite b:

$$\frac{a}{\sin\alpha} = \frac{b}{\sin\beta} \quad |\cdot\sin\beta$$

$$b = a\cdot\frac{\sin\beta}{\sin\alpha}$$

$$b = 9{,}5\text{ cm}\cdot\frac{\sin 118{,}1°}{\sin 35°}$$

$$b \approx 14{,}61\text{ cm}$$

- Höhe h:

$$\sin\alpha = \frac{h}{b} \qquad \text{Dreieck ADC}$$

$$h = b\cdot\sin\alpha$$
$$h = 14{,}61\text{ cm}\cdot\sin 35°$$
$$h \approx 8{,}38\text{ cm}$$

- Flächeninhalt A:

$$A = \frac{1}{2}\cdot c\cdot h = \frac{1}{2}\cdot 7{,}5\text{ cm}\cdot 8{,}38\text{ cm} \approx 31{,}43\text{ cm}^2$$

Für den Flächeninhalt eines Dreiecks gelten folgende Beziehungen:

Merke

Flächeninhalt eines Dreiecks

$A = \frac{1}{2} \cdot a \cdot b \cdot \sin\gamma$

$A = \frac{1}{2} \cdot a \cdot c \cdot \sin\beta$

$A = \frac{1}{2} \cdot b \cdot c \cdot \sin\alpha$

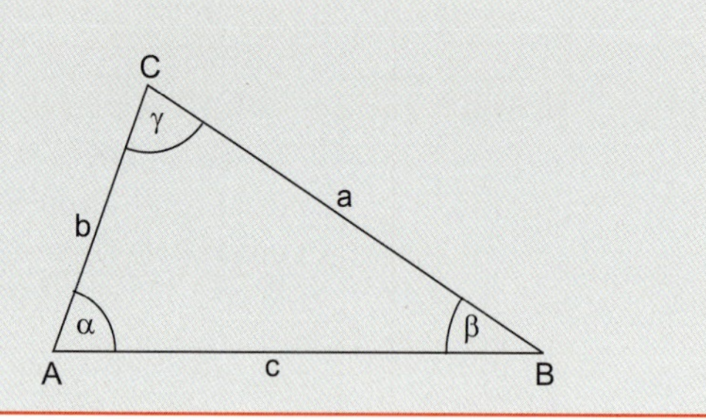

- Im obigen Beispiel gilt:
  Flächeninhalt des Dreiecks ABC:

$A = \frac{1}{2} \cdot a \cdot b \cdot \sin\gamma$ *oder:* $A = \frac{1}{2} \cdot a \cdot c \cdot \sin\beta$

$A = \frac{1}{2} \cdot 7{,}5\text{ cm} \cdot 12{,}94\text{ cm} \cdot \sin 46{,}6^\circ$ $\quad$ $A = \frac{1}{2} \cdot 7{,}5\text{ cm} \cdot 9{,}5\text{ cm} \cdot \sin 98{,}4^\circ$

$A \approx 35{,}25\text{ cm}^2$ $\quad$ $A \approx 35{,}25\text{ cm}^2$

Merke

Kosinussatz

In **jedem Dreieck** ABC gelten:

$a^2 = b^2 + c^2 - 2 \cdot b \cdot c \cdot \cos\alpha$
$b^2 = a^2 + c^2 - 2 \cdot a \cdot c \cdot \cos\beta$
$c^2 = a^2 + b^2 - 2 \cdot a \cdot b \cdot \cos\gamma$

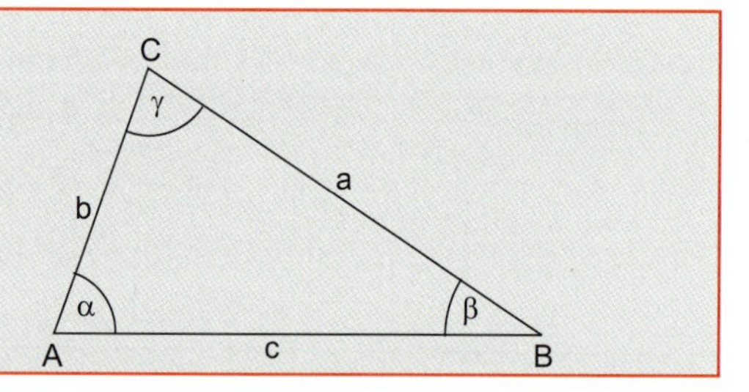

Für den Fall eines rechtwinkligen Dreiecks geht der Kosinussatz in den Satz des Pythagoras über. In diesem Fall ist der von zwei Seiten eingeschlossene Winkel (α, β oder γ) jeweils 90° und damit der Kosinus dieses Winkels (cos α, cos β oder cos γ) gleich 0, so dass man erhält:

$a^2 = b^2 + c^2$ *oder:* $b^2 = a^2 + c^2$ *oder:* $c^2 = a^2 + b^2$

Beispiel

Von einem Dreieck ABC sind
$c = 9{,}5$ cm, $b = 7{,}5$ cm und $\alpha = 35^\circ$ bekannt.
Berechne: a, β, γ

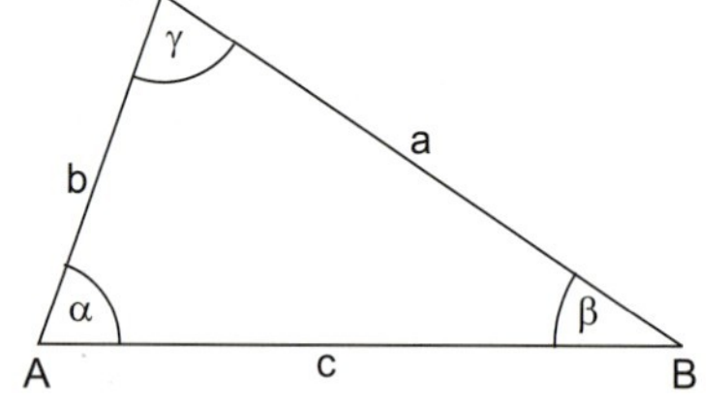

Lösung:

- Seite a:

$a^2 = b^2 + c^2 - 2 \cdot b \cdot c \cdot \cos\alpha$

$a^2 = (7{,}5\text{ cm})^2 + (9{,}5\text{ cm})^2 - 2 \cdot 7{,}5\text{ cm} \cdot 9{,}5\text{ cm} \cdot \cos 35^\circ$

$a^2 \approx 56{,}25\text{ cm}^2 + 90{,}25\text{ cm}^2 - 142{,}5\text{ cm}^2 \cdot 0{,}819152$

$a^2 \approx 29{,}77\text{ cm}^2$

$a \approx 5{,}46\text{ cm}$

- Winkel β (Sinussatz im Dreieck ABC):

$$\frac{a}{\sin\alpha} = \frac{b}{\sin\beta} \qquad |\cdot \sin\beta \cdot \sin\alpha \quad |:a$$

$$\sin\beta = \frac{b}{a} \cdot \sin\alpha$$

$$\sin\beta = \frac{7{,}5\text{ cm}}{5{,}46\text{ cm}} \cdot \sin 35°$$

$$\sin\beta \approx 0{,}7878797$$

$$\beta \approx 52°$$

- Winkel γ (Winkelsumme im Dreieck ABC):

$$\gamma = 180° - 35° - 52° = 93° \qquad \left(\textit{oder: } \text{Sinussatz: } \frac{a}{\sin\alpha} = \frac{c}{\sin\gamma}\right)$$

Aufgaben

142 Vom Dreieck ABC sind bekannt: $a = 27{,}5$ cm; $c = 36$ cm; $\gamma = 42°$
Berechne: b, α, β, Höhe h_c, Flächeninhalt A des Dreiecks.

143 Vom Viereck ABCD sind bekannt: $a = 36$ cm; $c = 21$ cm; $f = 45$ cm; $\beta = 65°$; $\gamma = 95°$
Berechne: b, d, α, δ, Flächeninhalt A des Vierecks.

144 Von einem Parallelogramm ABCD sind bekannt:
$a = 12$ cm; $b = 9$ cm; $\alpha = 48°$
Berechne die Seitenlängen c und d, die Längen e und f der Diagonalen, die Winkelmaße β, γ und δ sowie den Flächeninhalt des Parallelogramms.

1. Winkel berechnen
2. Seite berechnen
3. Fläche berechnen
4. Seite berechnen
5. Winkel berechnen
6. Winkel berechnen in 2 Schritten
7. Feuer

7.3 Graphen der trigonometrischen Funktionen

Zur grafischen Darstellung der trigonometrischen Funktionen haben wir zwei Möglichkeiten:

- Funktionswerte in Abhängigkeit vom Winkelmaß φ
  $y = \sin\varphi$ $\quad y = \cos\varphi$ $\quad y = \tan\varphi$
- Funktionswerte in Abhängigkeit vom Bogenmaß x
  $y = \sin x$ $\quad y = \cos x$ $\quad y = \tan x$

Das Bogenmaß wird üblicherweise in Teilen oder Vielfachen der Kreiszahl π angegeben und dient ebenfalls als Maß für einen Winkel.

Merke

Umrechnung von Winkelmaß in Bogenmaß

Zwischen dem Winkelmaß φ und dem zugehörigen Bogenmaß x besteht folgender Zusammenhang zur Umrechnung:

$$x = \frac{\varphi}{180°} \cdot \pi$$

Winkelmaß φ	−90°	−60°	−45°	−30°	0°	30°	45°	60°	90°	120°	135°
Bogenmaß x	$-\frac{\pi}{2}$	$-\frac{\pi}{3}$	$-\frac{\pi}{4}$	$-\frac{\pi}{6}$	0	$\frac{\pi}{6}$	$\frac{\pi}{4}$	$\frac{\pi}{3}$	$\frac{\pi}{2}$	$\frac{2}{3}\pi$	$\frac{3}{4}\pi$
y = sin φ y = sin x	−1	−0,87	−0,71	−0,5	0	0,5	0,71	0,87	1	0,87	0,71
y = cos φ y = cos x	0	0,5	0,71	0,87	1	0,87	0,71	0,5	0	−0,5	−0,71
y = tan φ y = tan x	–	−1,7	−1	−0,58	0	0,58	1	1,7	–	−1,7	−1

Winkelmaß φ	150°	180°	210°	240°	270°	300°	330°	360°	390°	420°	450°
Bogenmaß x	$\frac{5}{6}\pi$	π	$\frac{7}{6}\pi$	$\frac{4}{3}\pi$	$\frac{3}{2}\pi$	$\frac{5}{3}\pi$	$\frac{11}{6}\pi$	2π	$\frac{13}{6}\pi$	$\frac{7}{3}\pi$	$\frac{5}{2}\pi$
y = sin φ y = sin x	0,5	0	−0,5	−0,87	−1	−0,87	−0,5	0	0,5	0,87	1
y = cos φ y = cos x	−0,87	−1	−0,87	−0,5	0	0,5	0,87	1	0,87	0,5	0
y = tan φ y = tan x	−0,58	0	0,58	1,7	–	−1,7	−0,58	0	0,58	1,7	–

Hinweis: Die Werte sind gegebenenfalls gerundet.

Die Graphen der trigonometrischen Funktionen kannst du zeichnen, indem du

- aus der Wertetabelle die Koordinaten (φ | y) bzw. (x | y) der Punkte entnimmst, diese in ein Koordinatensystem einträgst und miteinander verbindest,

oder:

- eine grafische Wertetabelle erstellst. Dabei wird am Einheitskreis der einem bestimmten Winkel entsprechende Funktionswert entnommen und in einem y-φ- bzw. einem y-x-Koordinatensystem beim zugehörigen Winkelmaß bzw. Bogenmaß angetragen.

Durchläuft der Punkt P einmal den Umfang des Einheitskreises bzw. dreht sich der Radiusstrahl [OP] einmal um 360° oder um 2π, so ergeben sich dabei 1 Periode des Graphen der Sinus- oder der Kosinusfunktion sowie 2 Perioden der Tangensfunktion. In den folgenden grafischen Darstellungen sind für die Graphen der Sinus-, Kosinus- und Tangensfunktion sowohl Winkelmaße (φ) als auch jeweils entsprechende Bogenmaße (x) angegeben.

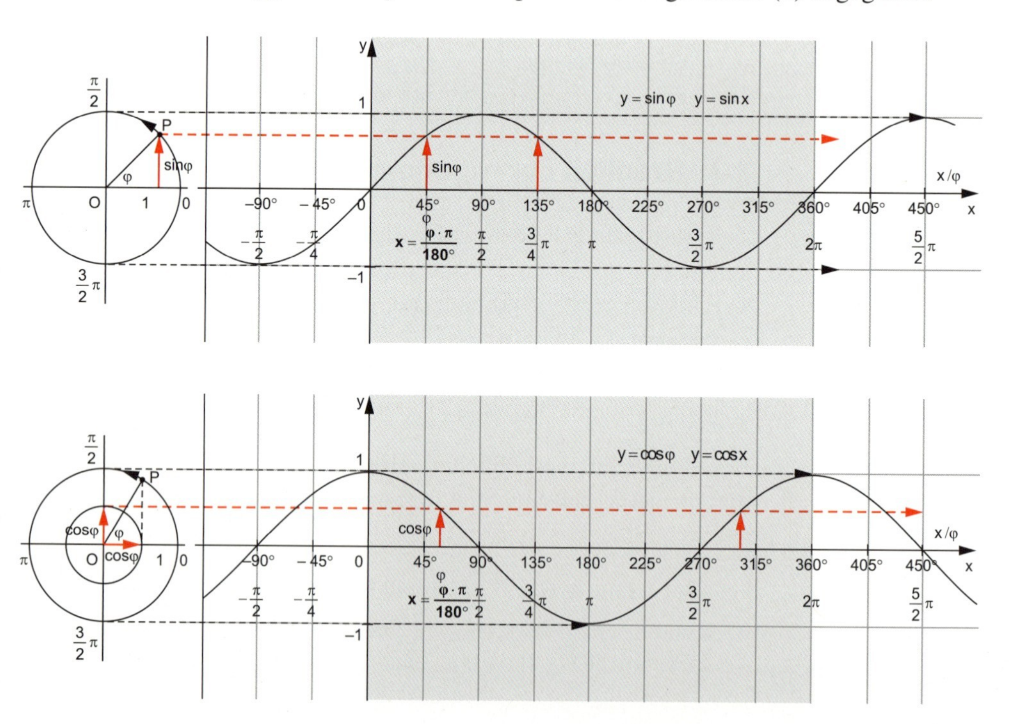

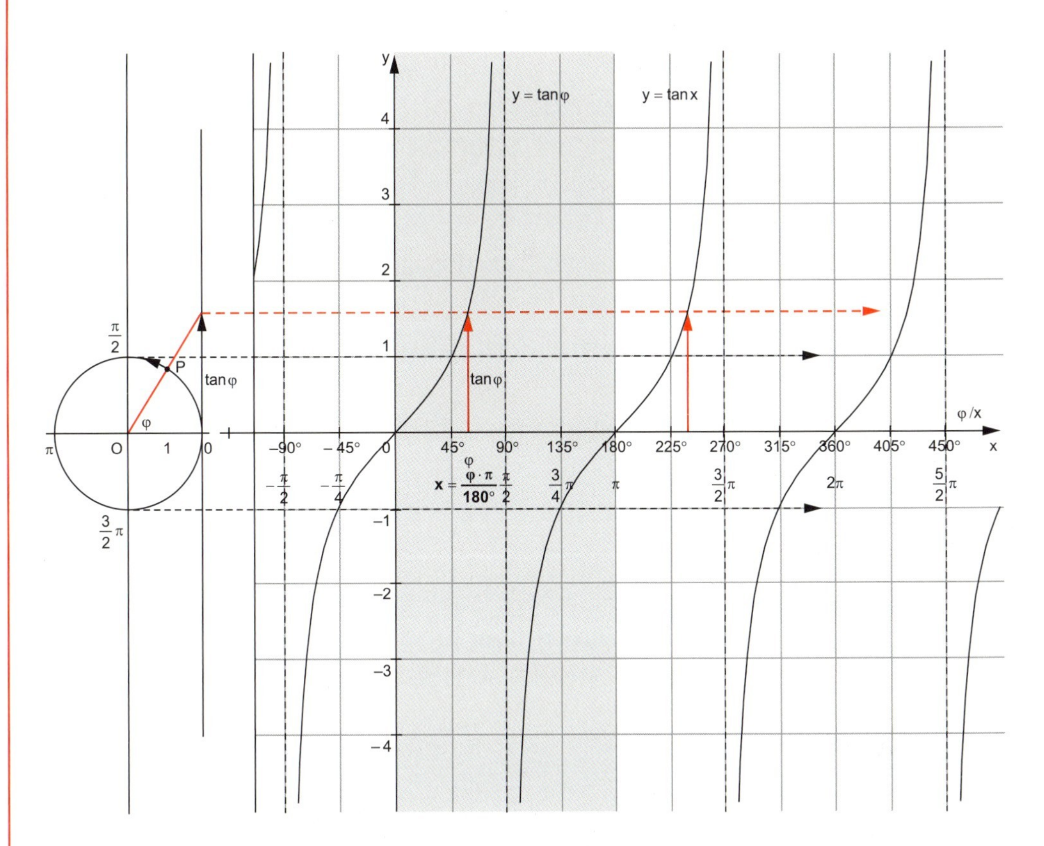

Du kannst folgende wichtige Eigenschaften bzw. Beziehungen erkennen:

	Sinusfunktion	**Kosinusfunktion**	**Tangensfunktion**
Definitionsmenge:	$\mathbb{R}$	$\mathbb{R}$	$\left\{x \in \mathbb{R} \;\middle\vert\; x \neq \text{ungerades Vielfaches von } \frac{\pi}{2}\right\}$
Wertemenge:	$[-1; +1]_{\mathbb{R}}$ $\lvert\sin\varphi\rvert \leq 1$ bzw. $\lvert\sin x\rvert \leq 1$	$[-1; +1]_{\mathbb{R}}$ $\lvert\cos\varphi\rvert \leq 1$ bzw. $\lvert\cos x\rvert \leq 1$	$\mathbb{R}$
Periode:	$360° \mid 2\pi$ $\sin(\varphi + 360°) = \sin\varphi$ $\sin(x + 2\pi) = \sin x$	$360° \mid 2\pi$ $\cos(\varphi + 360°) = \cos\varphi$ $\cos(x + 2\pi) = \cos x$	$180° \mid \pi$ $\tan(\varphi + 180°) = \tan\varphi$ $\tan(x + \pi) = \tan x$
Symmetrie:	punktsymmetrisch bzgl. $O(0 \mid 0)$ $\sin(-\varphi) = -\sin\varphi$ $\sin(-x) = -\sin x$	achsensymmetrisch bzgl. y-Achse $\cos(-\varphi) = \cos\varphi$ $\cos(-x) = \cos x$	punktsymmetrisch bzgl. $O(0 \mid 0)$ $\tan(-\varphi) = -\tan\varphi$ $\tan(-x) = -\tan x$

$\sin(180° - \varphi) = \sin\varphi$ $\qquad$ $\sin(\pi - x) = \sin x$

$\cos(180° - \varphi) = -\cos\varphi$ $\qquad$ $\cos(\pi - x) = -\cos x$

$\sin(90° - \varphi) = \cos\varphi$ $\qquad$ $\sin\left(\frac{\pi}{2} - x\right) = \cos x$

$\cos(90° - \varphi) = \sin\varphi$ $\qquad$ $\cos\left(\frac{\pi}{2} - x\right) = \sin x$

Aufgaben

145

Rechne ins Bogenmaß um:

15°	75°	150°	225°	315°	–60°
–135°	65°	128°	234°	310°	348°

146

Rechne ins Winkelmaß um (Rechne mit $\pi = 3{,}14$):

0,45	0,80	1	1,5	1,85	2	2,75	3
3,6	4,25	5	5,48	6	6,15	6,2	

147

Für welche Winkel im Bereich $\left[-\frac{\pi}{2}; +\frac{5}{2}\pi\right]$ wird

a) $\sin x = 0{,}75$ b) $\sin x = -0{,}25$

c) $\cos x = 0{,}75$ d) $\cos x = -0{,}25$

e) $\tan x = 1{,}5$ f) $\tan x = 3$

148

Für welchen Teilbereich aus [0°; 360°] gilt

a) $\sin \varphi > 0{,}5$ b) $|\sin \varphi| \leq 0{,}5$

c) $\cos \varphi < \frac{\sqrt{3}}{2}$ d) $\tan \varphi \geq \sqrt{3}$

149

Bestätige jeweils anhand des Graphen und für jeweils zwei Beispiele die Gültigkeit von

a) $\tan x = \tan(x + \pi)$ b) $\sin(x + 2\pi) = \sin x$

c) $\cos(-x) = \cos x$ d) $\sin\left(\frac{\pi}{2} - x\right) = \cos x$

150

Was bedeuten die Aussagen *„Die Sinus-, Kosinus- und Tangensfunktion sind periodische Funktionen"* und *„Die Periode bei der Sinus- und bei der Kosinusfunktion beträgt 360° und bei der Tangensfunktion 180°"*?

Interaktive Aufgaben

1. Umrechnung ins Bogenmaß
2. Gleicher Sinus-/Kosinuswert

8 Kreis

8.1 Kreisfläche und Kreisumfang, Kreisring

Merke

Kreis

Fläche: $A = r^2 \cdot \pi$

Umfang: $u = 2 \cdot r \cdot \pi$

π: Kreiszahl

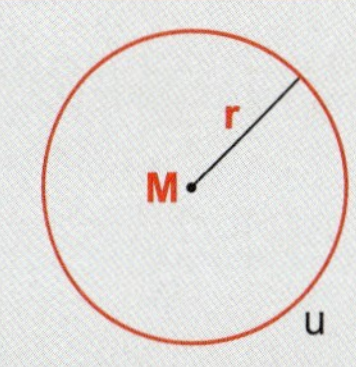

Die Kreiszahl π ist eine irrationale Zahl (nicht als Quotient zweier natürlicher Zahlen darstellbar), besitzt unendlich viele Nachkommastellen und ist nicht periodisch.
Es ist nicht möglich, mit Zirkel und Lineal ein Quadrat zu konstruieren, das den gleichen Flächeninhalt hat wie ein gegebener Kreis.

Für Berechnungen genügt es meistens, für π mit den Näherungswerten 3,14 oder $\frac{22}{7}$ zu rechnen.

Beispiele

1. Zu einem Quadrat mit der Seitenlänge $a = 6$ cm sind der Umkreis (Radius r_u) und der Inkreis (Radius r_i) gezeichnet.
   Bestimme die Radien, die Flächeninhalte und die Umfänge des Um- und des Inkreises.

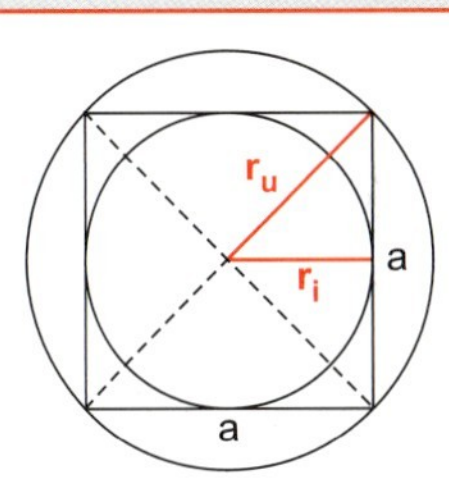

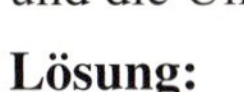

Lösung:

Inkreisradius:

$r_i = \frac{a}{2} = 3\text{ cm}$ — r_i: halbe Quadratbreite

Umkreisradius:

$r_u^2 = \left(\frac{a}{2}\right)^2 + \left(\frac{a}{2}\right)^2$ — Satz des Pythagoras

$r_u^2 = \frac{a^2}{2}$

$r_u = \frac{a}{2} \cdot \sqrt{2}$ — Es gilt: $r_u = r_i \cdot \sqrt{2}$

$r_u = 3\sqrt{2}\text{ cm } (\approx 4{,}24\text{ cm})$

Flächeninhalt des Inkreises:

$A_i = r_i^2 \cdot \pi$

$A_i = \left(\frac{a}{2}\right)^2 \cdot \pi$

$A_i = 9\pi\text{ cm}^2 \ (\approx 28{,}27\text{ cm}^2)$

Flächeninhalt des Umkreises:

$A_u = r_u^2 \cdot \pi$

$A_u = \left(\frac{a}{2} \cdot \sqrt{2}\right)^2 \cdot \pi$

$A_u = 18\pi\text{ cm}^2 \ (\approx 56{,}55\text{ cm}^2)$

Verhältnis der beiden Flächeninhalte:

$$\frac{A_u}{A_i} = \frac{\left(\frac{a}{2} \cdot \sqrt{2}\right)^2 \cdot \pi}{\left(\frac{a}{2}\right)^2 \cdot \pi} = 2$$

Dieses Verhältnis ist unabhängig von a!

Umfang des Inkreises:

$u_i = 2 \cdot r_i \cdot \pi$

$u_i = 2 \cdot \frac{a}{2} \cdot \pi$

$u_i = 6\pi \text{ cm} (\approx 18{,}85 \text{ cm})$

Umfang des Umkreises:

$u_u = 2 \cdot r_u \cdot \pi$

$u_u = 2 \cdot \frac{a}{2} \cdot \sqrt{2} \cdot \pi$

$u_u = 6 \cdot \sqrt{2} \cdot \pi \text{ cm}^2 \ (\approx 26{,}66 \text{ cm})$

Verhältnis der beiden Umfänge:

$$\frac{u_u}{u_i} = \frac{2 \cdot \frac{a}{2} \cdot \sqrt{2} \cdot \pi}{2 \cdot \frac{a}{2} \cdot \pi} = \sqrt{2}$$

Dieses Verhältnis ist unabhängig von a!

2. Drei Kreise mit gleichem Radius r (= 6 cm) berühren sich gegenseitig. Ein großer Kreis ist den drei kleinen Kreisen so umbeschrieben, dass er diese berührt.
Bestimme den Radius R und den Flächeninhalt A des großen Kreises.

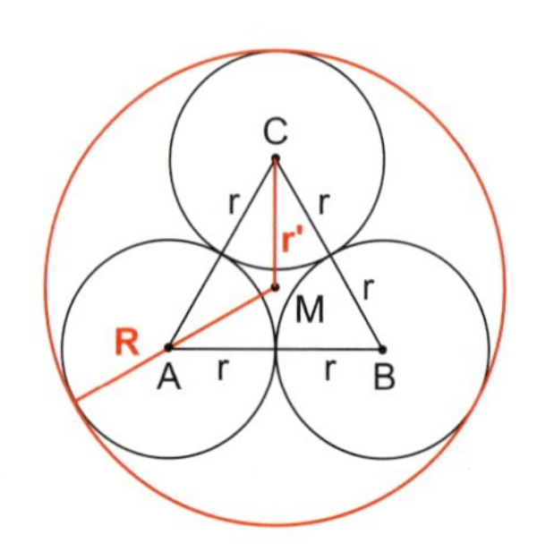

Lösung:

Es gilt: $R = r' + r$

Die Mittelpunkte A, B und C der drei kleinen Kreise bilden das gleichseitiges Dreieck ABC mit der Seitenlänge $2r = a$.

r' ist Umkreisradius dieses Dreiecks:

$r' = \frac{a}{3} \cdot \sqrt{3} = \frac{2r}{3} \cdot \sqrt{3} = 4 \cdot \sqrt{3} \text{ cm} \approx 6{,}93 \text{ cm}$

Radius R:

$R = r' + r = \frac{2r}{3} \cdot \sqrt{3} + r = \left(\frac{2}{3}\sqrt{3} + 1\right) \cdot r \approx 12{,}93 \text{ cm}$

Flächeninhalt A:

$A = R^2 \cdot \pi = \left(\frac{2}{3}\sqrt{3} + 1\right)^2 \cdot r^2 \cdot \pi \approx 525{,}08 \text{ cm}$

3. Wie viele Umdrehungen in der Minute macht das Rad eines Eisenbahnwagens (d = 0,85 m), wenn der Zug mit einer Geschwindigkeit von 90 $\frac{km}{h}$ fährt?

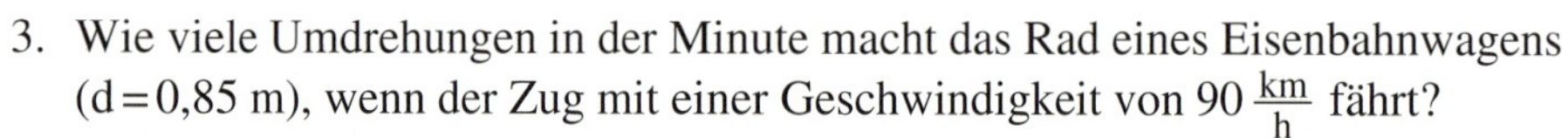

Lösung:

Umwandlung $\frac{km}{h} \rightarrow \frac{m}{min}$

$v = 90 \frac{km}{h}$

$v = \frac{90 \cdot 1\,000 \text{ m}}{60 \text{ min}}$

$v = 1\,500 \frac{m}{min}$

Der Zug legt in t = 1 Minute die Strecke s = 1 500 m zurück.

Um die Anzahl n der Umdrehungen pro Minute zu erhalten, müssen wir feststellen, wie oft der Umfang u_{Rad} des Rades in der Strecke s enthalten ist.

Umfang des Rades:

$u_{Rad} = d \cdot \pi = 0{,}85 \text{ m} \cdot \pi \approx 2{,}67 \text{ m}$

Anzahl der Umdrehungen:

$n = \frac{s}{u_{Rad}} = \frac{1500 \text{ m}}{2{,}67 \text{ m}} \approx 562$

Bei einer Geschwindigkeit von 90 $\frac{km}{h}$ macht das Rad 562 Umdrehungen pro Minute.

Merke

Kreisring

Zwei konzentrische Kreise $k_1(M; r_1)$ und $k_2(M; r_2)$ mit $r_1 \neq r_2$ begrenzen einen Kreisring.

Fläche: $A = (r_2^2 - r_1^2)\pi \quad (r_2 > r_1)$

Beispiel

Ein Kreisring mit innerem Radius $r_1 = 60$ cm hat eine Fläche von 2,4 m^2.
Berechne die Breite b des Rings.

Lösung:

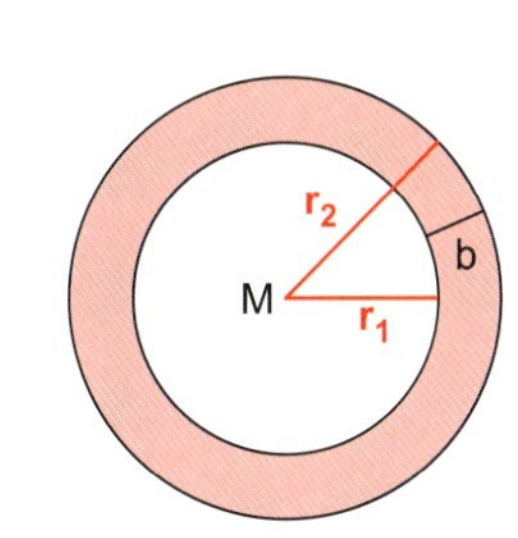

$A_{Ring} = (r_2{}^2 - r_1{}^2) \cdot \pi$

$2{,}4\ m^2 = (r_2{}^2 - (0{,}60\ m)^2) \cdot \pi$

$2{,}4\ m^2 = r_2{}^2 \cdot \pi - 1{,}13\ m^2$ — r_2 ist gesucht

$r_2{}^2 = \dfrac{2{,}4\ m^2 + 1{,}13\ m^2}{\pi}$ — Äquivalenzumformung

$r_2{}^2 \approx 1{,}12\ m^2$

$r_2 = \sqrt{1{,}12\ m^2}$

$r_2 \approx 1{,}06\ m$

$r_2 = 106\ cm$

Breite b des Rings:

$b = r_2 - r_1$

$b = 46\ cm$

Aufgaben

151

Einem Kreis mit Radius r (= 6 cm) ist ein gleichseitiges Dreieck einbeschrieben.
a) Berechne die Länge der Dreiecksseite a.
b) In welchem Verhältnis stehen die Flächeninhalte von Kreis und Dreieck?
c) In welchem Verhältnis stehen die Flächeninhalte bzw. die Umfänge von Umkreis und Inkreis des Dreiecks?

152

Um einen Fußball mit dem Radius r (= 11 cm) wird straff eine Schnur gespannt. Die Schnur wird um 1 m verlängert und so um den Ball gelegt, dass sie überall gleichen Abstand d hat.
Wie groß ist dieser Abstand d?

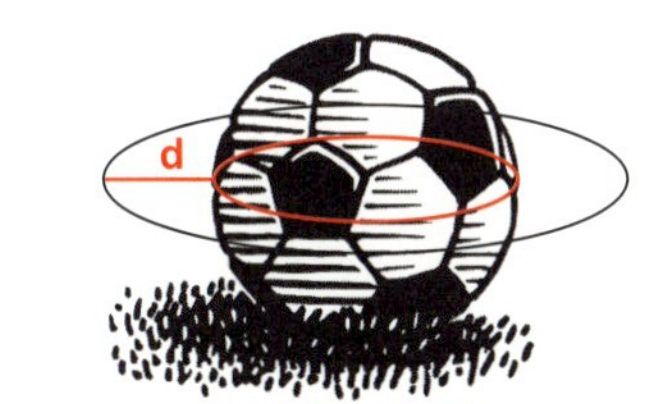

In der gleichen Weise denkt man sich um den Erdäquator der als ideale Kugel angenommenen Erde eine Schnur gespannt und ebenfalls um 1m verlängert (Erdradius: 6 370 km).
Ermittle wieder den Abstand d der Schnur vom Äquator.

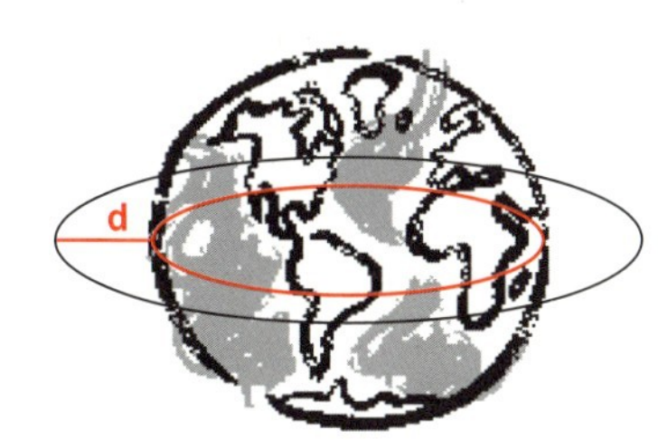

153

Bei einem gleichseitigen Dreieck fallen die Mittelpunkte von Um- und Inkreis zusammen. Berechne den Flächeninhalt des von beiden Kreisen begrenzten Kreisrings in Abhängigkeit von der Seitenlänge a des Dreiecks.

154 Wie groß ist die Rotationsgeschwindigkeit eines Punktes auf dem Erdäquator, vom Standpunkt eines unbewegten Beobachters im Weltraum aus gesehen? ($R_{Erde} = 6\,370$ km)

1. Torwand
2. In- und Umkreis
3. Kamerawagen
4. Fläche berechnen

8.2 Kreisbogen und Kreissektor, Berechnungen am Kreis und an Kreisteilen

Merke

Kreisbogen und Kreissektor

Die Schenkel des Mittelpunktswinkels ∢ AMB mit dem Maß φ schneiden aus der Fläche eines Kreises k (M; r) einen Kreissektor und aus der Kreislinie einen Kreisbogen der Länge b aus.

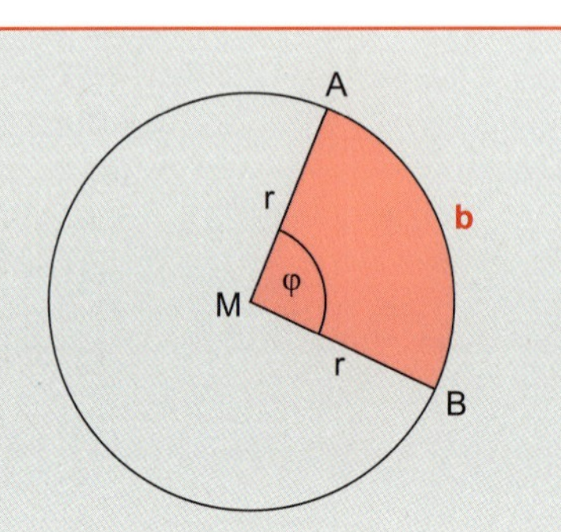

Länge des Kreisbogens: $b = 2 \cdot \pi \cdot r \cdot \frac{\varphi}{360°}$

Flächeninhalt des Sektors: $A = r^2 \cdot \pi \cdot \frac{\varphi}{360°}$

Beispiele

1. Berechne den Flächeninhalt A und den Umfang u der eingefärbten Flächen allgemein in Abhängigkeit von a und speziell für a = 8 cm.

a)

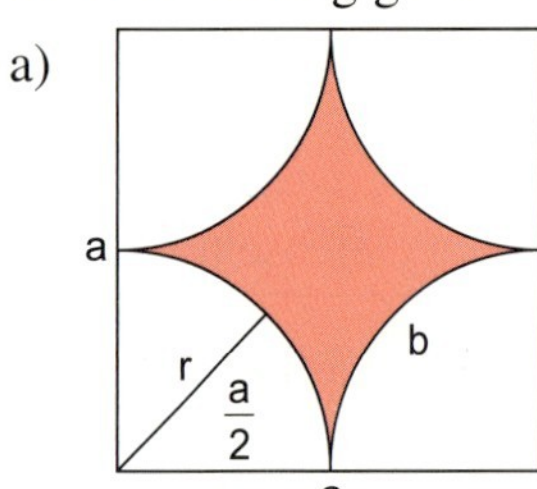

b)

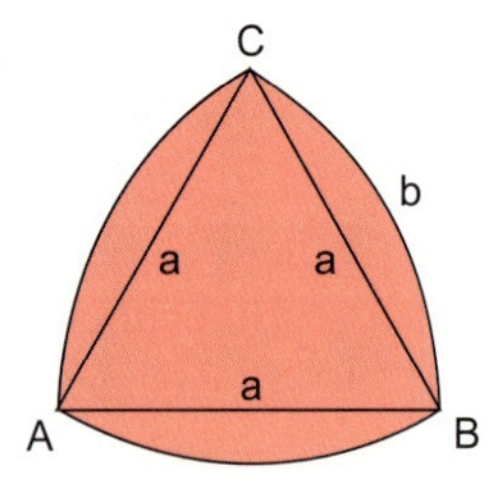

Lösung:

a) Flächeninhalt (allgemein):

$A = A_{Quadrat} - 4 \cdot A_{Sektor}$

$A = \left(a^2 - 4 \cdot \left(\frac{a}{2}\right)^2 \cdot \pi \cdot \frac{90°}{360°}\right)$ FE $\qquad$ mit $r = \frac{a}{2}$

$A = \left(a^2 - \frac{a^2}{4} \cdot \pi\right)$ FE

$A = a^2 \cdot \left(1 - \frac{\pi}{4}\right)$ FE

Umfang (allgemein):

$u = 4 \cdot b$

$u = 4 \cdot 2 \cdot \pi \cdot r \cdot \frac{90°}{360°}$ LE

$u = 2 \cdot \pi \cdot \frac{a}{2}$ LE $\qquad$ mit $r = \frac{a}{2}$

$u = a \cdot \pi$ LE

Für a = 8 cm:

$A = 64 \cdot \left(1 - \frac{\pi}{4}\right) \text{cm}^2 \approx 13{,}73 \text{ cm}^2$

$u = 8 \cdot \pi \text{ cm} \approx 25{,}13 \text{ cm}$

b) Das Dreieck ABC ist gleichseitig. Die Mittelpunktswinkel der Sektoren haben das Maß 60°.

Flächeninhalt (allgemein):

$A = 3 \cdot A_{Sektor} - 2 \cdot A_{\Delta ABC}$

$A = \left(3 \cdot r^2 \cdot \pi \cdot \frac{60°}{360°} - 2 \cdot \frac{1}{2} \cdot r \cdot \frac{\sqrt{3}}{2} \cdot r\right) \text{FE}$

$A = \left(\frac{1}{2} \cdot r^2 \cdot \pi - \frac{\sqrt{3}}{2} \cdot r^2\right) \text{FE}$

$A = \frac{1}{2} \cdot r^2 \cdot (\pi - \sqrt{3}) \text{ FE}$

$A = \frac{1}{2} a^2 \cdot (\pi - \sqrt{3}) \text{ FE}$ mit $r = a$

Umfang (allgemein):

$u = 3 \cdot b$

$u = 3 \cdot 2 \cdot \pi \cdot r \cdot \frac{60°}{360°} \text{ LE}$

$u = \pi \cdot r \text{ LE}$

$u = a \cdot \pi \text{ LE}$ mit $r = a$

Für $a = 8$ cm:

$A = \frac{1}{2}(8 \text{ cm})^2 \cdot (\pi - \sqrt{3}) \text{ cm}^2 \approx 45{,}11 \text{ cm}^2$

$u = 8 \text{ cm} \cdot \pi \approx 25{,}13 \text{ cm}$

2. a) Der Bogen eines Kreises mit $r = 14$ cm hat die Länge $b = 22$ cm. Berechne das Maß des zugehörigen Mittelpunktswinkels φ sowie den Flächeninhalt A des Kreissektors.

b) Welches Maß hat der Mittelpunktswinkel eines Bogens, dessen Länge gleich dem Radius ist?

Lösung:

a) Mittelpunktswinkel:

$2 \cdot \pi \cdot r \cdot \frac{\varphi}{360°} = b$

$2 \cdot \pi \cdot 14 \text{ cm} \cdot \frac{\varphi}{360°} = 22 \text{ cm}$

$\varphi = \frac{22 \text{ cm} \cdot 360°}{2\pi \cdot 14 \text{ cm}}$

$\varphi = 90°$

Flächeninhalt:

$A = r^2 \cdot \pi \cdot \frac{\varphi}{360°}$

$A = (14 \text{ cm})^2 \cdot \pi \cdot \frac{90°}{360°}$

$A \approx 153{,}94 \text{ cm}^2$

b) Bedingung:

$b = r$

$2 \cdot \pi \cdot r \cdot \frac{\varphi}{360°} = r$

$2 \cdot \pi \cdot \frac{\varphi}{360°} = 1$

$\varphi = \frac{360°}{2\pi}$

$\varphi \approx 57{,}30°$

3. Zeichne zu einem Quadrat mit der Seitenlänge a (= 8 cm) den Umkreis und über jeder Seite den Halbkreis nach außen. Berechne den Flächeninhalt der 4 Möndchen.

Lösung:

Umkreisradius: $r_u = \frac{\sqrt{2}}{2} \cdot a$

Halbkreisradius: $r_{HK} = \frac{a}{2}$

Summe der Flächeninhalte der 4 Möndchen:

$A = 4 \cdot [A_{Halbkreis} - (A_{Sektor} - A_{Dreieck})]$

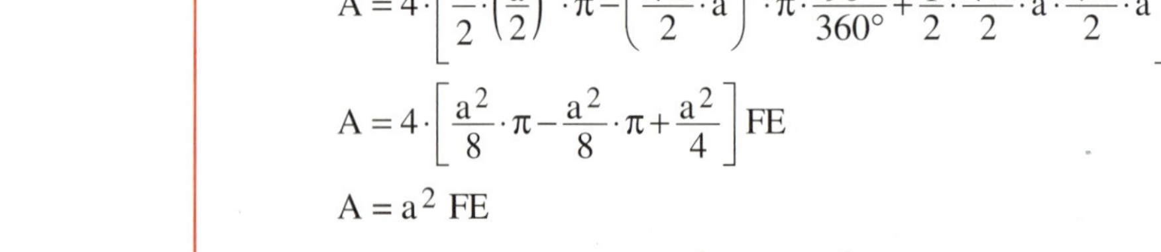

$$A = 4 \cdot \left[\frac{1}{2} \cdot \left(\frac{a}{2}\right)^2 \cdot \pi - \left(\frac{\sqrt{2}}{2} \cdot a\right)^2 \cdot \pi \cdot \frac{90°}{360°} + \frac{1}{2} \cdot \frac{\sqrt{2}}{2} \cdot a \cdot \frac{\sqrt{2}}{2} \cdot a\right] \text{FE}$$

$$A = 4 \cdot \left[\frac{a^2}{8} \cdot \pi - \frac{a^2}{8} \cdot \pi + \frac{a^2}{4}\right] \text{FE}$$

$A = a^2$ FE

Für a = 8 cm: $A = (8 \text{ cm})^2 = 64 \text{ cm}^2$

Aufgaben

155

a) Welche Länge hat der zum Mittelpunktswinkel $\varphi = 75°$ gehörige Kreisbogen in einem Kreis mit Radius r = 25 cm?

b) Wie groß sind Bogenlänge, Umfang und Flächeninhalt eines Kreisssektors mit dem Mittelpunktswinkel $\varphi = 120°$ (r = 12 cm)?

c) Berechne das Maß des Mittelpunktswinkels eines Kreissektors, dessen Flächeninhalt gleich dem eines dem Kreis einbeschriebenen Quadrats ist.

156

Welchen Weg legt ein Punkt bzw. ein Ort am Äquator der Erde in einer Stunde zurück, betrachtet vom Standpunkt eines unbewegten Beobachters im Weltraum aus?

157

Berechne den Flächeninhalt und den Umfang der rot eingefärbten Fläche (a = 8 cm).

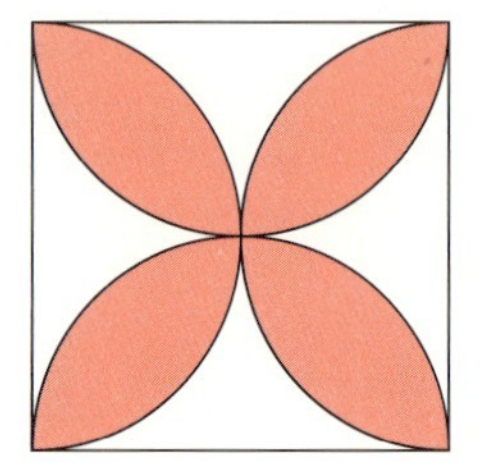

158

Zeige durch Rechnung, dass die beiden eingefärbten Möndchen zusammen den gleichen Flächeninhalt wie das rechtwinklige Dreieck haben. (Möndchen des Hippokrates; griechischer Mathematiker um 440 v. Chr. Dieser Satz wurde erst 1671 von dem Jesuiten Paradies bewiesen.)

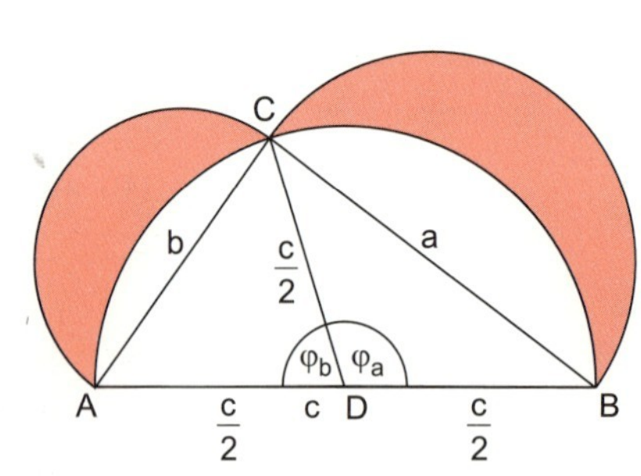

1. Winkelmaß bestimmen
2. Kreisbogenlänge
3. Radius berechnen
4. Fläche berechnen
5. Fläche berechnen

9 Körper

9.1 Schrägbild und Netz eines Körpers

Geometrische Körper wie Würfel, Quader, Prisma, Pyramide oder Kegel sind **dreidimensionale** Gebilde. Um bei einer **zweidimensionalen** Zeichenebene (z. B. ein Blatt Papier) einen **räumlichen Eindruck** von einem Körper zu erhalten, stellt man diesen in einem **Schrägbild** dar.

Das **Netz** eines Körpers ist eine zweidimensionale Darstellung seiner Oberfläche, die man sich längs der Kanten in geeigneter Weise aufgeschnitten und in die Ebene ausgebreitet vorstellt. Grund-, Deck- und Seitenflächen werden in wahrer Größe wiedergegeben.

Zeichnen eines Schrägbildes

- Auf einer Geraden s, der Schrägbildachse, wird eine Strecke festgelegt, die parallel zur Zeichenebene verläuft: [AB]
- Strecken, die parallel zur Zeichenebene verlaufen, werden in wahrer Länge gezeichnet: [AB], [AE] etc.
- Strecken, die auf der Zeichenebene senkrecht stehen, werden unter einem Winkel φ (**Verzerrungswinkel**) gegen die Schrägbildachse und mit einem Faktor **q** (**Verkürzungsfaktor**) verkürzt gezeichnet: [AD], [BC], [FG] etc.
- Die übrigen Strecken können durch Verbinden der so erhaltenen Streckenendpunkte gezeichnet werden: [AC], [EG] etc.
- Der **Verkürzungsfaktor q** gibt das
- Verhältnis von verkürzt gezeichneter und wahrer Länge einer Strecke an.

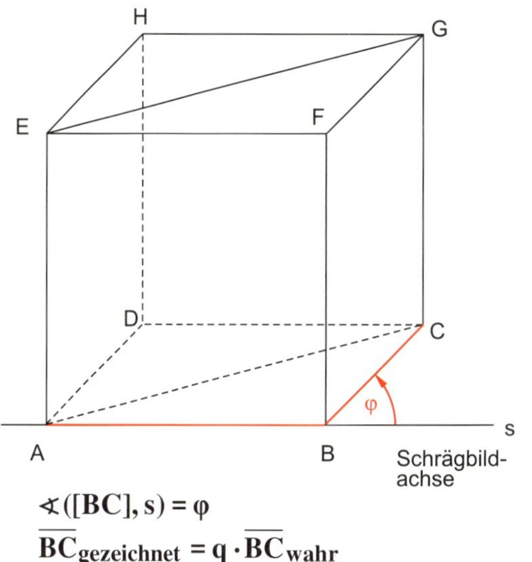

$\sphericalangle([BC], s) = \varphi$

$\overline{BC}_{gezeichnet} = q \cdot \overline{BC}_{wahr}$

Beispiel: $\frac{\overline{BC}_{gezeichnet}}{\overline{BC}_{wahr}} = q$

$\overline{BC}_{gezeichnet} = q \cdot \overline{BC}_{wahr}$

- Für den Verzerrungswinkel und den Verkürzungsfaktor gelten in der Regel (wenn nichts anderes vereinbart ist): $\boldsymbol{\varphi = 45°}$ **und** $\boldsymbol{q = \frac{1}{2}}$
- Strecken, die nicht sichtbar sind, werden gestrichelt gezeichnet: z. B. [AD], [DH] etc.

Beispiele

1. a) Wir zeichnen das Schrägbild einer Pyramide mit der Höhe h (= 6 cm), deren Grundfläche ein Quadrat mit der Seitenlänge a (= 5 cm) ist. Die Spitze S liegt senkrecht über dem Diagonalenschnittpunkt M des Quadrates ABCD.
   [AB] liegt auf s, $\varphi = 45°$ und $q = \frac{1}{2}$.
   b) Wir zeichnen das Netz der Pyramide.

Lösung:

a)
- Die Strecke [AB] mit der Länge $a = 5$ cm wird auf der Schrägbildachse s in wahrer Länge angetragen.
- Die Strecke [BC] wird unter dem Winkel $\varphi = 45°$ gegen die Schrägbildachse s angetragen und mit $q = \frac{1}{2}$ verkürzt gezeichnet: $\overline{BC} = 2{,}5$ cm.
- Da [DC] in wahrer Länge angetragen wird, können der Eckpunkt D und damit das Quadrat ABCD sowie der Diagonalenschnittpunkt M gezeichnet werden.
- Die Höhe [MS] wird in wahrer Länge $h = 6$ cm gezeichnet.
- Die Spitze S wird mit den Eckpunkten A, B, C und D des Quadrates verbunden.
- Die Strecken [AD], [CD], [DS] sind unsichtbar und werden gestrichelt gezeichnet.

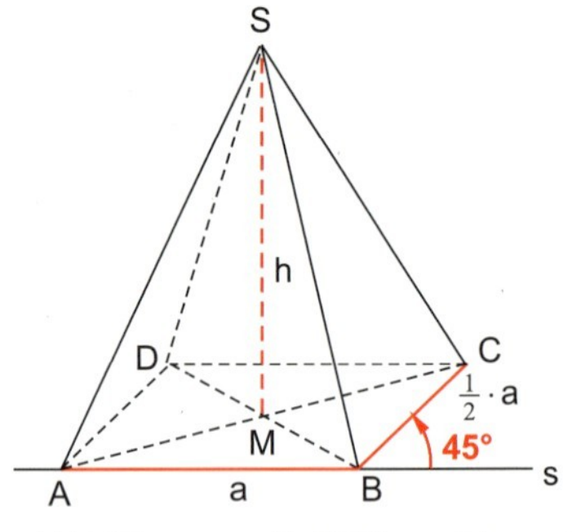

(Abbildung um die Hälfte verkleinert)

b)

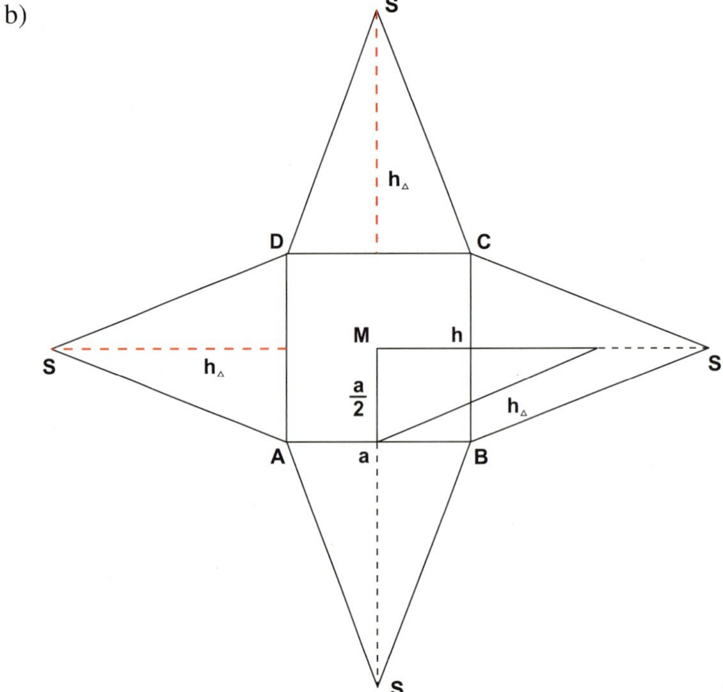

(Zeichnungsmaßstab 1 : 2)

- Zeichne das Quadrat ABCD mit der Seitenlänge $a = 5$ cm.
- Um die Seitenflächen zeichnen zu können, benötigt man die Höhe h_Δ einer Seitenfläche. Man erhält sie durch Konstruktion eines rechtwinkligen Dreiecks mit den Katheten $\frac{a}{2}$ und h.
  Alternativ kann man die Höhe auch berechnen:

  Nach dem Satz des Pythagoras ist $h_\Delta^2 = \left(\frac{a}{2}\right)^2 + h^2$

$$h_\Delta^2 = \left(\frac{5}{2}\text{ cm}\right)^2 + (6\text{ cm})^2$$
$$h_\Delta^2 = 6{,}25\text{ cm}^2 + 36\text{ cm}^2$$
$$h_\Delta = 6{,}5\text{ cm}$$

- Errichte die Mittelsenkrechten über den Quadratseiten

- Schneide jede Mittelsenkrechte mit einem Kreis vom Radius $r = h_\Delta$ um den zugehörigen Seitenmittelpunkt.
- Verbinde den so erhaltenen Punkt S mit den zugehörigen Eckpunkten des Quadrats.

2. Schrägbild und Netz eines geraden Prismas mit der Höhe h (= 8 cm), dessen Grund- und Deckfläche ein gleichseitiges Dreieck mit der Seitenlänge a (= 6 cm) ist.

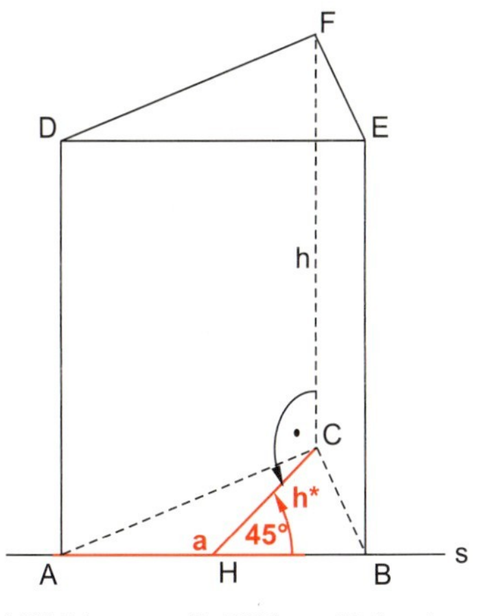

(Abbildung um die Hälfte verkleinert)

Schrägbild:

Die Dreiecksseite [AB] liegt auf s.

$\varphi = 45°$ und $q = \frac{1}{2}$.

Die Höhe [HC] des Dreiecks ABC steht senkrecht zur Zeichenebene. Sie wird unter dem Verzerrungswinkel φ gegen die Schrägbildachse s und mit $q = \frac{1}{2}$ verkürzt gezeichnet.

$$\overline{HC} = \frac{6\text{ cm}}{2}\sqrt{3}$$

$$h^* = \frac{1}{2} \cdot \overline{HC}$$

$$h^* = \frac{1}{2} \cdot \frac{6\text{ cm}}{2}\sqrt{3}$$

$$h^* \approx 2{,}6\text{ cm}$$

- Mit [AB] auf der Schrägbildachse und [HC] kann man das Dreieck ABC zeichnen.
- Die Prismenkanten [AD], [BE] und [CF] werden mit ihrer wahren Länge H = 8 cm gezeichnet. Damit kann man das Dreieck DEF sowie das Prisma zeichnen.

Netz:
(Zeichnungsmaßstab 1 : 2)

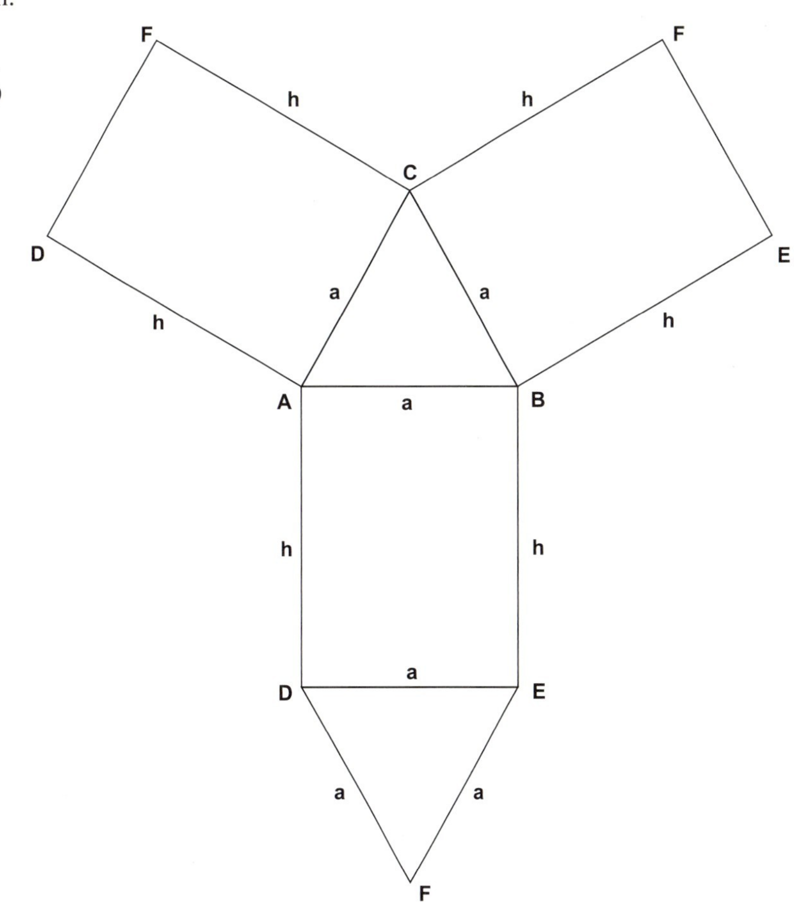

- Zeichne das gleichseitige Dreieck ABC mit der Seitenlänge $a = 6$ cm.
- Errichte über jeder Dreiecksseite ein Rechteck, dessen zweite Seite $h = 8$ cm ist.
- Zeichne über einer der kürzeren Rechteckseiten, z. B. über [DE], ein gleichseitiges Dreieck DFE.

Aufgaben

159

Zeichne das Schrägbild einer Pyramide ABCDS mit der Höhe $\overline{MS} = 12$ cm, deren Grundfläche das Quadrat ABCD mit der Seitenlänge $a = 8$ cm ist. M ist Diagonalenschnittpunkt im Quadrat ABCD.

a) $[AB] \in s$ $\quad \varphi = 45°$ $\quad q = \frac{1}{2}$

b) $[DC] \in s$ $\quad \varphi = 30°$ $\quad q = \frac{1}{3}$

c) $[AB] \in s$ $\quad \varphi = 45°$ $\quad q = \frac{2}{3}$

160

Zeichne das Schrägbild eines geraden, dreiseitigen Prismas mit der Höhe $h = 10$ cm. Grund- und Deckfläche sind ein gleichschenkliges Dreieck ABC mit $\overline{AC} = \overline{BC} = 10$ cm und $\overline{AB} = 8$ cm.

$[AB] \in s$ $\quad \varphi = 45°$ $\quad q = \frac{1}{2}$

161

Zeichne das Schrägbild eines Zylinders mit $r = 4$ cm und $h = 8$ cm, dem ein Kegel mit gleichen Grundkreisradius r und gleicher Höhe einbeschrieben ist. Die Kegelspitze S liegt im Mittelpunkt M des Zylindergrundkreises. ($\varphi = 45°$; $q = \frac{1}{2}$)

9.2 Prisma

Ein **Prisma** ist ein Körper mit kongruenter Grund- und Deckfläche und gleich langen, zueinander parallelen Seitenkanten.
Stehen zusätzlich die Seitenkanten senkrecht auf der Grundfläche, so spricht man von einem **geraden Prisma**.

Merke

Gerades Prisma

Volumen: $V = G \cdot h$ (Produkt aus Flächeninhalt G der Grundfläche und der Höhe h)

Oberfläche: $O = 2G + M$ (Summe aus doppelter Grundfläche und Mantelfläche M)

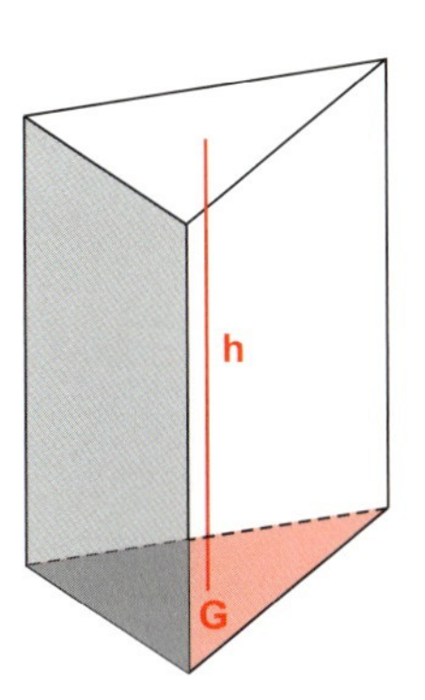

Dreiseitiges Prisma

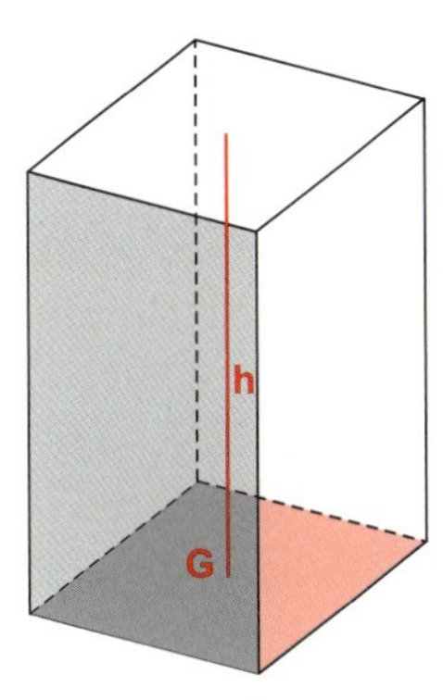

Vierseitiges Prisma

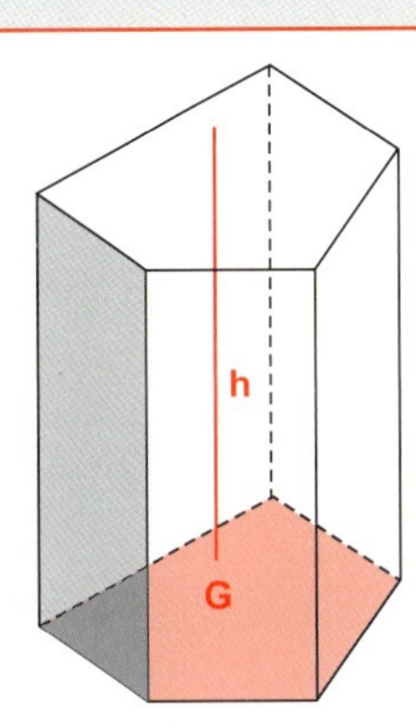

Fünfseitiges Prisma

Beispiele

1. Berechne das Volumen V, die Mantelfläche M und die Oberfläche O eines geraden dreiseitigen Prismas mit den in der Zeichnung angegebenen Maßen (in cm).

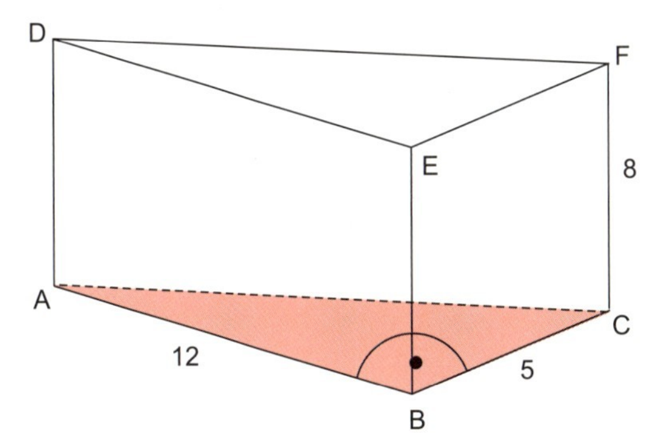

Lösung:
Grundfläche des Prismas ist das rechtwinklige Dreieck ABC mit den Kathetenlängen $\overline{AB} = 12$ cm und $\overline{BC} = 5$ cm.

- Grundfläche:
  $G = \frac{1}{2} \cdot \overline{AB} \cdot \overline{BC}$
  $G = \frac{1}{2} \cdot 12\text{ cm} \cdot 5\text{ cm}$
  $G = 30\text{ cm}^2$

- Volumen:
  $V = G \cdot h$
  $V = 30\text{ cm}^2 \cdot 8\text{ cm}$
  $V = 240\text{ cm}^3$

- Mantel:
  $M = A_{\text{Rechteck ABED}} + A_{\text{Rechteck BCFE}} + A_{\text{Rechteck ACFD}}$
  $M = 12\text{ cm} \cdot 8\text{ cm} + 5\text{ cm} \cdot 8\text{ cm} + \overline{AC} \cdot 8\text{ cm}$

Länge von [AC]:
[AC] ist Hypotenuse im rechtwinkligen Dreieck ABC:

$\overline{AC}^2 = \overline{AB}^2 + \overline{BC}^2$ (Satz des Pythagoras)

$\overline{AC}^2 = (12\text{ cm})^2 + (5\text{ cm})^2$

$\overline{AC}^2 = 144\text{ cm}^2 + 25\text{ cm}^2$

$\overline{AC}^2 = 169\text{ cm}^2$

$\overline{AC} = 13\text{ cm}$

$M = 96\text{ cm}^2 + 40\text{ cm}^2 + 104\text{ cm}^2$

$M = 240\text{ cm}^2$

- Oberfläche:
  $O = 2G + M$
  $O = 2 \cdot 30\text{ cm}^2 + 240\text{ cm}^2$
  $O = 300\text{ cm}^2$

2. Grundfläche eines geraden Prismas ist ein Drachenviereck ABCD mit den Diagonalenlängen $f = 8$ cm und $e = 12$ cm. Ferner sei $\overline{DM} = 3$ cm. Die Höhe h des Prismas beträgt 10 cm.
   a) Zeichne das Schrägbild des Prismas, wobei die Diagonale [BD] auf der Schrägbildachse s liegt sowie $\varphi = 45°$ und $q = \frac{1}{2}$ sein sollen.
   b) Berechne das Volumen und die Oberfläche des Prismas.

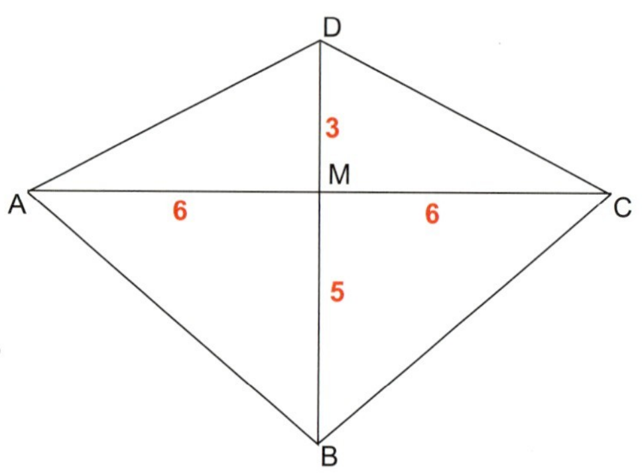

(Zeichnungsmaßstab 1 : 2)

Lösung:

a) Schrägbild:
- [BD] und [MD] liegen auf s und werden mit ihrer wahren Länge angetragen.
- Die Diagonale [CA] steht senkrecht auf s und wird deshalb in M unter dem Winkel $\varphi = 45°$ gezeichnet. Außerdem sind [MA] und [MC] wegen des Verkürzungsfaktors $q = \frac{1}{2}$ jeweils 3 cm lang.
- Damit kann das Drachenviereck im Schrägbild gezeichnet werden.
- Da die Höhe h in wahrer Länge erscheint, kann man das Schrägbild des Prismas fertig zeichnen.

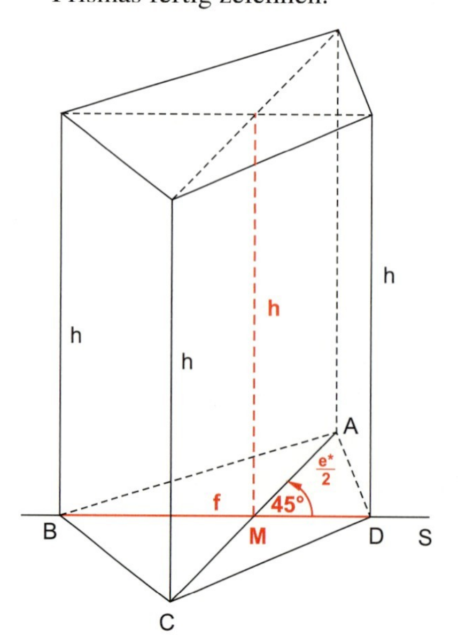

(Zeichnungsmaßstab 1 : 2)

b) • Volumen des Prismas:

$V = G \cdot h$

$V = \frac{1}{2} \cdot e \cdot f \cdot h$

$V = \frac{1}{2} \cdot 8\,\text{cm} \cdot 12\,\text{cm} \cdot 10\,\text{cm}$

$V = 480\,\text{cm}^3$

• Oberfläche des Prismas:

$O = 2G + M$

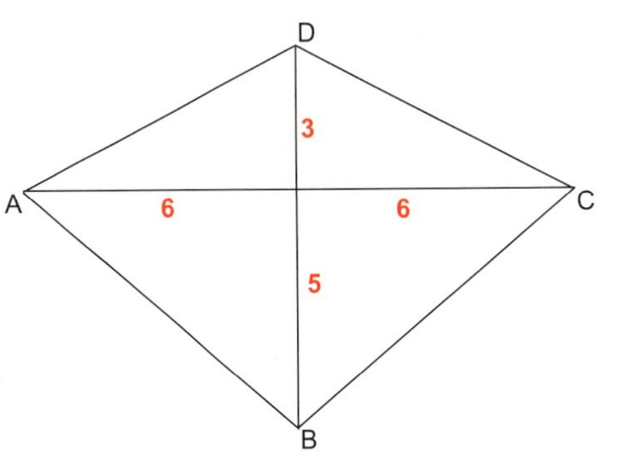

Die Mantelfläche M des Prismas ist gleich der Summe der vier Seitenflächen. Diese sind Rechtecke mit den Seiten [BC], [CD], [DA] und [AB] sowie der gemeinsamen zweiten Seite h. Die Seiten [BC], [CD], [DA] und [AB] sind Hypotenusen der vier Teildreiecke, in die das Drachenviereck durch die beiden Diagonalen zerlegt wird.

$\overline{BC}^2 = (5\,\text{cm})^2 + (6\,\text{cm})^2$

$\overline{BC} \approx 7{,}81\,\text{cm}$

$\overline{AB} = \overline{BC}$

$\overline{AB} \approx 7{,}81\,\text{cm}$

$\overline{CD}^2 = (6\,\text{cm})^2 + (3\,\text{cm})^2$

$\overline{CD} \approx 6{,}71\,\text{cm}$

$\overline{DA} = \overline{CD}$

$\overline{DA} \approx 6{,}71\,\text{cm}$

Mantelfläche:

$M = \overline{BC} \cdot h + \overline{CD} \cdot h + \overline{DA} \cdot h + \overline{AB} \cdot h$

$M = (7{,}81\,\text{cm} + 6{,}71\,\text{cm} + 6{,}71\,\text{cm} + 7{,}81) \cdot 10\,\text{cm}$

$M \approx 290\,\text{cm}^2$

Grundfläche:

$G = \frac{1}{2} \cdot e \cdot f$

$G = \frac{1}{2} \cdot 8\,\text{cm} \cdot 12\,\text{cm}$

$G = 48\,\text{cm}^2$

Oberfläche:

$O = 2 \cdot 48\,\text{cm}^2 + 290\,\text{cm}^2$

$O = 386\,\text{cm}^2$

Quader (rechteckige Grundfläche) und **Würfel** (quadratische Grund-, Deck- und Seitenflächen) sind Sonderformen eines geraden Prismas.

Merke

Sonderformen des geraden Prismas

Quader mit den Kantenlängen a, b und c

Volumen des Quaders: $V = a \cdot b \cdot c$

Oberfläche des Quaders: $O = 2 \cdot (a \cdot b + a \cdot c + b \cdot c)$

Würfel mit der Kantenlänge a

Volumen des Würfels: $V = a^3$

Oberfläche des Würfels: $O = 6 \cdot a^2$

Beispiele

1. Ein Quader hat das Volumen $V = 1\,920\ \text{cm}^3$ und die Oberfläche $O = 992\ \text{cm}^2$. Eine Rechtecksseite der Grundfläche hat die Länge $b = 8$ cm. Berechne die Länge a der zweiten Rechtecksseite sowie die Höhe h.

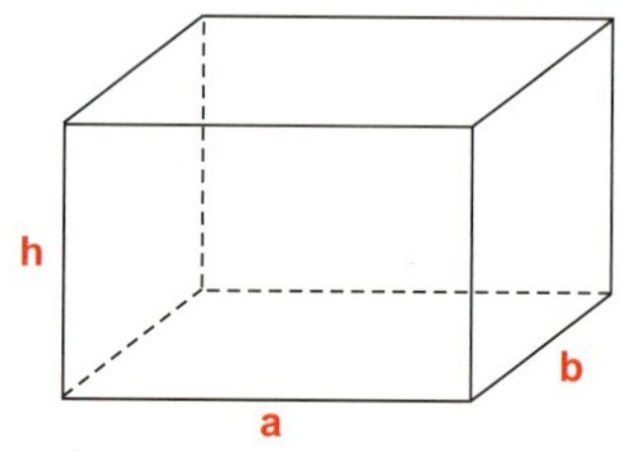

Lösung:

$$V = a \cdot b \cdot h$$
$$V = 8 \cdot a \cdot h\ \text{cm}$$
$$1920\ \text{cm}^3 = 8 \cdot a \cdot h\ \text{cm} \quad \textbf{(1)}$$

$$O = 2G + M$$
$$O = 2 \cdot a \cdot b + 2 \cdot a \cdot h + 2 \cdot b \cdot h$$
$$O = 2 \cdot a \cdot 8\ \text{cm} + 2 \cdot a \cdot h + 2 \cdot 8\ \text{cm} \cdot h$$
$$992\ \text{cm}^2 = 16\ a\ \text{cm} + 2a\ h + 16\ h\ \text{cm} \quad \textbf{(2)}$$

Aus **(1)** erhalten wir:

$$a \cdot h = \frac{1\,920\ \text{cm}^3}{8\ \text{cm}}$$
$$a \cdot h = 240\ \text{cm}^2$$

Diesen Wert setzen wir für $a \cdot h$ in **(2)** ein und erhalten:

$$992\ \text{cm}^2 = 16\ a\ \text{cm} + 480\ \text{cm}^2 + 16\ h\ \text{cm} \quad |-480\ \text{cm}^2$$
$$512\ \text{cm}^2 = 16\ a\ \text{cm} + 16\ h\ \text{cm} \quad |:16\ \text{cm}$$
$$32\ \text{cm} = a + h \quad \textbf{(3)}$$

Wir lösen **(3)** nach h auf: $h = 32\ \text{cm} - a$

Den für h erhaltenen Term setzen wir in **(1)** ein und erhalten:

$8 \cdot a \cdot (32\text{cm} - a) = 1\,920\ \text{cm}^3$

Oder als Maßzahlengleichung:

$$8a(32 - a) = 1920 \quad |:8$$
$$a(32 - a) = 240 \quad |\ \text{Klammer auflösen}$$
$$32a - a^2 = 240 \quad |-240 \quad |\cdot(-1)$$
$$a^2 - 32a + 240 = 0 \quad |\ \text{quadratische Gleichung mit den Koeffizienten } p = -32,\ q = 240$$

Lösung der quadratischen Gleichung:

$$a_{1/2} = 16 \pm \sqrt{256 - 240}$$
$$a_{1/2} = 16 \pm 4$$
$$a_1 = 20 \ \text{oder}\ a_2 = 12$$

Somit erhalten wir 2 mögliche Quader mit den Maßen:

Quader 1	Quader 2
$a_1 = 20\text{ cm}$	$a_2 = 12\text{ cm}$
$b = 8\text{ cm}$	$b = 8\text{ cm}$
$h_1 = 12\text{ cm}$	$h_2 = 20\text{ cm}$
$V_1 = 20\text{ cm} \cdot 8\text{ cm} \cdot 12\text{ cm}$	$V_2 = 12\text{ cm} \cdot 8\text{ cm} \cdot 20\text{ cm}$
$V_1 = 1920\text{ cm}^3$	$V_2 = 1920\text{ cm}^3$
$G_1 = 20\text{ cm} \cdot 8\text{ cm}$	$G_2 = 12\text{ cm} \cdot 8\text{ cm}$
$G_1 = 160\text{ cm}^2$	$G_2 = 96\text{ cm}^2$
$M_1 = 2 \cdot 20\text{ cm} \cdot 12\text{ cm} + 2 \cdot 8\text{ cm} \cdot 12\text{ cm}$	$M_2 = 2 \cdot 12\text{ cm} \cdot 20\text{ cm} + 2 \cdot 8\text{ cm} \cdot 20\text{ cm}$
$M_1 = 672\text{ cm}^2$	$M_2 = 800\text{ cm}^2$
$O_1 = 2 \cdot 160\text{ cm}^2 + 672\text{ cm}^2$	$O_2 = 2 \cdot 96\text{ cm}^2 + 800\text{ cm}^2$
$O_1 = 992\text{ cm}^2$	$O_2 = 992\text{ cm}^2$

2. Aus dem Quader 1 erhält man neue Quader, indem man die Seite a um x cm verkürzt und dafür die Höhe h um x cm verlängert.
   a) Welche Werte kommen für x in Frage?
   b) Stelle das Volumen der Quader in Abhängigkeit von x dar.
   c) Bestimme x so, dass das Volumen des zugehörigen Quaders maximal wird.
   d) Bestimme x so, dass die Oberfläche des zugehörigen Quaders am größten wird.

Lösung:

a) $0\text{ cm} < x < 20\text{ cm}$

b) $V(x) = 8 \cdot (20 - x) \cdot (12 + x)\text{ cm}^3$

$V(x) = 8 \cdot [240 + 20x - 12x - x^2]\text{ cm}^3$

$V(x) = -8[x^2 - 8x - 240]\text{ cm}^3$

$V(x) = -8\left[x^2 - 8x + \left(\frac{8}{2}\right)^2 - 240 - \left(\frac{8}{2}\right)^2\right]\text{cm}^3$ Quadratische Ergänzung

12 + x
8
20 – x

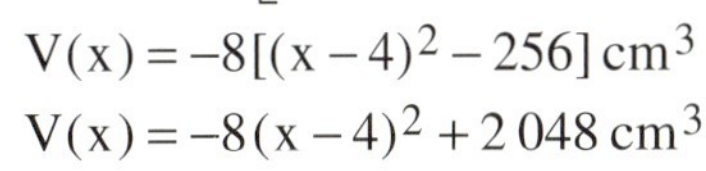

$V(x) = -8[(x-4)^2 - 256]\text{ cm}^3$

$V(x) = -8(x-4)^2 + 2\,048\text{ cm}^3$

c) Der Volumenterm V(x) hat als Graphen eine nach unten geöffnete Parabel mit dem Scheitel $(4\,|\,2\,048)$. Für $x = 4$ cm hat der zugehörige Quader das größte Volumen von $2\,048\text{ cm}^3$.
Dieser Quader hat die Maße: $a = 16$ cm, $b = 8$ cm, $h = 16$ cm

d) $O(x) = (2 \cdot 8 \cdot (20 - x) + 2 \cdot 8 \cdot (12 + x) + 2\,(20 - x) \cdot (12 + x))\text{ cm}^2$

$O(x) = (320 - 16x + 192 + 16x + 480 + 40x - 24x - 2x^2)\text{cm}^2$

$O(x) = (-2x^2 + 16x + 992)\text{ cm}^2$

Der Graph des Oberflächenterms O(x) ist wieder eine nach unten geöffnete Parabel. Um den Quader mit der größten Oberfläche zu finden, bringen wir O(x) durch quadratische Ergänzung auf die Scheitelform.

$O(x) = -2\left[x^2 - 8x + \left(\frac{8}{2}\right)^2 - 496 - \left(\frac{8}{2}\right)^2\right]\text{cm}^2$

$O(x) = -2\,[(x-4)^2 - 512]\text{ cm}^2$

$O(x) = -2\,(x-4)^2 + 1024\text{ cm}^2$

Scheitel $S(4\,|\,1\,024)$

Für $x = 4$ cm hat der zugehörige Quader die größte Oberfläche $O = 1\,024\text{ cm}^2$.
Der Quader mit größtem Volumen hat somit auch die größte Oberfläche.

Aufgaben

162

Ein gerades Prisma mit rechteckiger Grundfläche ist 4 cm lang und 5 cm hoch. Seine Oberfläche beträgt 184 cm^2.
Berechne die Breite und das Volumen des Quaders.

163

Das nebenstehende Bild stellt das Netz eines Prismas dar, wobei die eingefärbte Fläche die Grundfläche ist.
Berechne Volumen und Oberfläche des Prismas.

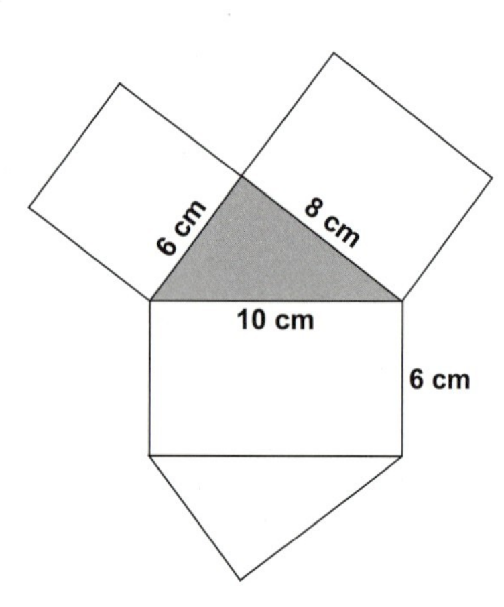

164

Ein gerades Prisma mit der Höhe $h = 10$ cm hat ein regelmäßiges Sechseck mit der Seitenlänge $s = 5$ cm als Grundfläche.
Berechne Volumen, Mantelfläche und Oberfläche des Prismas.

165

Ein gerades Prisma mit der Höhe $h = 6$ cm hat ein gleichschenkliges Trapez mit den parallelen Seiten $a = 8$ cm und $c = 4{,}5$ cm sowie der Höhe $h_T = 4{,}5$ cm als Grundfläche.
Berechne Grundfläche, Mantelfläche, Oberfläche und Volumen.

166

Ein Quader hat eine Höhe von 16 cm und Seitenflächen mit den Flächeninhalten 256 cm^2 und 128 cm^2.

a) Berechne Volumen und Oberfläche des Quaders.

b) Von diesem Quader wird ein gerades dreiseitiges Prisma abgeschnitten (siehe Zeichnung). M ist Mittelpunkt von [AB].
Berechne Volumen und Oberfläche des Prismas.

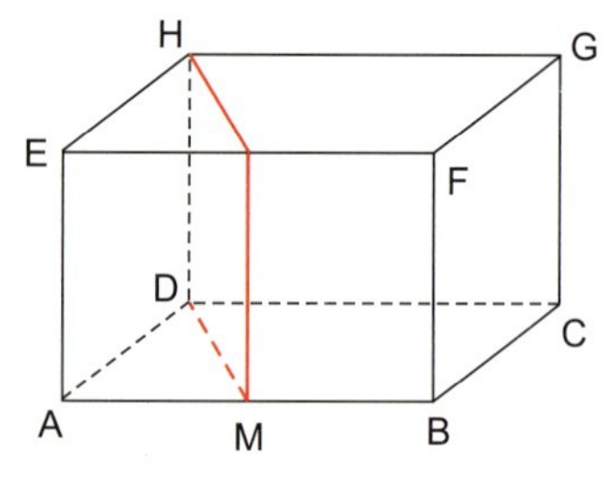

Interaktive Aufgaben

1. Prisma rechteckige Grundfläche
2. Prisma dreieckige Grundfläche
3. Netz

9.3 Kreiszylinder

Merke

Kreiszylinder

Die Grundfläche des Kreiszylinders ist ein Kreis mit Radius r und dem Flächeninhalt $A = r^2 \cdot \pi$.
Der Mantel des Zylinders ist ein Rechteck mit den Seiten Zylinderhöhe h und Kreisumfang $u = 2 \cdot r \cdot \pi$.
Die Zylinderoberfläche besteht aus den zwei Kreis flächen und dem Mantel.

Volumen:	$V = G \cdot h$	$V = r^2 \cdot \pi \cdot h$
Mantelfläche:	$M = u \cdot h$	$M = 2 \cdot r \cdot \pi \cdot h$
Oberfläche:	$O = 2 \cdot G + M$	$O = 2 \cdot r \cdot \pi \cdot (r + h)$

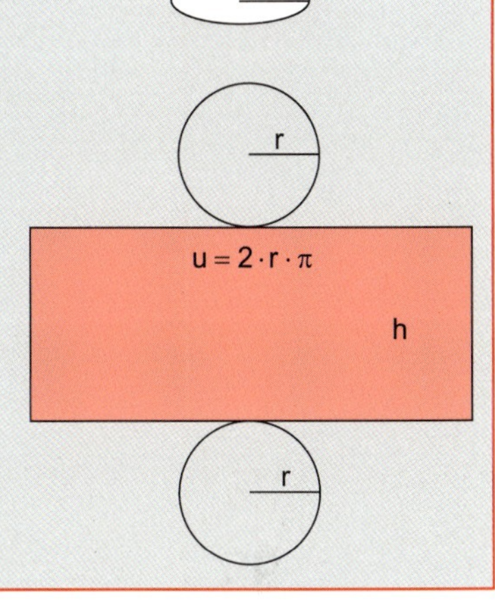

Beispiele

1. Ein Rechteck mit den Seiten a = 8 cm und b = 6 cm rotiert um eine Achse, die
   a) die Rechtecksseite a,
   b) die Rechtecksseite b

   enthält.
   Berechne für beide Fälle Volumen, Mantelfläche und Oberfläche des jeweils erzeugten Kreiszylinders.

   Lösung:

   a) Der Radius des Zylinders ist b, seine Höhe a.

   Volumen:
   $V = b^2 \cdot \pi \cdot a$
   $V = (6\text{ cm})^2 \cdot \pi \cdot 8\text{ cm}$
   $V = 288\pi\text{ cm}^3$
   $V \approx 904{,}78\text{ cm}^3$

   Mantelfläche:
   $M = 2 \cdot b \cdot \pi \cdot a$
   $M = 2 \cdot 6\text{ cm} \cdot \pi \cdot 8\text{ cm}$
   $M = 96\pi\text{ cm}^2$
   $M \approx 301{,}59\text{ cm}^2$

   Oberfläche:
   $O = 2 \cdot b \cdot \pi \cdot (b + a)$
   $O = 2 \cdot 6\text{ cm} \cdot \pi \cdot (6\text{ cm} + 8\text{ cm})$
   $O = 168\,\pi\text{ cm}^2$
   $O \approx 527{,}79\text{ cm}^2$

   b) Der Radius des Zylinders ist a, seine Höhe b.

   Volumen:
   $V = a^2 \cdot \pi \cdot b$
   $V = (8\text{ cm})^2 \cdot \pi \cdot 6\text{ cm}$
   $V = 384\pi\text{ cm}^3$
   $V \approx 1206{,}37\text{ cm}^3$

   Mantelfläche:
   $M = 2 \cdot a \cdot \pi \cdot b$
   $M = 2 \cdot 8\text{ cm} \cdot \pi \cdot 6\text{ cm}$
   $M = 96\pi\text{ cm}^2$
   $M \approx 301{,}59\text{ cm}^2$

Oberfläche:

$O = 2 \cdot a \cdot \pi \cdot (a + b)$

$O = 2 \cdot 8\,\text{cm} \cdot \pi \cdot (8\,\text{cm} + 6\,\text{cm})$

$O = 224\,\pi\,\text{cm}^2$

$O \approx 703{,}72\,\text{cm}^2$

2. Der Grundkreisradius eines Messzylinders beträgt 1,5 cm. In welcher Höhe müssen die Markierungen für 20 cm³, 60 cm³, 80 cm³ und 100 cm³ angebracht werden?

Lösung:

$V = r^2 \cdot \pi \cdot h$ Äquivalenzumformung (nach der gesuchten Größe h auflösen)

$h = \dfrac{V}{r^2 \cdot \pi}$

$h = \dfrac{V}{(1{,}5\,\text{cm})^2 \cdot \pi}$ $r = 1{,}5$ cm einsetzen

$h \approx \dfrac{V}{7{,}07\,\text{cm}^2}$ h in Abhängigkeit von V tabellarisieren

V in cm³	20	40	60	80	100
h in cm	2,83	5,66	8,49	11,32	14,14

Hinweis: Die Werte sind gegebenenfalls gerundet.

3. Zylinderförmige Getränkedosen haben einen Innendurchmesser von 8 cm und eine Höhe von 10 cm.

a) Weise rechnerisch nach, dass ein halber Liter (500 cm³) Flüssigkeit in die Dosen gefüllt werden kann.

b) Welcher Prozentteil des Dosenvolumens wird dabei nicht genutzt?

c) Der Dosenmantel wird mit einer 8 cm breiten Banderole beklebt, wobei für den Kleberand 1 cm zusätzlich berücksichtigt werden muss.
Wie viel Papier wird für 10 000 Dosen benötigt?

d) Der Durchmesser der Dosen wird um 1 cm erhöht und dafür die Höhe um 1 cm verringert. Rechne damit die Teilaufgaben a und b durch.

Lösung:

a) Volumen:

$V = (4\,\text{cm})^2 \cdot \pi \cdot 10\,\text{cm}$

$V = 502{,}65\,\text{cm}^3$

$V > 500\,\text{cm}^3$

Da das Dosenvolumen 502,65 cm³ beträgt, können 500 cm³ (ein halber Liter) eingefüllt werden.

b) $\Delta V = 2{,}65\,\text{cm}^3$

$V = 502{,}65\,\text{cm}^3$ entsprechen 100 %

$\Delta V = 2{,}65\,\text{cm}^3$ entsprechen x

$x = \dfrac{2{,}65\,\text{cm}^3}{502{,}65\,\text{cm}^3} \cdot 100\,\%$

$x \approx 0{,}53\,\%$

0,53 % des Doseninhalts wird nicht genutzt.

c) Die Banderole für eine Dose hat die Form eines Rechtecks mit den Seiten (u + 1 cm) und 8 cm.

$A = (2 \cdot 4\ \text{cm} \cdot \pi + 1\ \text{cm}) \cdot 8\ \text{cm}$

$A \approx 209{,}06\ \text{cm}^2$

Papierfläche A* für 10 000 Dosen:

$A^* = 209{,}06\ \text{cm}^2 \cdot 10\,000$

$A^* = 2\,090\,600\ \text{cm}^2$

$A^* = 209{,}06\ \text{m}^2$

d) $r = 4{,}5\ \text{cm}$ und $h = 9\ \text{cm}$

$V = (4{,}5\ \text{cm})^2 \cdot \pi \cdot 9\ \text{cm}$

$V = 572{,}56\ \text{cm}^3$

$\Delta V = 72{,}56\ \text{cm}^3$

$V = 572{,}56\ \text{cm}^3$ entsprechen 100 %

$\Delta V = 72{,}56\ \text{cm}^3$ entsprechen x

$$x = \frac{72{,}56\ \text{cm}^3}{572{,}56\ \text{cm}^3} \cdot 100\ \%$$

$x \approx 12{,}67\ \%$

Aufgaben

167

Das Rechteck mit den Seiten $a = 8$ cm und $b = 5$ cm rotiert um die angegebene Achse z. Berechne Volumen, Mantelfläche und Oberfläche des Zylinders.

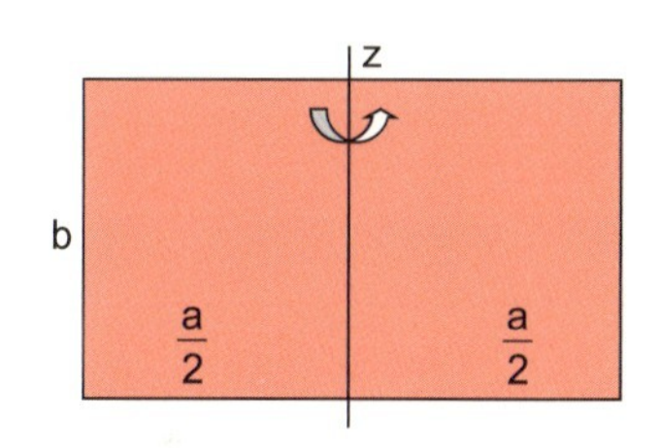

168

Ein DIN A4-Blatt (Maße: 29,7 cm und 21 cm) ist die Abwicklung der Mantelfläche eines Kreiszylinders. Es gibt zwei mögliche Zylinder.
Welcher der beiden Zylinder hat das größere Volumen?

169

Einem Würfel mit der Kantenlänge $a = 10$ cm wird ein Kreiszylinder einbeschrieben. Bestimme das Volumen und die Mantelfläche des Zylinders.

170

Zylindrische Getränkedosen sollen einen Innendurchmesser von 7,4 cm haben. Welche Höhe müssen die Zylinder haben, wenn in die Dosen 0,75 Liter Flüssigkeit eingefüllt werden und dabei das Dosenvolumen um 5,0 % größer sein soll als das Flüssigkeitsvolumen?

171

Der Zylinder eines Dieselmotors hat eine Bohrung (Innendurchmesser) von 88,0 mm und einen Hub (Abstand zwischen höchster und tiefster Kolbenstellung) von 88,4 mm. Der Motor hat einen Gesamthubraum (alle Zylinder zusammen) von 2687 cm^3.
Wie viele Zylinder hat der Motor?

172 Ein Rohrstück aus Stahl hat einen Innendurchmesser von 60,0 cm und einen Außendurchmesser von 62,4 cm. Die Länge des Rohrs beträgt 8,50 m.
Welche Masse hat das Rohrstück? (Dichte von Stahl: $7{,}8\,\frac{\text{g}}{\text{cm}^3}$)

173 Ein Kreiszylinder hat einen Durchmesser von 18 cm und eine Höhe von 36 cm. Man erhält neue Zylinder, wenn man den Durchmesser um 2x cm vergrößert und dafür die Höhe um 2x cm verringert.

a) Stelle die Mantelfläche der Zylinder in Abhängigkeit von der Variablen x dar.
b) Stelle die Mantelfläche in Abhängigkeit von x grafisch dar.
c) Für welchen Wert von x wird die Mantelfläche am größten? Gib den Wert von x sowie die maximale Mantelfläche an.

Interaktive Aufgaben

1. Kakaodose
2. Einbeschriebener Zylinder
3. Farbeimer

9.4 Pyramide

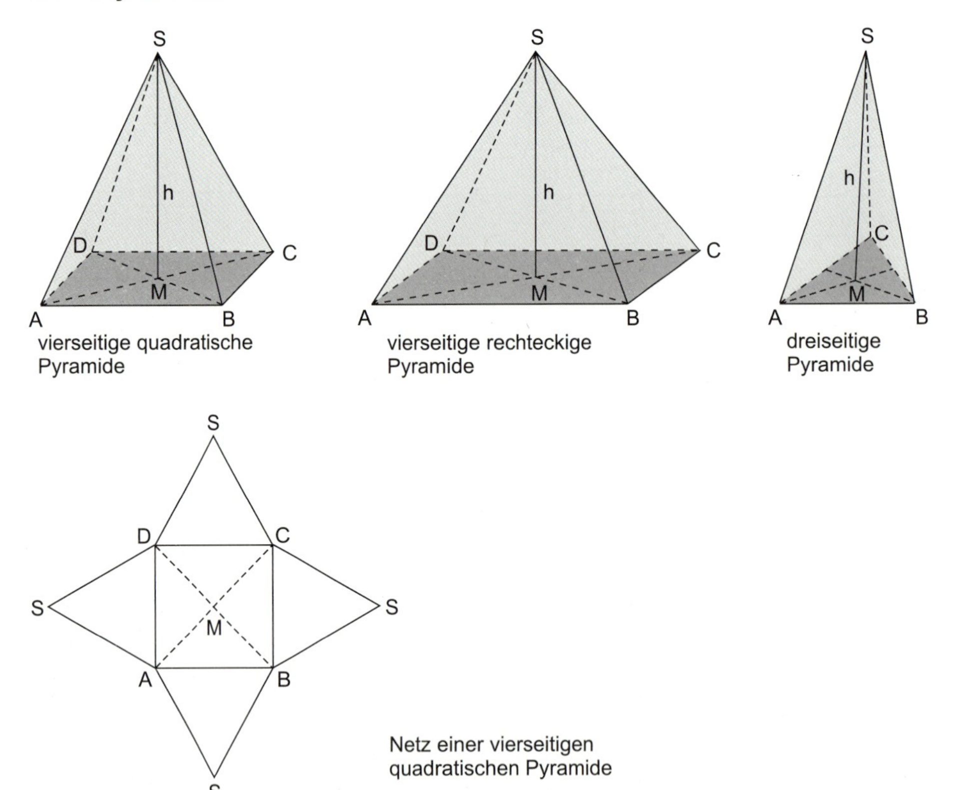

Pyramiden werden im Allgemeinen nach der Anzahl ihrer Seitenflächen, die den Mantel bilden, benannt. Die Oberfläche einer Pyramide wird wieder von der Summe der begrenzenden Teilflächen, Grundfläche und Mantelflächen gebildet. Die Seitenflächen sind Dreiecke.

Merke

Pyramide

Oberfläche: $O = G + M$

Volumen: $V = \frac{1}{3} \cdot G \cdot h$

Pyramiden mit gleich großer Grundfläche G und gleicher Höhe h haben das gleiche Volumen V.

Beispiele

1. Die Abbildung zeigt das Netz einer rechteckigen Pyramide ABCDS. (Maßstab 1 : 4)

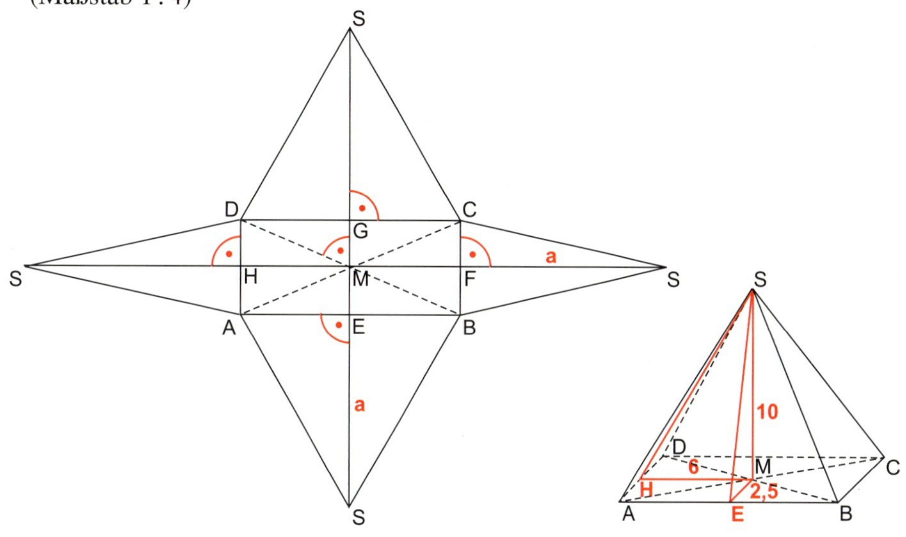

$[AB] = 12\,cm$
$[BC] = 5\,cm$
$[MS] = 10\,cm$

Berechne Volumen, Mantelfläche und Oberfläche dieser Pyramide.

Lösung:

- Volumen:

$V = \frac{1}{3} \cdot G \cdot h$

$V = \frac{1}{3} \cdot \overline{AB} \cdot \overline{BC} \cdot \overline{MS}$

$V = \frac{1}{3} \cdot 12\,cm \cdot 5\,cm \cdot 10\,cm$

$V = 200\,cm^3$

- Das Netz und die Schrägbildskizze der Pyramide zeigen, dass der Mantel aus vier Dreiecken besteht, von denen jeweils zwei kongruent sind.
  Für die Berechnung der Flächeninhalte dieser Dreiecke benötigen wir die Höhen $\overline{HS}$ und $\overline{ES}$.
  Satz des Pythagoras im rechtwinkligen Dreieck HMS:

  $\overline{HS}^2 = \overline{MS}^2 + \overline{MH}^2$

  $\overline{HS}^2 = 100\,cm^2 + 36\,cm^2$

  $\overline{HS} = \sqrt{136}\,cm$

  $\overline{HS} \approx 11{,}7\,cm$

Satz des Pythagoras im rechtwinkligen Dreieck EMS:

$$\overline{ES}^2 = \overline{MS}^2 + \overline{ME}^2$$

$$\overline{ES}^2 = 100\text{ cm}^2 + 6{,}25\text{ cm}^2$$

$$\overline{ES} = \sqrt{106{,}25}\text{ cm}$$

$$\overline{ES} \approx 10{,}3\text{ cm}$$

- Mantelfläche:

$$M = 2 \cdot A_{\Delta ADS} + 2 \cdot A_{\Delta ABS}$$

$$M = 2 \cdot \frac{1}{2} \cdot \overline{AD} \cdot \overline{HS} + 2 \cdot \frac{1}{2} \cdot \overline{AB} \cdot \overline{ES}$$

$$M = 5\text{ cm} \cdot 11{,}7\text{ cm} + 12\text{ cm} \cdot 10{,}3\text{ cm}$$

$$M = 182{,}1\text{ cm}^2$$

- Oberfläche:

$$O = G + M$$

$$O = \overline{AB} \cdot \overline{BC} + M$$

$$O = 12\text{ cm} \cdot 5\text{ cm} + 182{,}1\text{ cm}^2$$

$$O = 242{,}1\text{ cm}^2$$

2. Manche Getränkebehälter haben die Form eines **Tetraeders**.
   Dies ist eine Pyramide mit einer dreieckigen Grundfläche und lauter gleich langen Kanten.

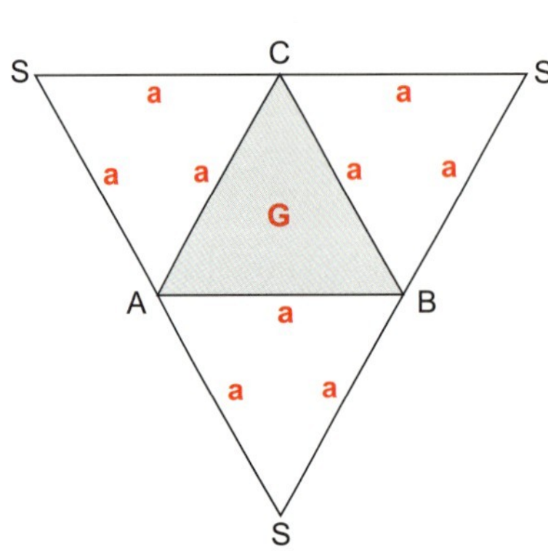

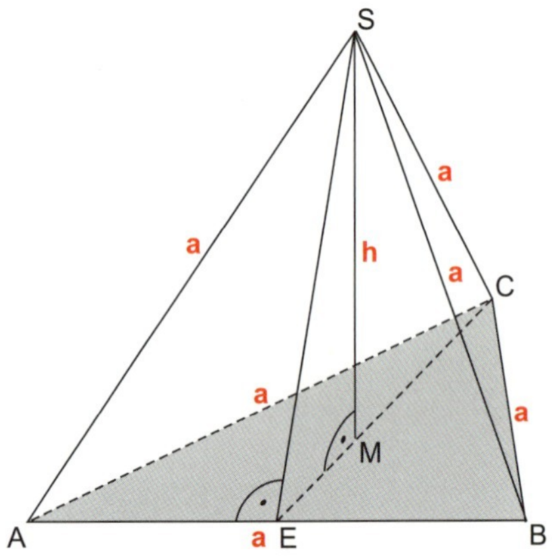

Der Tetraeder hat ein Volumen von 1 Liter bzw. von 1 000 cm^3.
Berechne die Kantenlänge a sowie die Oberfläche O.

Lösung:

- Kantenlänge a:

$$V = \frac{1}{3} \cdot G \cdot h$$

(Die Grundfläche ist ein gleichseitiges Dreieck mit der Seitenlänge a, also $A = \frac{a^2}{4}\sqrt{3}$.)

$$V = \frac{1}{3} \cdot \frac{a^2}{4}\sqrt{3} \cdot h$$

Wir müssen noch die Höhe des Tetraeders in Abhängigkeit von der Kantenlänge a darstellen:
Im rechtwinkligen Dreieck EMS ist $\overline{MS}$ die Tetraederhöhe.
$\overline{ES}$ ist die Länge der Höhe im gleichseitigen Dreieck ABS:

$$\overline{ES} = \frac{a}{2}\sqrt{3}$$

Satz des Pythagoras im Dreieck EMS:

$$\overline{ES}^2 = \overline{MS}^2 + \overline{EM}^2$$
$$\overline{MS}^2 = \overline{ES}^2 - \overline{EM}^2$$
$$\overline{MS}^2 = \left(\frac{a}{2}\sqrt{3}\right)^2 - \left(\frac{a}{6}\sqrt{3}\right)^2$$
$$\overline{MS}^2 = \frac{3a^2}{4} - \frac{3a^2}{36}$$
$$\overline{MS}^2 = \frac{2}{3}a^2$$
$$\overline{MS} = \frac{\sqrt{2}}{\sqrt{3}}a$$
$$\overline{MS} = \frac{\sqrt{2}\cdot\sqrt{3}}{\sqrt{3}\cdot\sqrt{3}}\cdot a$$
$$\overline{MS} = \frac{\sqrt{6}}{3}a$$

Der Höhenfußpunkt M ist auch Schwerpunkt des Dreiecks ABC. M teilt deshalb die Strecke [EC] im Verhältnis 1:2.
$\overline{EM} = \frac{1}{3}\overline{EC}$ oder $\overline{EM} = \frac{1}{3}\overline{ES}$

Volumen des Tetraeders:

$$V = \frac{1}{3}\cdot\frac{a^2}{4}\sqrt{3}\cdot\frac{\sqrt{6}}{3}\cdot a$$
$$V = \frac{\sqrt{3}\cdot\sqrt{6}}{3\cdot 4\cdot 3}\cdot a^3$$
$$V = \frac{\sqrt{18}}{36}\cdot a^3$$
$$V = \frac{\sqrt{9}\cdot\sqrt{2}}{3\cdot 12}\cdot a^3$$
$$V = \frac{\sqrt{2}}{12}\cdot a^3$$
$$V = 1\,000\text{ cm}^3$$

Kantenlänge a:

$$\frac{\sqrt{2}}{12}\cdot a^3 = 1\,000\text{ cm}^3$$
$$a^3 = 1\,000\cdot\frac{12}{\sqrt{2}}\text{cm}^3$$
$$a^3 \approx 8\,485\text{ cm}^3$$
$$a = \sqrt[3]{8\,485\text{ cm}^3}$$
$$a \approx 20{,}4\text{ cm}$$

- Oberfläche:

$$O = 4\cdot A_{\Delta}$$
$$O = 4\cdot\frac{a^2}{4}\sqrt{3}$$
$$O = (20{,}4\text{ cm})^2\cdot\sqrt{3}$$
$$O \approx 721\text{ cm}^2$$

3. Zeichne einen Würfel mit der Kantenlänge a (= 12 cm) und verbinde die Mittelpunkte (Diagonalenschnittpunkte) der sechs Seitenflächen. Der so erhaltene Körper heißt **Oktaeder**. Berechne die Länge s der Seitenkanten, das Volumen V sowie die Oberfläche O dieses Oktaeders.

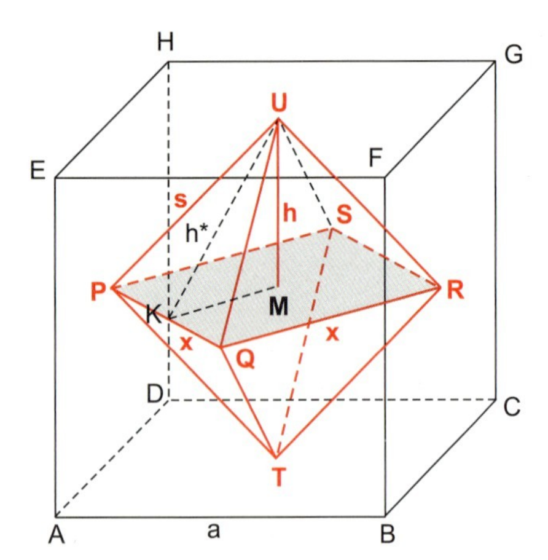

Lösung:
Das Oktaeder PQRSTU ist eine quadratische Doppelpyramide mit dem Quadrat PQRS als Grundfläche und acht kongruenten Dreiecken als Seitenflächen.

- Länge x der Seite des Grundflächenquadrats:

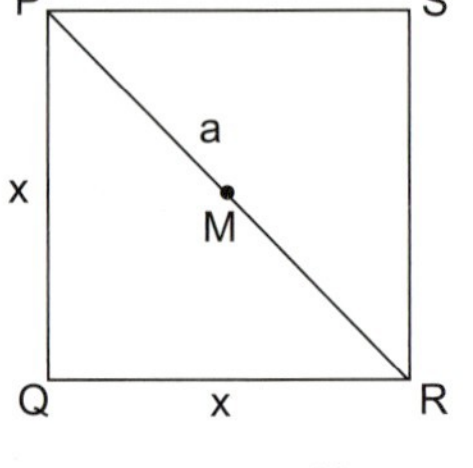

$$x^2 + x^2 = a^2 \quad \text{(Satz des Pythagoras im Dreieck PQR)}$$
$$2x^2 = 144 \text{ cm}^2$$
$$x^2 = 72 \text{ cm}^2$$
$$x = 8{,}49 \text{ cm}$$

- Länge s der Oktaederkanten:

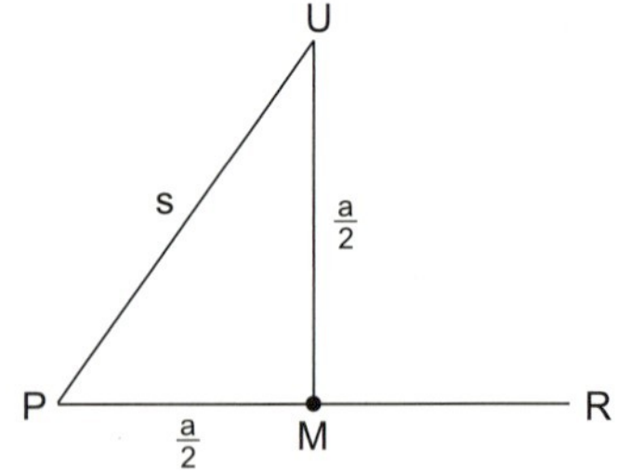

$$s^2 = \left(\frac{a}{2}\right)^2 + \left(\frac{a}{2}\right)^2 \quad \text{(Satz des Pythagoras im Dreieck PMU)}$$
$$s^2 = \frac{a^2}{4} + \frac{a^2}{4}$$
$$s^2 = \frac{a^2}{2}$$
$$s = \frac{a}{\sqrt{2}}$$
$$s = \frac{a\sqrt{2}}{\sqrt{2} \cdot \sqrt{2}}$$
$$s = \frac{a}{2}\sqrt{2}$$
$$s = 6\sqrt{2} \text{ cm}$$
$$s \approx 8{,}49 \text{ cm}$$

Da s = x ist, besitzt das Oktaeder zwölf gleich lange Kanten, d. h. die acht Seitendreiecke sind gleichseitig.

- Volumen:

$$V = 2 \cdot \frac{1}{3} \cdot G \cdot h$$
$$V = 2 \cdot \frac{1}{3} \cdot x^2 \cdot h$$
$$V = 2 \cdot \frac{1}{3} \cdot 72 \text{ cm}^2 \cdot 6 \text{ cm} \quad \Big| \; h = \frac{a}{2} = 6 \text{ cm}$$
$$V = 288 \text{ cm}^3$$

- Oberfläche:

Da es sich um eine Doppelpyramide handelt, gehört die Grundfläche nicht zur Oberfläche, weil diese keine begrenzende Fläche darstellt.

$$O = 8 \cdot A_{\Delta PQU}$$
$$O = 8 \cdot \frac{1}{2} \cdot x \cdot h^*$$

Die Höhe h* der Seitendreiecke erhalten wir aus dem Dreieck KMU:

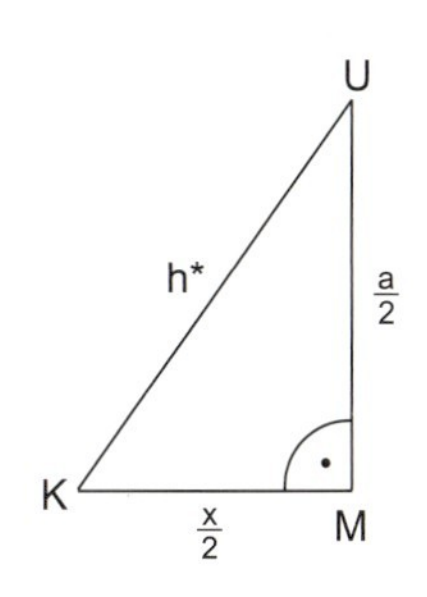

$h^{*2} = \left(\frac{a}{2}\right)^2 + \left(\frac{a}{4}\sqrt{2}\right)^2$ Satz des Pythagoras

$h^{*2} = \frac{a^2}{4} + \frac{a^2}{8}$

$h^{*2} = \frac{3}{8}a^2$

$h^{*2} = \frac{3}{8} \cdot 144\ \text{cm}^2$

$h^{*2} = 54\ \text{cm}^2$

$h^* \approx 7{,}35\ \text{cm}$

$O = 8 \cdot \frac{1}{2} \cdot 8{,}49\ \text{cm} \cdot 7{,}35\ \text{cm}$

$O \approx 249{,}61\ \text{cm}^2$

Aufgaben

174

Bestimme Volumen und Oberfläche einer Pyramide mit der Höhe $h = 18$ cm, deren Grundfläche
a) ein Quadrat mit der Seitenlänge $a = 12$ cm,
b) ein Rechteck mit den Seitenlängen $a = 10$ cm und $b = 8$ cm ist,
wobei die Pyramidenspitze S jeweils senkrecht über dem Diagonalenschnittpunkt der Grundfläche liegt.

175

Das Quadrat ABCD ist Grundfläche einer Pyramide mit der Höhe $h = 15$ cm. Die Länge der Quadratseite beträgt $a = 9$ cm. Die Pyramidenspitze liegt senkrecht über dem Diagonalenschnittpunkt des Quadrats ABCD.
a) Zeichne ein Schrägbild der Pyramide ABCDS.
[AB] auf der Schrägbildachse; $\varphi = 45°$; $q = \frac{1}{2}$.
b) Bestimme die Länge s der Seitenkanten.
c) Berechne Volumen und Mantelfläche der Pyramide.

176

a) Die Cheops-Pyramide ist die größte Pyramide in Gizeh (Ägypten). Als sie erbaut wurde, hatte die Pyramide eine quadratische Grundfläche mit einer Grundkante von 230 m und eine Höhe von 150 m. Berechne das Volumen.
b) Heute, also 4 700 Jahre später, misst die Grundkante der Cheops-Pyramide noch 226 m und ihre Höhe beträgt 137 m. Berechne das heutige Volumen.
Wie viel m^3 Gestein sind im Laufe der Jahrtausende verwittert bzw. abgetragen worden?
c) Berechne den heutigen Flächeninhalt der Mantelfläche.
Zeichne zuerst eine Schrägbildskizze.

177 Der quadratischen Pyramide ABCDS mit a = 9 cm und h = 15 cm wird eine Pyramide A'B'C'D'S' so einbeschrieben, dass die Grundflächen ABCD und A'B'C'D' beider Pyramiden parallel zueinander sind und die Spitze S' der einbeschriebenen Pyramide im Mittelpunkt M der Grundfläche ABCD liegt.
Berechne Volumen und Oberfläche der Pyramide A'B'C'D'S', wenn diese eine Höhe h' = 6 cm hat.

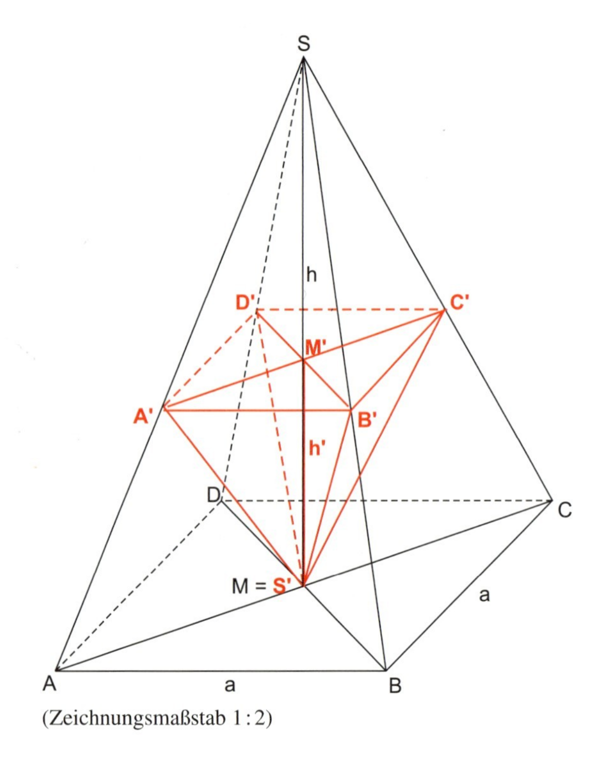

(Zeichnungsmaßstab 1 : 2)

1. Tetraeder
2. Volumen quadratische Pyramide
3. Volumen rechteckige Pyramide
4. Höhe quadratische Pyramide
5. Volumen quadratische Pyramide

9.5 Kegel

Gerader Kreiskegel:
Die Grundfläche ist ein Kreis mit Radius r.
Die Spitze S liegt senkrecht über dem Mittelpunkt M des Grundflächenkreises.
Schneidet man den Kegel längs einer Mantellinie s auf, so kann man den Mantel in der Zeichenebene abwickeln.
Die Abwicklung des Kegelmantels ist ein Kreissektor mit der Mantellinie s als Radius und der Bogenlänge b, die gleich dem Umfang $u = 2r\pi$ des Grundkreises ist.

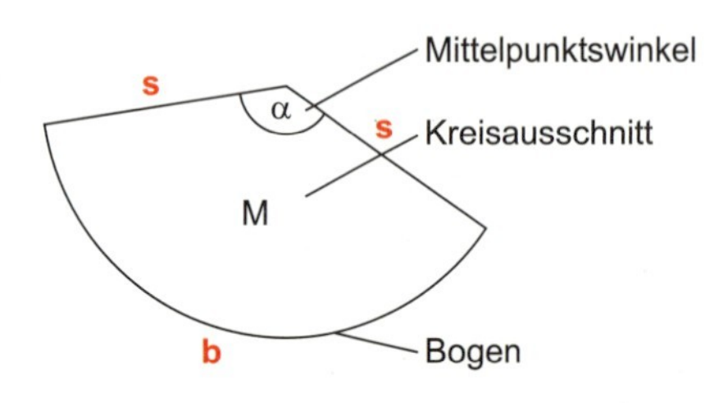

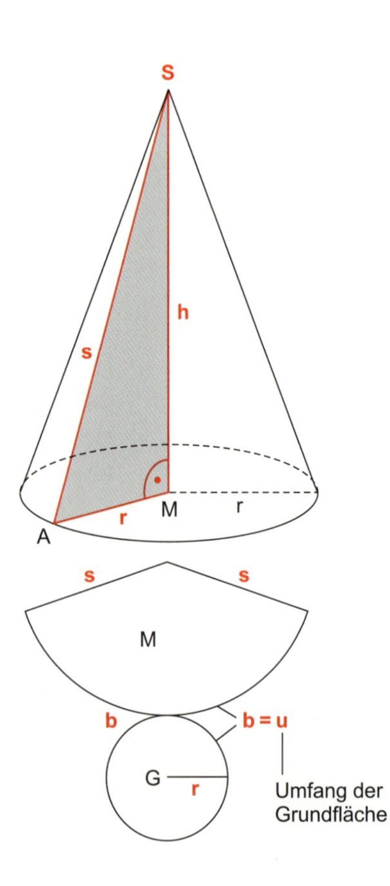

Merke

Kegel

Volumen:
$$V = \frac{1}{3} \cdot G \cdot h$$
$$V = \frac{1}{3} \cdot \pi \cdot r^2 \cdot h$$

Mantelfläche:
$$M = \frac{1}{2} \cdot b \cdot s$$
$$M = r \cdot \pi \cdot s$$
$$M = \frac{\alpha}{360^\circ} \cdot \pi \cdot s^2$$

Oberfläche:
$$O = G + M$$
$$O = r^2 \cdot \pi + r \cdot \pi \cdot s$$

Beispiele

1. Ein gerader Kreiskegel mit der Höhe $h = 15$ cm hat einen Grundkreisradius $r = 6$ cm.
   - Länge einer Mantellinie:

     $s^2 = h^2 + r^2$ — Satz des Pythagoras im rechtwinkligen Dreieck AMS
     $$s^2 = (15\text{ cm})^2 + (6\text{ cm})^2$$
     $$s^2 = 261\text{ cm}^2$$
     $$s \approx 16{,}16\text{ cm}$$
   - Maß des Mittelpunktswinkels:
     $$\frac{\alpha}{360^\circ} \cdot \pi \cdot s^2 = r \cdot \pi \cdot s \quad |:\pi s^2 \quad |\cdot 360^\circ$$
     $$\alpha = \frac{r}{s} \cdot 360^\circ$$
     $$\alpha = \frac{6\text{ cm}}{16{,}16\text{ cm}} \cdot 360^\circ$$
     $$\alpha \approx 133{,}7^\circ$$
   - Volumen:
     $$V = \frac{1}{3} r^2 \pi h = \frac{1}{3} (6\text{ cm})^2 \cdot \pi \cdot 15\text{ cm} \approx 565{,}5\text{ cm}^3$$
   - Mantelfläche:
     $$M = r \cdot \pi \cdot s = 6\text{ cm} \cdot \pi \cdot 16{,}16\text{ cm} = 304{,}6\text{ cm}^2$$
   - Oberfläche:
     $$O = G + M = (6\text{ cm})^2\,\pi + M \approx 113{,}1\text{ cm}^2 + 304{,}6\text{ cm}^2 = 417{,}7\text{ cm}^2$$

2. Ein Kreissektor mit dem Mittelpunktswinkel $\alpha = 120^\circ$ und dem Radius $s = 18$ cm ist die Mantelfläche eines geraden Kreiskegels.
   - Länge des Grundkreisradius:
     $$\frac{\alpha}{360^\circ} \cdot \pi \cdot s^2 = r \cdot \pi \cdot s \quad |:\pi \cdot s$$
     $$\frac{\alpha}{360^\circ} \cdot s = r \quad \left|\cdot \frac{360^\circ}{\alpha}\right.$$
     $$r = \frac{120^\circ}{360^\circ} \cdot 18\text{ cm}$$
     $$r = 6\text{ cm}$$
   - Höhe des Kegels:

     $s^2 = h^2 + r^2$ — Satz des Pythagoras im rechtwinkligen Dreieck AMS
     $$h^2 = s^2 - r^2$$
     $$h^2 = (18\text{ cm})^2 + (6\text{ cm})^2$$
     $$h^2 = 288\text{ cm}^2$$
     $$h \approx 16{,}97\text{ cm}$$

- Volumen:
  $V=\frac{1}{3}\cdot r^2\pi\cdot h=\frac{1}{3}\cdot(6\text{ cm})^2\cdot\pi\cdot 16{,}97\text{ cm}\approx 639{,}75\text{ cm}^2$
- Mantelfläche:
  $M=r\cdot\pi\cdot s$
  $M=6\text{ cm}\cdot\pi\cdot 18\text{ cm}$
  $M\approx 339{,}29\text{ cm}^2$

  oder:
  $M=\frac{\alpha}{360°}\cdot\pi\cdot s^2$
  $M=\frac{120°}{360°}\cdot\pi\cdot(18\text{ cm})^2$
  $M\approx 339{,}29\text{ cm}^2$
- Oberfläche:
  $O=G+M$
  $O=(6\text{ cm})^2\cdot\pi+M$
  $O\approx 113{,}10\text{ cm}^2+339{,}29\text{ cm}^2$
  $O=452{,}39\text{ cm}^2$

3. Der gemeinsame Grundkreis eines Doppelkegels hat einen Durchmesser von 8 cm. Der Doppelkegel hat eine Gesamthöhe von 12 cm. Die Mantellinie des kleineren Kegels s_1 ist 5 cm lang. Berechne Volumen und Oberfläche des Doppelkegels.

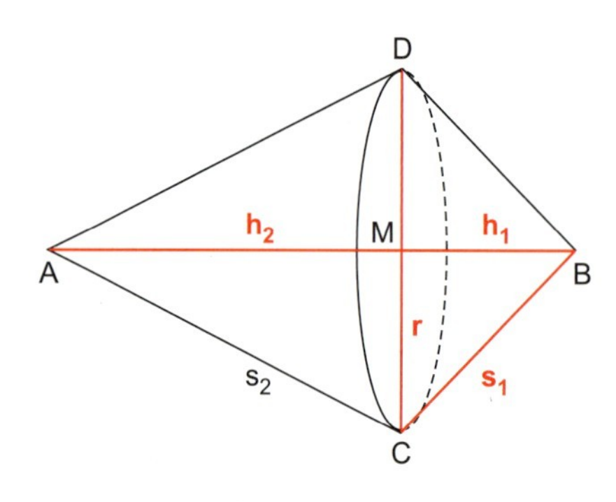

Lösung:

- Höhen h_1 und h_2 der beiden Kegel:
  $s_1^2=r^2+h_1^2$
  $h_1^2=s_1^2-r^2$
  $h_1^2=(5\text{ cm})^2-(4\text{ cm})^2$
  $h_1^2=25\text{ cm}^2-16\text{ cm}^2$
  $h_1^2=9\text{ cm}^2$
  $h_1=3\text{ cm}$
  $h_2=h-h_1$
  $h_2=12\text{ cm}-3\text{ cm}$
  $h_2=9\text{ cm}$

  Satz des Pythagoras im rechtwinkligen Dreieck MCB
- Volumen:
  $V=\frac{1}{3}\cdot G\cdot h_1+\frac{1}{3}\cdot G\cdot h_2$
  $V=\frac{1}{3}\cdot G(h_1+h_2)$
  $V=\frac{1}{3}\cdot G\cdot h$
  $V=\frac{1}{3}\cdot r^2\cdot\pi\cdot h$
  $V=\frac{1}{3}\cdot(4\text{ cm})^2\cdot\pi\cdot 12\text{ cm}$
  $V\approx 201{,}06\text{ cm}^3$

- Mantellinie s_2 des großen Kegels:
  $s_2^2 = h_2^2 + r^2$
  $s_2^2 = (9\text{ cm})^2 + (4\text{ cm})^2$
  $s_2^2 = 97\text{ cm}^2$
  $s_2 \approx 9{,}85\text{ cm}$
- Oberfläche:
  $O = M_1 + M_2$
  $O = r \cdot \pi \cdot s_1 + r \cdot \pi \cdot s_2$
  $O = r\pi \cdot (s_1 + s_2)$
  $O = 4\text{ cm} \cdot \pi \cdot 14{,}85\text{ cm}$
  $O \approx 186{,}6\text{ cm}^2$

Aufgaben

178 Berechne Volumen, Oberfläche und Länge der Mantellinie des Kegels.
a) $r = 8$ cm, $h = 10$ cm
b) $r = 5$ cm, $h = 16$ cm

179 Ein Sandberg hat die Form eines Kegels. Er bedeckt eine Bodenfläche mit dem Durchmesser 18 m und hat eine Höhe von 6 m.
Welches Volumen (in m^3) hat der Sandberg?

180 Ein Kegel hat als Axialschnitt ein gleichseitiges Dreieck mit der Seitenlänge $a = 8$ cm (s. nebenstehende Skizze)
a) Berechne Volumen und Oberfläche des Kegels.
b) Berechne den Mittelpunktswinkel der Abwicklung des Mantels.

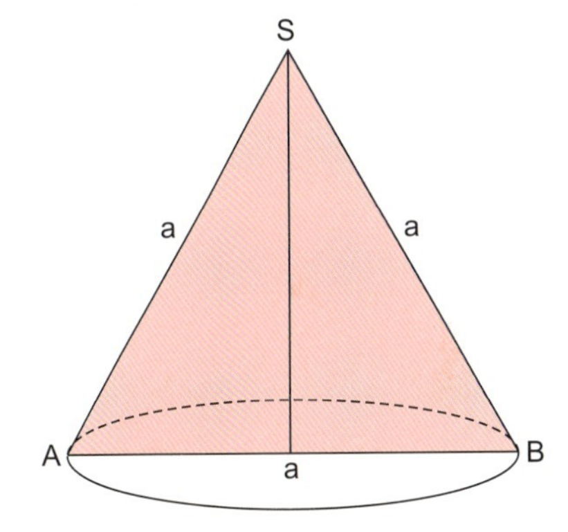

181 Ein Kreissektor mit dem Mittelpunktswinkel $\alpha = 90°$ (Viertelkreis) und dem Radius $r = 16$ cm ist die Mantelfläche eines geraden Kreiskegels.
a) Berechne den Radius der Grundfläche und Höhe h des Kegels.
b) Berechne Volumen und Oberfläche des Kegels.

1. Mantellinie Kegel
2. Oberfläche Kegel
3. Tipi

9.6 Kugel

Jeder Punkt P auf der Oberfläche einer Kugel hat vom Kugelmittelpunkt M den gleichen Abstand r.
Der ebene Schnitt einer Kugel ist ein Kreis.

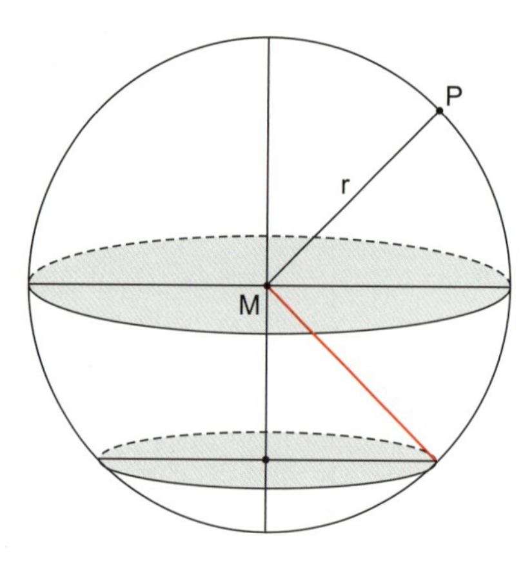

Merke

Kugel

Volumen: $V = \frac{4}{3}\pi r^3$

Oberfläche: $O = 4\pi r^2$

Beispiele

1. Berechne Volumen und Oberfläche einer Kugel mit Radius $r = 6$ cm.

   Lösung:

   - Volumen:

     $V = \frac{4}{3} \cdot \pi \cdot (6\text{ cm})^3 = \frac{4}{3} \cdot \pi \cdot 216\text{ cm}^3 \approx 904{,}78\text{ cm}^3$

   - Oberfläche:

     $O = 4 \cdot \pi \cdot (6\text{ cm})^2 = 4 \cdot \pi \cdot 36\text{ cm}^2 \approx 452{,}39\text{ cm}^2$

2. Eine Kugel hat eine Oberfläche von $O = 907{,}92\text{ cm}^2$.
   Berechne den Radius r und das Volumen der Kugel

   Lösung:

   - Radius:

     $O = 4\pi r^2$

     $r^2 = \frac{O}{4\pi}$

     $r = \sqrt{\frac{O}{4\pi}}$

     $r = \sqrt{\frac{907{,}92\text{ cm}^2}{4\pi}}$

     $r \approx 8{,}50\text{ cm}$

   - Volumen:

     $V = \frac{4}{3}\pi(8{,}50\text{ cm})^3 \approx 2\,572{,}44\text{ cm}^3$

3. Einem Würfel mit der Kantenlänge a (= 6 cm) wird eine Kugel ein- bzw. umbeschrieben. Bestimme die Verhältnisse der Volumina und der Oberflächen beider Kugeln.

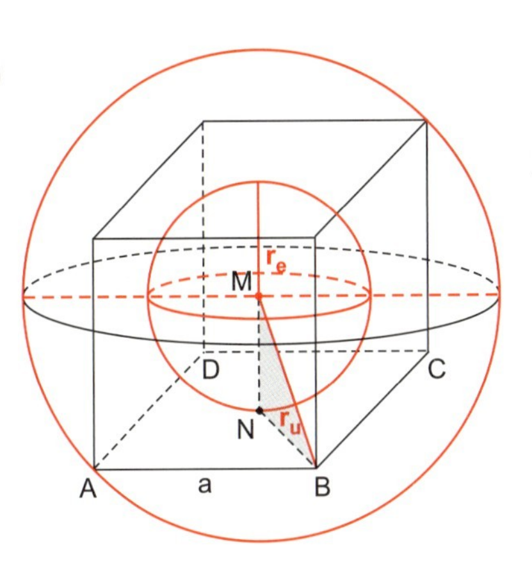

Lösung:

- Radien der beiden Kugeln:
  einbeschriebene Kugel:

  $r_e = \frac{a}{2}$

  $r_e = 3\,\text{cm}$

  Umbeschriebene Kugel:

  $r_u = \overline{MB}$

  $\overline{MB}^2 = \overline{MN}^2 + \overline{NB}^2$

  Satz des Pythagoras im Dreieck MNB

  $\overline{MN}$ ist gleich der halben Kantenlänge.
  $\overline{NB}$ ist gleich der halben Länge der Diagonalen der Grundfläche ABCD.

  $r_u^2 = \left(\frac{a}{2}\right)^2 + \left(\frac{a}{2}\sqrt{2}\right)^2$

  $r_u^2 = \frac{a^2}{4} + \frac{a^2}{2}$

  $r_u^2 = \frac{3}{4}a^2$

  $r_u = \frac{a}{2}\sqrt{3}$

  $r_u = \frac{6\,\text{cm}}{2}\sqrt{3}$

  $r_u \approx 5{,}20\,\text{cm}$

- Volumen der einbeschriebenen Kugel:

  $V_e = \frac{4}{3}\pi \cdot r_e^3$

  $V_e = \frac{4}{3}\pi \cdot \left(\frac{a}{2}\right)^3$

  $V_e = \frac{4}{3}\pi \cdot (3\,\text{cm})^3$

  $V_e \approx 113{,}10\,\text{cm}^3$

- Volumen der umbeschriebenen Kugel:

  $V_u = \frac{4}{3}\pi \cdot r_u^3 = \frac{4}{3}\pi \cdot \left(\frac{a}{2}\sqrt{3}\right)^3$

  $V_u = \frac{4}{3}\pi \cdot (5{,}20\,\text{cm})^3$

  $V_u \approx 588\,\text{cm}^3$

- Oberfläche der einbeschriebenen Kugel:

  $O_e = 4\pi \cdot r_e^2 = 4\pi \cdot \left(\frac{a}{2}\right)^2$

  $O_e = 4\pi \cdot (3\,\text{cm})^2$

  $O_e \approx 113\,\text{cm}^2$

- Oberfläche der umbeschriebenen Kugel:

$$O_u = 4\pi \cdot r_u^2 = 4\pi \cdot \left(\frac{a}{2}\sqrt{3}\right)^2$$

$$O_u = 4\pi \cdot (5{,}20\ \text{cm})^2$$

$$O_u \approx 339{,}79\ \text{cm}^2$$

- Verhältnisse:

$$\frac{V_u}{V_e} = \frac{\frac{4}{3}\pi \cdot \left(\frac{a}{2}\sqrt{3}\right)^3}{\frac{4}{3}\pi \cdot \left(\frac{a}{2}\right)^3} = 3 \cdot \sqrt{3}$$

$$\frac{O_u}{O_e} = \frac{4\pi \cdot \left(\frac{a}{2}\sqrt{3}\right)^2}{4\pi \cdot \left(\frac{a}{2}\right)^2} = 3$$

Aufgaben

182 Bestimme Volumen und Oberfläche einer Kugel mit $r = 12$ cm.

183 Die Erde hat einen Radius von $r_E = 6\,371$ km, der Mars einen Radius von $r_M = 3\,400$ km (beide als ideale Kugeln gedacht). In welchem Verhältnis stehen die Volumina der beiden Planeten?

184 Eine Kugel hat ein Volumen von $4\,188{,}79\ \text{cm}^3$.
Berechne den Radius und die Oberfläche der Kugel.

185 Vergrößert man den Radius r einer Kugel um 3 cm, so hat die neue Kugel ein um $684 \cdot \pi\ \text{cm}^3$ größeres Volumen als die alte Kugel.
Berechne die Radien der beiden Kugeln. Bestimme deren Oberflächen.

186 In welchem Maße muss der Radius einer Kugel vergrößert werden, damit

a) das Volumen der neuen Kugel,

b) die Oberfläche der neuen Kugel

doppelt so groß ist wie das Volumen bzw. die Oberfläche der alten Kugel?

187 Die Oberfläche einer Kugel kann in der Zeichenebene nicht abgebildet werden, man kann also kein „Netz" der Kugel erstellen.
Trotzdem kann man sagen: *„Die Oberfläche einer Kugel ist gleich dem Flächeninhalt eines Kreises mit doppeltem Radius."*
Begründe diese Aussage.

1. Bowlingkugel
2. Planet

9.7 Rotationskörper, zusammengesetzte Körper und Restkörper

Einen Kreiszylinder kann man sich auch auf die Weise entstanden denken, dass man ein Rechteck um eine Rechtecksseite als Rotationsachse dreht. Derartige Körper nennt man auch **Rotationskörper.**
Da sich dabei Punkte des Rechtecks auf Kreisen bewegen, deren Mittelpunkt auf der Rotationsachse liegen, kommen als Rotationskörper nur Körper in Frage, bei denen Schnitte senkrecht zur Rotationsachse Kreise sind. Solche Körper sind Zylinder, Kegel, Kugel und aus diesen zusammengesetzte Körper.

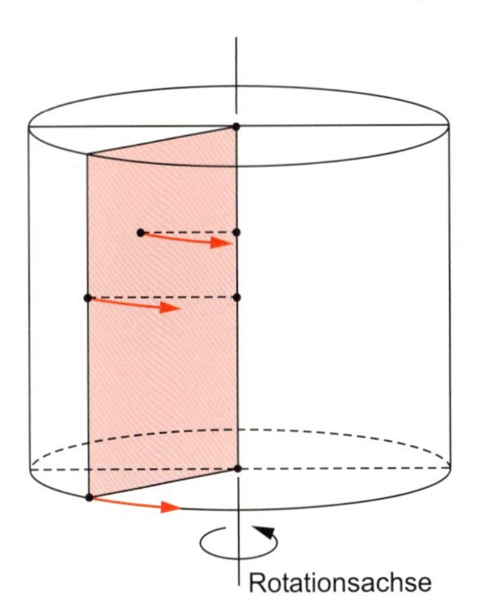

Beispiele

1. Ein rechtwinkliges Dreieck rotiert um eine Achse, die
   a) die größere der beiden Katheten,
   b) die kleinere der beiden Katheten,
   c) die Hypotenuse

   enthält.
   Welcher Rotationskörper entsteht jeweils? Berechne für die drei Fälle jeweils Volumen und Oberfläche des Rotationskörpers.

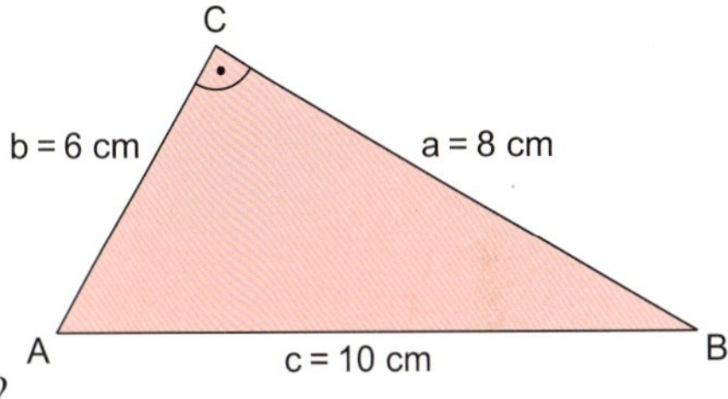

Lösung:

a) Der entstehende Rotationskörper ist ein gerader Kreiskegel mit:
Radius: $r = b$
Höhe: $h = a$

Volumen:

$V = \frac{1}{3} b^2 \cdot \pi \cdot a$

$V = \frac{1}{3} (6\text{ cm})^2 \cdot \pi \cdot 8\text{ cm}$

$V \approx 301{,}59\text{ cm}^3$

Oberfläche:
$O = b^2 \cdot \pi + b \cdot c \cdot \pi$
$O = (6\text{ cm})^2 \pi + 6\text{ cm} \cdot 10\text{ cm} \cdot \pi$
$O \approx 301{,}59\text{ cm}^2$

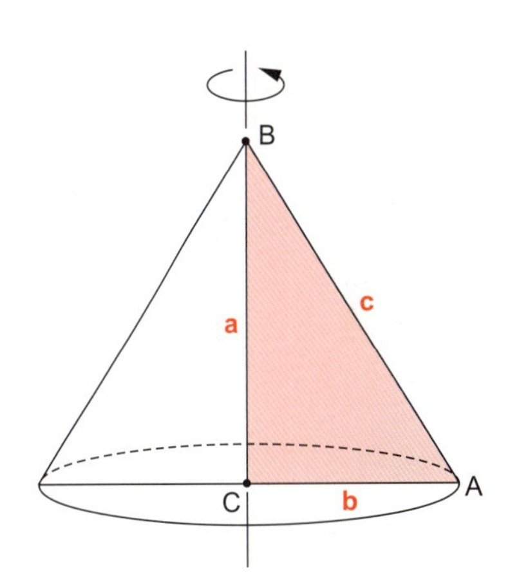

b) Als Rotationskörper erhält man einen geraden Kreiskegel mit:
$r = a$ und $h = b$
Volumen:

$V = \frac{1}{3} a^2 \cdot \pi \cdot b$

$V = \frac{1}{3} (8\text{ cm})^2 \cdot \pi \cdot 6\text{ cm}$

$V \approx 402{,}12\text{ cm}^3$

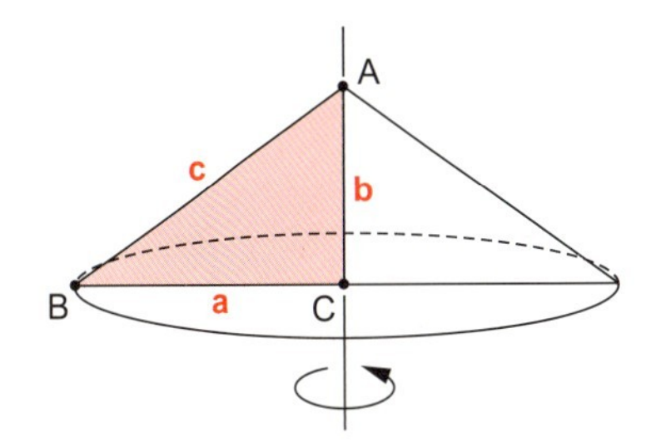

Oberfläche:
$O = a^2 \cdot \pi + a \cdot c \cdot \pi$
$O = (8\text{ cm})^2 \pi + 8\text{ cm} \cdot 10\text{ cm} \cdot \pi$
$O \approx 452{,}39\text{ cm}^2$

c) Der entstehende Rotationskörper ist ein Doppelkegel.
Der gemeinsame Grundkreisradius beider Kegel ist die Höhe $\overline{MC}$ im rechtwinkligen Dreieck ABC.
Die Höhen der beiden Kegel sind die Hypotenusenabschnitte $\overline{AM}$ und $\overline{BM}$ in Dreieck ABC.

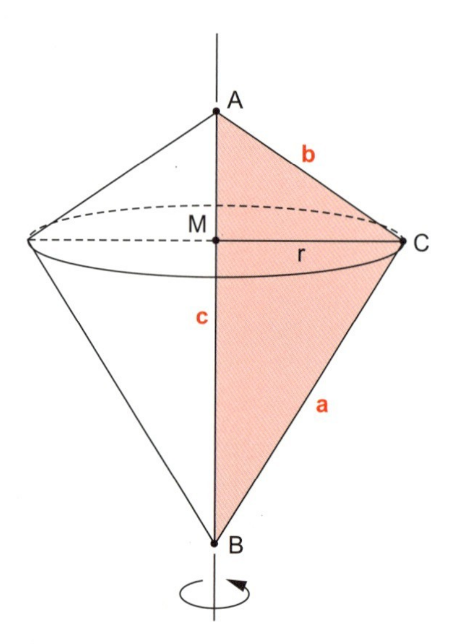

Kathetensatz im Dreieck ABC:
$b^2 = \overline{AM} \cdot c$
$36\text{ cm}^2 = \overline{AM} \cdot 10\text{ cm}$
$\overline{AM} = 3{,}6\text{ cm}$

$a^2 = \overline{BM} \cdot c$
$64\text{ cm}^2 = \overline{BM} \cdot 10\text{ cm}$
$\overline{BM} = 6{,}4\text{ cm}$

Höhensatz im Dreieck ABC:
$\overline{MC}^2 = \overline{AM} \cdot \overline{BM}$
$\overline{MC}^2 = 3{,}6\text{ cm} \cdot 6{,}4\text{ cm}$
$\overline{MC}^2 = 23{,}04\text{ cm}^2$
$\overline{MC} = 4{,}8\text{ cm}$

Volumen des Doppelkegels:
$V = \frac{1}{3} \cdot \overline{MC}^2 \cdot \pi \cdot \overline{AM} + \frac{1}{3} \cdot \overline{MC}^2 \cdot \pi \cdot \overline{BM}$
$V = \frac{1}{3} \cdot (4{,}8\text{ cm})^2 \cdot \pi \cdot 3{,}6\text{ cm} + \frac{1}{3} \cdot (4{,}8\text{ cm})^2 \cdot \pi \cdot 6{,}4\text{ cm}$
$V \approx 241{,}27\text{ cm}^3$

Oberfläche des Doppelkegels:
$O = \overline{MC} \cdot \overline{BC} \cdot \pi + \overline{MC} \cdot \overline{AC} \cdot \pi$

Die Oberfläche besteht aus den Mantelflächen der beiden Kegel. Der Grundkreis ist keine begrenzende Fläche.

$O = 4{,}8\text{ cm} \cdot 8\text{ cm} \cdot \pi + 4{,}8\text{ cm} \cdot 6\text{ cm} \cdot \pi$
$O \approx 211{,}12\text{ cm}^2$

2. Ein gleichschenkliges Trapez mit den angegebenen Seitenlängen rotiert. Beschreibe, welcher Rotationskörper dabei entsteht.
Berechne das Volumen des Rotationskörpers. (a = 4 cm).

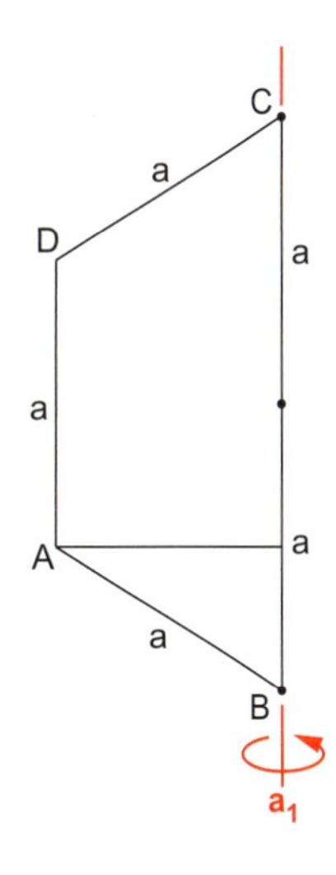

Lösung:

Bei der Rotation um die Achse a_1 entsteht ein Zylinder mit zwei, auf Grund- und Deckfläche, aufgesetzten Kegeln. Der Zylinder und die beiden Kegel haben die gleiche Grundkreisfläche mit Radius r.
Die Höhe des Zylinders ist a, die Höhe der beiden Kegel jeweils $\frac{a}{2}$.
Den Grundkreisradius r erhalten wir mithilfe des Satzes von Pythagoras für das Dreieck ABM:

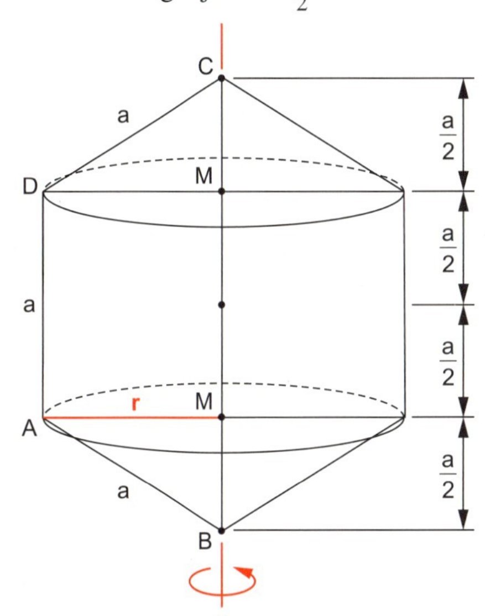

$$\overline{AB}^2 = \overline{AM}^2 + \overline{BM}^2$$

$$a^2 = r^2 + \left(\frac{a}{2}\right)^2 \quad \Big| -\frac{a^2}{4}$$

$$r^2 = a^2 - \frac{a^2}{4}$$

$$r^2 = \frac{3}{4}a^2$$

$$r^2 = \frac{3}{4}(4\text{ cm})^2$$

$$r = \frac{4\text{ cm}}{2}\sqrt{3}$$

$$r = 2\sqrt{3}\text{ cm}$$

$$r \approx 3{,}46\text{ cm}$$

Volumen des Rotationskörpers:

$$V_K = V_{Zyl} + 2 \cdot V_{Keg}$$

$$V_K = G \cdot h_{Zyl} + 2 \cdot \frac{1}{3} \cdot G \cdot h_{Keg}$$

$$V_K = r^2 \cdot \pi \cdot a + 2 \cdot \frac{1}{3} r^2 \cdot \pi \cdot \frac{a}{2}$$

$$V_K = \frac{4}{3} r^2 \pi \cdot a$$

$$V_K = \frac{4}{3} \cdot \frac{3}{4} a^2 \cdot \pi \cdot a \quad \Big| r^2 = \frac{3}{4} \cdot a^2$$

$$V_K = \pi \cdot a^3$$

$$V_K = \pi \cdot (4\text{ cm})^3$$

$$V_K = 64\,\pi\text{ cm}^3$$

$$V_K \approx 201{,}06\text{ cm}^3$$

Aufgabe 188

Ein Rechteck ABCD mit den Seitenlängen $\overline{AB} = 12$ cm und $\overline{AD} = 18$ cm rotiert um eine Achse, die

a) die Seite [AB] enthält,

b) die Seite [AD] enthält,

Beschreibe jeweils mithilfe einer Skizze, welche Art von Rotationskörper entsteht. Berechne jeweils das Volumen des Rotationskörpers.

Des Öfteren hat man es mit Körpern zu tun, die dadurch entstanden sind, dass entweder verschiedene Körper zusammengesetzt wurden oder dass von einem Körper Teile herausgearbeitet oder abgeschnitten wurden. Das Volumen dieser Körper erhält man durch Addition oder Subtraktion der Volumina der Teilkörper. Bei der Berechnung der Oberfläche von **zusammengesetzten Körpern** oder **Restkörpern** muss man jeweils genau überlegen, welche Flächen außen als Begrenzungsflächen erscheinen und welche nicht.

Beispiel

Ein Körper besteht aus einem Quader und einer auf die Deckfläche des Quaders aufgesetzten quadratischen Pyramide (siehe nebenstehende Zeichnung)
$a = 8$ cm; $b = 5$ cm; $h = 12$ cm
Berechne Volumen und Oberfläche dieses zusammengesetzten Körpers.

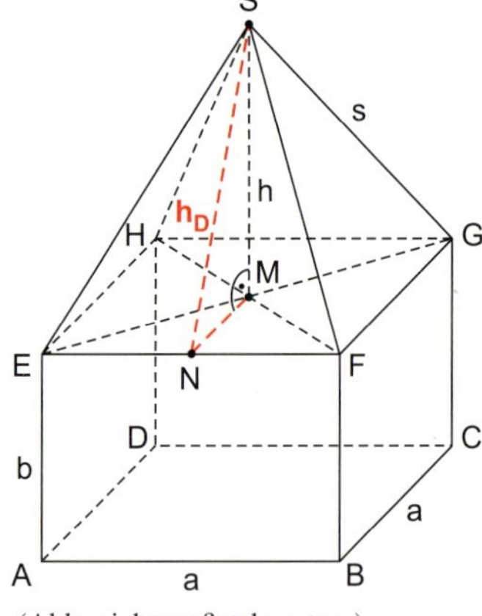

(Abb. nicht maßstabsgetreu)

Lösung:

- Volumen:

$V = V_{Quader} + V_{Pyramide}$

$V = a \cdot a \cdot b + \frac{1}{3} a \cdot a \cdot h$

$V = (8\text{ cm})^2 \cdot 5\text{ cm} + \frac{1}{3}(8\text{ cm})^2 \cdot 12\text{ cm}$

$V = 576\text{ cm}^3$

- Oberfläche:

Das Quadrat EFGH ist keine äußere Begrenzungsfläche, weder für den Quader noch als Grundfläche der Pyramide. Also wird es nicht mitgezählt.

$O = 4 \cdot A_{Rechteck(ABFE)} + A_{Quadrat(ABCD)} + 4 \cdot A_{Dreieck(EFS)}$

Zur Berechnung der Dreiecksfläche benötigen wir die Höhe h_D dieser Dreiecke. Wir erhalten diese mithilfe des Satzes von Pythagoras aus dem rechtwinkligen Dreieck NMS:

$\overline{SN}^2 = \overline{SM}^2 + \overline{MN}^2$

$h_D^2 = h^2 + \left(\frac{a}{2}\right)^2$

$h_D^2 = (12\text{ cm})^2 + (4\text{ cm})^2$

$h_D^2 = 160\text{ cm}^2$

$h_D \approx 12{,}65\text{ cm}$

$O = 4 \cdot a \cdot b + a \cdot a + 4 \cdot \frac{1}{2} \cdot a \cdot h_D$

$O = 4 \cdot 8\text{ cm} \cdot 5\text{ cm} + (8\text{ cm})^2 + 4 \cdot \frac{1}{2} \cdot 8\text{ cm} \cdot 12{,}65\text{ cm}$

$O = 426{,}4\text{ cm}^2$

Merke

Masse eines Körpers

Kennt man das Material, aus dem ein Körper besteht, kann man seine Masse mithilfe seines Volumens und seiner spezifischen Dichte ρ berechnen:

$\mathbf{m = V \cdot \rho}$

Beispiele

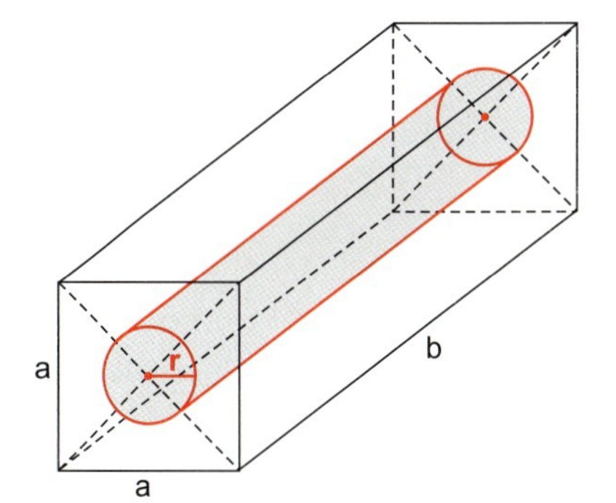

Aus einem Holzquader mit der Dichte $\rho = 0,75 \frac{g}{cm^3}$ wird eine zylindrische Bohrung herausgearbeitet (siehe nebenstehende Skizze).

a) Berechne Volumen und Oberfläche des Restkörpers (durchbohrter Quader):
   $a = 12$ cm; $b = 24$ cm; $r = 3$ cm
   - Volumen:
     $V = V_{Quader} - V_{Zylinder}$
     $V = a \cdot a \cdot b - r^2 \pi \cdot b$
     $V = 12 \text{ cm} \cdot 12 \text{ cm} \cdot 24 \text{ cm} - (3 \text{ cm})^2 \cdot \pi \cdot 24 \text{ cm}$
     $V \approx 2\,777{,}42 \text{ cm}^3$
   - Oberfläche:
     Zur Oberfläche des Quaders kommt die Mantelfläche des Zylinders hinzu, wobei die beiden Kreisflächen weggenommen werden müssen.
     $O = O_{Quader} + M_{Zylinder} - 2 \cdot A_{Kreis}$
     $O = 2a^2 + 4ab + 2r\pi \cdot b - 2 \cdot r^2 \cdot \pi$
     $O = 2 \cdot (12 \text{ cm})^2 + 4 \cdot 12 \text{ cm} \cdot 24 \text{ cm} + 2 \cdot 3 \text{ cm} \cdot \pi \cdot 24 \text{ cm} - 2 \cdot (3 \text{ cm})^2 \cdot \pi$
     $O \approx 1\,440 \text{ cm}^2 + 452{,}39 \text{ cm}^2 - 56{,}55 \text{ cm}^2$
     $O = 1\,835{,}84 \text{ cm}^2$

b) Welche Masse hat der Restkörper?
   Masse:
   $m = V \cdot p$
   $m = 2\,777{,}42 \text{ cm}^3 \cdot 0{,}75 \frac{g}{cm^3}$
   $m = 2\,083{,}065 \text{ g}$
   $m \approx 2\,083 \text{ g} = 2{,}083 \text{ kg}$
   Der Restkörper wiegt also etwa 2,083 kg.

Aufgaben

189 Auf die sechs Seitenflächen eines Würfels mit der Kantenlänge $a = 6$ cm sind quadratische Pyramiden mit der Höhe $h = 6$ cm aufgesetzt.
Berechne Volumen und Oberfläche des zusammengesetzten Körpers.

190 Ein Körper besteht aus zwei zusammengesetzten Pyramiden mit gemeinsamer quadratischer Grundfläche (Länge der Quadratseite: $a = 10$ cm, die Höhen der beiden Pyramiden sind $h_1 = 8$ cm und $h_2 = 16$ cm).

a) Berechne das Volumen des Gesamtkörpers.

b) Berechne die Oberfläche des Körpers.

191 Ein als „Stehaufmännchen“ bekanntes Spielzeug hat die Form einer Halbkugel mit aufgesetztem Kegel. Der Radius der Halbkugel beträgt $r = 5$ cm, die Höhe des Kegels $h = 7$ cm. Berechne Volumen und Oberfläche des Körpers.

192 In einem zylinderförmigen Glasmessbecher mit einem Innendurchmesser von 10 cm und einer Gesamthöhe von 15 cm befinden sich 750 $m\ell$ Wasser.

a) Wie hoch steht das Wasser in diesem Messbecher?

b) Eine Eisenkugel mit einem Durchmesser von 75 mm wird dazu gegeben. Um wie viel steigt nun der Wasserspiegel im Messbecher?

c) Beschreibe einen Rechenweg zur Überprüfung der Lösung

193 Für das Schulfest wird ein insgesamt 6,50 m hohes Zelt (siehe Abbildung) auf dem Schulgelände aufgestellt. Die kreisförmige Grundfläche hat einen Umfang von 44 m. Das kegelförmige Dach beginnt in einer Höhe von 2,50 m.

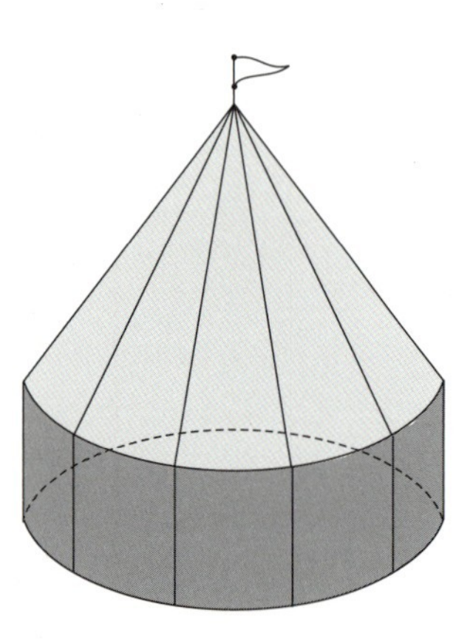

a) Zeichne einen maßstabsgerechten Querschnitt durch das Zelt und bemaße die Zeichnung vollständig. Notiere auch den verwendeten Maßstab.

b) Wie groß ist die Plane, die das Zelt überdeckt?

1. Zusammengesetzter Körper
2. Dämmung
3. Restkörper
4. Rotationskörper

10 Stochastik

Um Vorgänge in der uns umgebenden realen Welt in angemessener Weise mathematisch beschreiben zu können, konstruiert man ein mathematisches Modell, das die wesentlichen, jeweils interessierenden Eigenschaften der Wirklichkeit darstellt.
Vorgänge, die durch Zufall bestimmt sind, werden durch das mathematische Modell der **Stochastik** beschrieben. Die Stochastik teilt sich in die beiden Teilgebiete **Statistik** und **Wahrscheinlichkeitsrechnung** auf.
In der Statistik werden Daten aus statistischen Erhebungen mithilfe bestimmter mathematischer Begriffe und Verfahren erfasst, ausgewertet und dargestellt.
In der Wahrscheinlichkeitsrechnung versucht man mithilfe mathematischer Methoden, den Grad der Sicherheit, mit dem ein bestimmtes Ereignis eintreten wird, zahlenmäßig zu erfassen.

10.1 Statistische Grundbegriffe

Daten, die statistisch ausgewertet werden sollen, werden durch Umfragen, Zählungen, Beobachtungen usw. gewonnen. Die statistischen Begriffe, die dabei von Bedeutung sind, werden im Folgenden eingeführt und anhand der untenstehenden Daten verdeutlicht.

Die Körpergröße von 12 Schülerinnen/Schülern einer Klasse wird erfasst. Die Datenerhebung liefert folgendes Ergebnis:

Schülerin/Schüler	*1*	*2*	*3*	*4*	*5*	*6*	*7*	*8*	*9*	*10*	*11*	*12*
Körpergröße in cm	*159*	*149*	*167*	*181*	*166*	*162*	*173*	*184*	*169*	*177*	*182*	*159*

Merke

Grundgesamtheit:	Menge aller erfassten Daten.
Stichprobe:	Teilmenge der Grundgesamtheit, die Eigenschaften der Grundgesamtheit möglichst gut widerspiegeln soll.
Gesamtzahl:	Anzahl aller erfassten Daten.
Merkmal:	Eigenschaft, nach der die Daten untersucht werden.
Absolute Häufigkeit:	Gibt an, wie oft ein bestimmtes Merkmal in der Grundgesamtheit vorkommt.
Relative Häufigkeit:	Quotient aus absoluter Häufigkeit eines Merkmals und Gesamtzahl der Daten. $\text{relative Häufigkeit} = \frac{\text{absolute Häufigkeit}}{\text{Gesamtzahl}}$ Gibt den Anteil eines Merkmals an der Grundgesamtheit wieder, wird meistens als Prozentwert angegeben.

Beispiele

- Gesamtzahl: **12**
- Merkmal: Körpergröße > 180 cm
  Absolute Häufigkeit: **3** (3 Schülerinnen/Schüler sind größer als 180 cm)
  Relative Häufigkeit: $\frac{3}{12} = \frac{1}{4} = \mathbf{0{,}25}$ bzw. **25 %**

Merke

Arithmetisches Mittel: Quotient aus der Summe der Daten und der Gesamtzahl.

$$\text{arithmetisches Mittel} = \frac{\text{Summe der Daten}}{\text{Gesamtzahl}}$$

Wird auch als **Mittelwert** bezeichnet.

Beispiel

- Arithmetisches Mittel:
  Das arithmetische Mittel der 12 Körpergrößen (Datenwerte von Seite 131) wird folgendermaßen berechnet:

$$\frac{159+149+167+181+166+162+173+184+169+177+182+159}{12}\text{ cm}$$

$$=\frac{2\,028\text{ cm}}{12}\text{ cm}$$

$$\mathbf{= 169\ cm}$$

Merke

Modalwert: Wert, der in einer Datenmenge (gegebenenfalls auch Stichprobe) am häufigsten vorkommt.

Median oder **Zentralwert:** Bei ungerader Gesamtzahl ist der Median der Datenwert, der genau in der Mitte einer der Größe nach geordneten Datenmenge liegt.
Bei gerader Gesamtzahl ist der Median das arithmetische Mittel der beiden mittleren Werte.

Beispiele

- Modalwert:
  Am leichtesten lässt sich der Modalwert bestimmen, wenn man die Datenmenge der Größe nach ordnet. In diesem Fall ergibt sich bei aufsteigender Anordnung:
  149 159 159 162 166 167 169 173 177 181 182 184 in cm
  Der einzige Wert, der mehrmals vorkommt, ist **159 cm**.
  Achtung: Eine Datenmenge kann auch mehrere Modalwerte besitzen!
- Median:
  Die Datenmenge muss wieder der Größe nach geordnet werden:
  149 159 159 162 166 **167** **169** 173 177 181 182 184 in cm
  Da eine gerade Anzahl von Körpergrößen gegeben ist (12), muss das arithmetische Mittel der beiden mittleren Werte (6. und 7. Datenwert) gebildet werden:

$$\frac{167+169}{2}\text{ cm} = \mathbf{168\ cm}$$

Merke

Minimum: Kleinster Wert der Datenmenge.
Maximum: Größter Wert der Datenmenge.
Spannweite: Differenz aus Maximum und Minimum.

Beispiele

- Minimum: **149 cm**
  Das Minimum ist der erste Wert in der aufsteigend geordneten Datenmenge.
- Maximum: **184 cm**
  Das Maximum ist der letzte Wert in der aufsteigend geordneten Datenmenge.
- Spannweite: 184 cm − 149 cm = **35 cm**

Merke

unteres Quartil:	Datenwert, der in der aufsteigend sortierten Datenmenge in der Mitte der Werte liegt, die links vom Median stehen. Liegt eine gerade Anzahl von Daten links vom Median, ist das untere Quartil das arithmetische Mittel der beiden mittleren Werte.
oberes Quartil:	Datenwert, der in der aufsteigend sortierten Datenmenge in der Mitte der Werte liegt, die rechts vom Median stehen. Liegt eine gerade Anzahl von Daten rechts vom Median, ist das obere Quartil das arithmetische Mittel der beiden mittleren Werte.

Beispiele

Zur Erinnerung noch einmal die aufsteigend geordnete Datenmenge der Datenwerte von Seite 131, auf die Bezug genommen wird:

149 159 159 162 166 167 169 173 177 181 182 184 in cm

- unteres Quartil:
  Betrachte nun die Datenwerte, die in der aufsteigend sortierten Datenmenge links vom Median (168 cm) stehen:
  149 159 **159** **162** 166 167 in cm
  168
  Da eine gerade Anzahl von Werten links vom Median steht (12 : 2 = 6), muss das arithmetische Mittel der beiden mittleren Werte (3. und 4. Datenwert der geordneten Datenmenge) gebildet werden:
  $\frac{159+162}{2}$ cm = **160,5 cm**
- oberes Quartil:
  Betrachte die Datenwerte, die in der aufsteigend sortierten Datenmenge rechts vom Median (168 cm) stehen:
  169 173 **177** **181** 182 184 in cm
  168
  Da eine gerade Anzahl von Werten rechts vom Median steht (12 : 2 = 6), muss das arithmetische Mittel der beiden mittleren Werte (9. und 10. Wert) gebildet werden:
  $\frac{177+181}{2}$ cm = **179 cm**
- Angenommen der größte Schüler wechselt die Schule. Dann ist der größte Wert der aufsteigend geordneten Datenmenge zu streichen:
  149 159 159 162 166 **167** 169 173 177 181 182 in cm
  Median: **167 cm**

  unteres Quartil: **159 cm**
  betrachte dafür die Daten links vom Median (167 cm):
  149 159 **159** 162 166 in cm
  167

  oberes Quartil: **177 cm**
  betrachte dafür die Daten rechts vom Median (167 cm):
  169 173 **177** 181 182 in cm
  167

Merke

Ein **Boxplot** ist ein Diagramm zur Darstellung statistischer Daten. Er besteht aus einem Rechteck (Box) und zwei waagrechten Linien, die das Rechteck verlängern. Diese Linien werden als „Antennen" bezeichnet. Anfang und Ende der Antennen markieren Minimum und Maximum der Datenerhebung. Die Box wird vom unteren und oberen Quartil begrenzt. In der Box wird der Median als senkrechter Strich angezeigt.

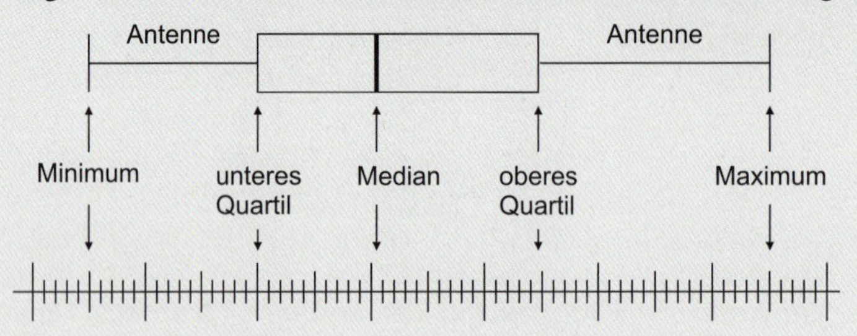

Zur Erstellung eines Boxplot benötigt man also die statistischen Kenngrößen Minimum, Maximum, Median, unteres Quartil und oberes Quartil.

Aus dem Boxplot kann man entnehmen, in welchem Bereich die Daten liegen und wie sie sich über diesen Bereich verteilen:

- 25 % der Daten liegen zwischen dem Minimum und dem unteren Quartil.
- 50 % der Daten liegen innerhalb der Box.
- 25 % der Daten liegen zwischen dem oberen Quartil und dem Maximum.
- Die Breite des gesamten Boxplot entspricht der Spannweite.

Mithilfe von Boxplots lassen sich verschiedene Verteilungen gut vergleichen.

Beispiel

- Boxplot:
  Darstellung des obigen Beispiels mit den kursive Datenwerten von Seite 131 (ohne Streichung) als Boxplot mit Minimum 149 cm, unterem Quartil 160,5 cm, Median 168 cm, oberem Quartil 179 cm und Maximum 184 cm.

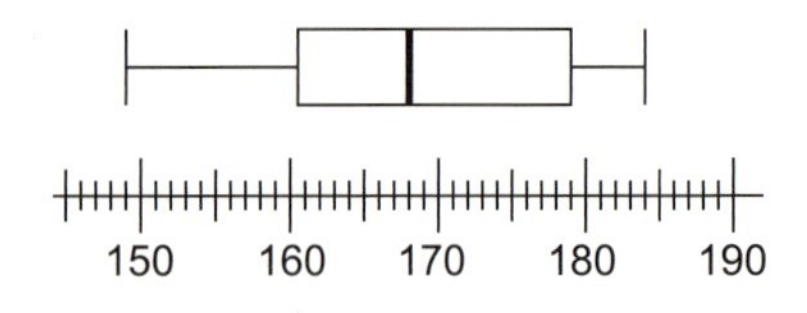

Alle eingeführten Begriffe werden noch einmal im folgenden Beispiel verdeutlicht.

Beispiel

Vor dem Schulgebäude misst die Polizei die Geschwindigkeit von 15 vorbeifahrenden Pkws. Erlaubt sind $30\,\frac{\text{km}}{\text{h}}$.

Pkw-Nr.	1	2	3	4	5	6	7	8	9	10	11	12	13	14	15
Geschwindigkeit in $\frac{\text{km}}{\text{h}}$	56	32	28	45	34	33	30	32	25	26	32	24	30	39	27

- Gesamtzahl: **15**
- Merkmal: Geschwindigkeitsüberschreitung, $v > 30\,\frac{\text{km}}{\text{h}}$
  Absolute Häufigkeit: **8**
  Relative Häufigkeit: $\frac{8}{15} = \mathbf{0{,}53}$ bzw. **53 %**
- Arithmetisches Mittel:

$$\frac{56+32+28+45+34+33+30+32+25+26+32+24+30+39+27}{15}\,\frac{\text{km}}{\text{h}}$$

$$= \frac{493}{15}\,\frac{\text{km}}{\text{h}}$$

$$\approx 32{,}87\,\frac{\text{km}}{\text{h}} \approx \mathbf{33\,\frac{km}{h}}$$

- Modalwert:
  Aufsteigend geordnete Datenmenge:
  24 25 26 27 28 30 30 **32 32 32** 33 34 39 45 56 in $\frac{km}{h}$
  Der einzige Wert, der öfter als zweimal vorkommt, ist $\mathbf{32\,\frac{km}{h}}$.
- Median:
  Aufsteigend geordnete Datenmenge:
  24 25 26 27 28 30 30 **32** 32 32 33 34 39 45 56 in $\frac{km}{h}$
  Da eine ungerade Anzahl von Werten gegeben ist (15), ist der Median der Datenwert, der genau in der Mitte der geordneten Datenreihe liegt (8. Datenwert).
  $\mathbf{32\,\frac{km}{h}}$
- Minimum: $\mathbf{24\,\frac{km}{h}}$
- Maximum: $\mathbf{56\,\frac{km}{h}}$
- Spannweite: $56\,\frac{km}{h} - 24\,\frac{km}{h} = \mathbf{32\,\frac{km}{h}}$
- unteres Quartil:
  Betrachte die Datenwerte, die links vom Median stehen:
  24 25 26 **27** 28 30 30 in $\frac{km}{h}$
  32
  Da eine ungerade Anzahl von Datenwerten links vom Median steht (7), entspricht das untere Quartil dem mittleren Wert (4. Wert der geordneten Datenreihe).
  $\mathbf{27\,\frac{km}{h}}$
- oberes Quartil:
  Betrachte die Datenwerte, die rechts vom Median stehen:
  32 32 33 **34** 39 45 56 in $\frac{km}{h}$
  32
  Da eine ungerade Anzahl von Datenwerten rechts vom Median steht (7), entspricht das untere Quartil dem mittleren Wert (12. Wert der geordneten Datenreihe).
  $\mathbf{34\,\frac{km}{h}}$
- Boxplot:
  Zur Erstellung des Boxplot braucht man Minimum $\left(24\,\frac{km}{h}\right)$, unteres Quartil $\left(27\,\frac{km}{h}\right)$, Median $\left(32\,\frac{km}{h}\right)$, oberes Quartil $\left(34\,\frac{km}{h}\right)$ und Maximum $\left(56\,\frac{km}{h}\right)$.

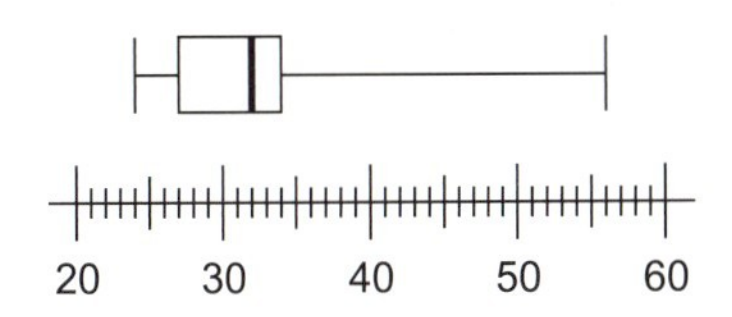

Aufgaben

194

Lea notiert, wie lange einige Schülerinnen ihrer Klasse am vorherigen Tag an den Hausaufgaben gearbeitet haben:

Schülerin-Nr.	1	2	3	4	5	6	7	8	9	10	11	12	13	14
Dauer in min	32	95	45	35	20	80	65	46	57	50	53	70	75	78

Zeichne den zugehörigen Boxplot.

195

In einer Umfrage wird ermittelt, wie hoch das Taschengeld der Schülerinnen und Schüler einer Klasse ist. Die Datenerhebung liefert folgendes Ergebnis:

Jungen:	14	7	21	45	0	12	20	5	10	7	15	12	14	10	30
Mädchen:	15	18	10	5	14	7	20	6	28	7	10	12	5		

a) Zeichne jeweils den zugehörigen Boxplot.
b) Vergleiche die beiden Boxplots miteinander.

196

Die drei Boxplots zeigen das Ergebnis einer Umfrage, bei der die monatlichen Handykosten für verschiedene Altersgruppen ermittelt wurden.

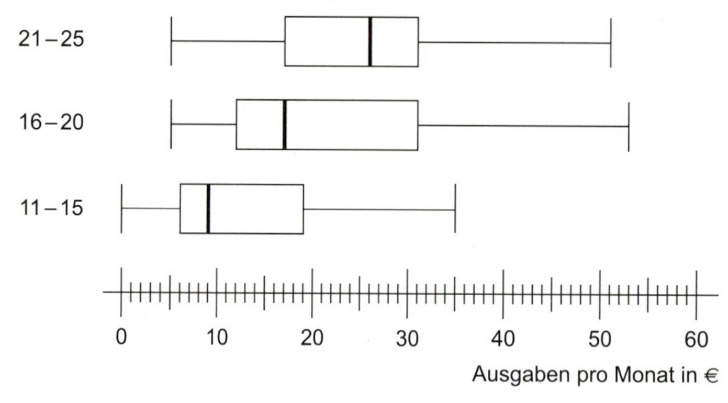

a) Fasse in einer Tabelle alle Kennwerte zusammen, die du aus den Boxplots ablesen kannst.
b) Ein Schüler meint zu der Umfrage: „Die 16- bis 20-Jährigen geben am meisten Geld für das Handy aus.“
Stimmt das?

Interaktive Aufgaben

1. Arithmetisches Mittel
2. Boxplot (7 Werte)
3. Boxplot (9 Werte)
4. Prozentanteil
5. Punktzahlen

Merke

Grafische Darstellung statistischer Daten

Zur grafischen Darstellung statistischer Daten verwendet man neben dem **Boxplot** auch Strichlisten, Tabellen und Diagramme.
Gebräuchliche Diagrammtypen sind **Säulen-, Block- und Kreisdiagramme**.

Beispiel

Ein Würfel wird 100-mal geworfen und die gewürfelten Augenzahlen in einer Strichliste erfasst. Dabei ergeben sich für die 6 Augenzahlen folgende absolute Häufigkeiten:

Augenzahl	1	2	3	4	5	6
Absolute Häufigkeit H	29	11	19	11	21	9

Relative Häufigkeit:

Augenzahl	1	2	3	4	5	6	
Relative Häufigkeit h	0,29 29 %	0,11 11 %	0,19 19 %	0,11 11 %	0,21 21 %	0,09 9 %	dezimal prozentual

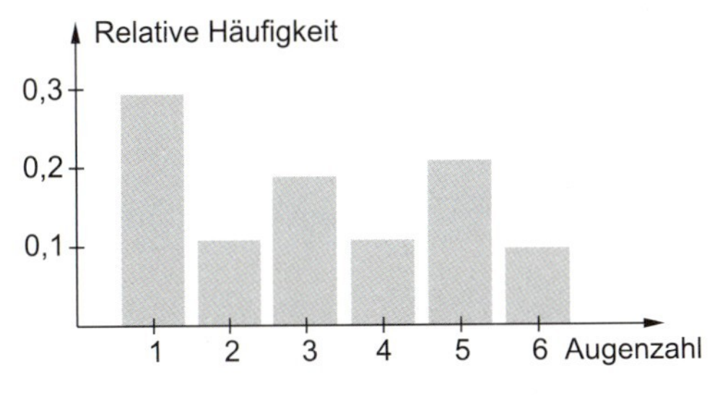

Relative Häufigkeit dezimal
Säulen- oder Balkendiagramm

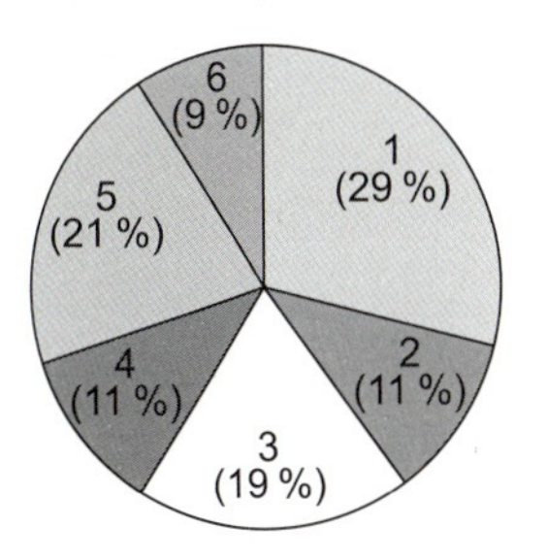

Relative Häufigkeit prozentual
Kreis- bzw. Tortendiagramm
$100\,\% \mathrel{\hat{=}} 360°$
$1\,\% \mathrel{\hat{=}} 3{,}6°$

Aufgaben

197

Die nachstehende Tabelle gibt die Notenverteilung einer Klassenarbeit an.

Note	1	2	3	4	5	6
Anzahl	2	4	10	9	6	2

a) Bestimme die relativen Häufigkeiten (dezimal und prozentual) für die einzelnen Notenstufen.
b) Bestimme die absolute und relative Häufigkeit für das Merkmal „Note besser als fünf".
c) Bestimme das arithmetische Mittel.
d) Erstelle für die absoluten Häufigkeiten ein Säulendiagramm und für die prozentualen relativen Häufigkeiten ein Kreis- oder Tortendiagramm.

198

In einer ländlichen Gemeinde leben 5 387 Personen. Davon sind 2 805 weiblich.
a) Berechne den Prozentanteil weiblicher Personen.
b) 18,5 % der Einwohner sind Kinder und Jugendliche unter 18 Jahre.
Gib deren Anzahl an.
c) Von den Kindern und Jugendlichen in b) sind 52,6 % weiblich. Gib deren Anzahl an.
d) Erstelle ein Kreisdiagramm, aus dem abgelesen werden kann
– wie viel Prozent der Einwohner weiblich unter 18 Jahren,
– wie viel Prozent der Einwohner männlich unter 18 Jahren,
– wie viel Prozent der Einwohner weibliche Erwachsene und
– wie viel Prozent der Einwohner männliche Erwachsene sind.
e) Die Tabelle gibt die Altersstruktur der Gemeinde wieder:

Jahre	0 – 10	11 – 20	21 – 30	31 – 40	41 – 50	51 – 60	61 – 70	71 – 80	>80
Anzahl	625	680	745	865	878	731	475	282	106

Bestimme die relativen Häufigkeiten für die neun Altersintervalle und fertige dazu ein Säulendiagramm.
f) Bestimme die relative Häufigkeit für das Merkmal oder das Ereignis „eine beliebig herausgegriffene Person aus der Gemeinde ist weiblich und über 18 Jahre".

6. Kreisdiagramm
7. Säulendiagramm

10.2 Grundbegriffe der Wahrscheinlichkeitsrechnung

In der Wahrscheinlichkeitsrechnung versucht man die Wahrscheinlichkeit, mit der ein bestimmtes zufälliges Ereignis eintritt, mathematisch bzw. zahlenmäßig zu beschreiben. Dazu beschäftigt man sich mit so genannten Zufallsexperimenten und überträgt die Ergebnisse auf die Wirklichkeit.

Merke

Grundbegriffe der Wahrscheinlichkeitsrechnung

Begriffe		**Beispiele:**
Zufalls-experiment	Ein Experiment, dessen Ausgang nur vom Zufall abhängt	– Würfeln mit einem Spielwürfel – Münzwurf – Ziehen einer Kugel aus einem Gefäß, in dem sich 1 schwarze, 1 weiße und 1 rote Kugel befinden
Ergebnis-menge Ω	Die Menge aller möglichen Ergebnisse eines Zufallsexperiments	– Würfeln: $\Omega = \{1; 2; 3; 4; 5; 6\}$ – Münzwurf: $\Omega = \{\text{Kopf; Zahl}\}$ – Kugelziehen: $\Omega = \{\text{schwarz; weiß; rot}\}$
Ereignis E	Teilmenge der Ergebnismenge Ω	– Ereignis „gerade Augenzahl“ $E = \{2; 4; 6\} \subset \Omega$ – Ereignis „Zahl“ $E = \{\text{Zahl}\} \subset \Omega$ – Ereignis „nicht die rote Kugel“ $E = \{\text{schwarz; weiß}\} \subset \Omega$
Elementar-ereignis	Ereignis, das nur aus einem Ergebnis besteht	– Beim Würfeln ist $\{2\}$, beim Münzwurf $\{\text{Kopf}\}$ ein Elementarereignis.
Laplace-Experiment	Zufallsexperiment, bei dem alle Elementarereignisse gleich wahrscheinlich sind	– Das Würfeln mit einem idealen (nicht gezinkten) Würfel. Jede der sechs Augenzahlen ist bei einem (1) Wurf gleich wahrscheinlich.

10.3 Die Wahrscheinlichkeit bei Zufallsexperimenten

Merke

Die Wahrscheinlichkeit bei Zufallsexperimenten

Wenn alle Ergebnisse eines Zufallsexperiments **gleich wahrscheinlich** sind, kann die **Wahrscheinlichkeit p(E) eines Ereignisses E** folgendermaßen berechnet werden:

$$p(E) = \frac{\text{Anzahl der für E günstigen Ergebnisse}}{\text{Anzahl der möglichen Ergebnisse}}$$

Wahrscheinlichkeiten werden als Bruchzahl, Dezimalbruch oder Prozentwert angegeben.

Für die Wahrscheinlichkeit gilt $0 \le p \le 1$ bzw. $0\,\% \le p\,\% \le 100\,\%$.

$p(E) = 0$ (0 %): Ereignis E tritt mit absoluter Sicherheit nicht ein.

$p(E) = 1$ (100 %): Ereignis E tritt mit absoluter Sicherheit ein.

Ist die Wahrscheinlichkeit für das Eintreten eines Ereignisses gleich p, dann ist die Wahrscheinlichkeit dafür, dass dieses Ereignis E nicht eintritt, gleich $1 - p$.

Beispiele

1. Wie groß ist die Wahrscheinlichkeit für das Ereignis „beim Würfeln die Augenzahl 2 zu werfen“?

   Lösung:
   Ereignis bzw. Elementarereignis: $E=\{2\}$
   Anzahl der Elemente von E: $n_E=1$
   Ergebnismenge: $\Omega=\{1; 2; 3; 4; 5; 6\}$
   Anzahl der Elemente von Ω: $n_\Omega=6$
   Wahrscheinlichkeit, mit der das Ereignis E eintritt:
   $p(E)=\frac{1}{6}$
   $p(E)\approx 0{,}167$ bzw. $16{,}7\,\%$
   Mit dieser Wahrscheinlichkeit tritt jedes der 6 Elementarereignisse $\{1\}$, $\{2\}$, $\{3\}$, $\{4\}$, $\{5\}$, $\{6\}$ ein. Zufallsexperimente, bei denen alle Elementarereignisse gleichwahrscheinlich sind, nennt man Laplace-Experimente.
   Die Wahrscheinlichkeit, für das Ereignis „keine 2 zu würfeln“, beträgt
   $p(\text{nicht }E)=1-\frac{1}{6}=\frac{5}{6}$

2. Wie groß ist die Wahrscheinlichkeit, beim Würfeln eine gerade Augenzahl zu erhalten?

   Lösung:
   $E=\{2; 4; 6\}$; $n_E=3$
   $\Omega=\{1; 2; 3; 4; 5; 6\}$; $n_\Omega=6$
   $p(E)=\frac{3}{6}=0{,}5$ bzw. $50\,\%$

3. In einer Urne befinden sich 4 rote, 3 schwarze und 1 grüne Kugel. Es wird eine Kugel gezogen. Wie groß ist die Wahrscheinlichkeit,

   a) eine rote, b) eine schwarze c) die grüne

   Kugel zu ziehen?

   Lösung:
   Für alle drei Zufallsexperimente ist $\Omega=\{r1; r2; r3; r4; s1; s2; s3; g\}$ und $n_\Omega=8$.
   a) $E=\{r1; r2; r3; r4\}$; $n_E=4$
   $p(E)=\frac{4}{8}=0{,}5$ bzw. $50\,\%$
   b) $E=\{s1; s2; s3\}$; $n_E=3$
   $p(E)=\frac{3}{8}=0{,}375$ bzw. $37{,}5\,\%$
   c) $E=\{g\}$; $n_E=1$
   $p(E)=\frac{1}{8}=0{,}125$ bzw. $12{,}5\,\%$

Aufgaben

199

Ein Glücksrad weist acht gleich große Sektoren auf, die mit den Ziffern 1 bis 8 belegt sind. Das Rad wird in Drehung versetzt und hält dann so an, dass eine Markierung auf einen der acht Sektoren zeigt.
Bestimme die Wahrscheinlichkeit, dass eine Zahl größer oder gleich 3 erscheint.
Bestimme die Wahrscheinlichkeit für das Ereignis „Zahl ist kleiner als 3“.

200 Wie groß ist die Wahrscheinlichkeit, bei einem Glücksrad mit 15 gleich großen Sektoren, die mit den Zahlen 1 bis 15 beschriftet sind, eine gerade/ungerade Zahl zu erhalten?

201 Beim Skatspiel wird mit 32 Karten gespielt. Es gibt 4 Farben (Karo, Herz, Pik, Kreuz) und von jeder Farbe acht Karten (Sieben, Acht, Neun, Zehn, Bube, Dame, König, As). Aus dem Kartenstapel wird zufällig eine Karte gezogen. Wie groß ist die Wahrscheinlichkeit,

a) Karo oder Herz zu ziehen?

b) ein As zu ziehen?

c) Kreuz As zu ziehen?

d) Bube, Dame oder König zu ziehen?

e) keine Sieben zu ziehen?

202 In einer Urne sind 1 rote, 2 schwarze, 3 blaue und 4 weiße Kugeln. Die Kugeln sind so gefertigt, dass man sie beim Herausziehen mit verbundenen Augen nicht unterscheiden kann.

a) Wie groß ist die Wahrscheinlichkeit, beim einmaligen Ziehen eine rote, schwarze, blaue oder weiße Kugel zu ziehen?

b) Die gezogene Kugel wird wieder in die Urne zurückgelegt und erneut eine Kugel gezogen. Ändern sich die Wahrscheinlichkeiten im Vergleich mit a? Begründe deine Antwort.

c) Beim ersten Versuch wurde eine weiße Kugel gezogen und nicht wieder zurückgelegt. Wie groß ist die Wahrscheinlichkeit, beim zweiten Versuch eine schwarze Kugel zu ziehen?

203 Es wird mit zwei unterscheidbaren Würfeln geworfen.

a) Gib für dieses Zufallsexperiment die Ergebnismenge an. (Hinweis: die einzelnen Ereignisse bestehen jeweils aus einer Menge mit zwei Elementen. Beispiel: (2; 5) bedeutet, dass mit Würfel 1 die Augenzahl 2, mit Würfel 2 die Augenzahl 5 geworfen wurde.)

b) Wie groß ist die Wahrscheinlichkeit dafür, dass bei einem Wurf
   - mindestens eine Sechs geworfen wird,
   - genau eine Sechs geworfen wird,
   - die geworfene Augensumme mindestens 9 ist?

204 Für eine Gruppe von 100 Versuchspersonen wurde die nachstehende absolute Häufigkeitsverteilung für zwei Merkmale festgestellt.

	Raucher	Nichtraucher
männlich	25	38
weiblich	17	20

Aus der Gruppe wird willkürlich eine Person ausgewählt. Wie groß ist die Wahrscheinlichkeit, dass es sich bei der ausgewählten Person um

a) eine weibliche Person

b) um eine(n) Raucher(in)

c) eine Nichtraucherin

handelt?

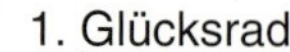

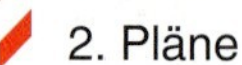

Interaktive Aufgaben

1. Glücksrad
2. Pläne

10.4 Wahrscheinlichkeit und das Gesetz der großen Zahlen

Führt man ein Laplace-Experiment, z. B. den Wurf einer Münze, mehrmals hintereinander aus, so erwartet man, dass die beiden Ereignisse „Kopf“ und „Zahl“ etwa gleich häufig auftreten, also etwa gleich wahrscheinlich sind. Über den Ausgang eines einzelnen Münzwurfs kann man dagegen keine Vorhersage treffen.

Um bei Zufallsexperimenten zutreffende Voraussagen treffen zu können, ist es offensichtlich wesentlich, das Experiment für eine sehr große Anzahl von Versuchen durchzuführen, da andernfalls eine Prognose äußerst unsicher bzw. ungenau ist.

Merke

Gesetz der großen Zahlen

Die relative Häufigkeit eines Ereignisses stabilisiert sich mit steigender Anzahl von Versuchen um einen festen Wert. (Gesetz der großen Zahlen)

Beispiele

1. Eine Münze wurde 200-mal geworfen. Nach jeweils 20 Würfen wurden die relativen Häufigkeiten für die Ereignisse „Kopf“ und „Zahl“ bestimmt.

Würfe			Absolute Häufigkeit		Relative Häufigkeit	
	Kopf	Zahl	Kopf	Zahl	Kopf	Zahl
1–20	13	7	13	7	0,650	0,350
21–40	10	10	23	17	0,575	0,425
41–60	8	12	31	29	0,517	0,483
61–80	8	12	39	41	0,488	0,512
81–100	7	13	46	54	0,460	0,540
101–120	15	5	61	59	0,508	0,492
121–140	9	11	70	70	0,500	0,500
141–160	11	9	81	79	0,506	0,494
161–180	8	12	89	91	0,494	0,506
181–200	10	10	99	101	0,495	0,505

Mit wachsender Wurfanzahl n stabilisieren sich die relativen Häufigkeiten für „Kopf“ und „Zahl“ jeweils um den Wert 0,5.

2. Nicht alle Zufallsexperimente haben gleich wahrscheinliche Ergebnisse wie in Beispiel 1. Ein Glücksrad hat 3 verschieden große Sektoren. Es wird 1 000-mal gedreht und festgehalten, wie oft das Rad auf den 3 Sektoren zum Stehen kommt. In nachstehender Tabelle sind nach jeweils 100 Versuchen die absoluten sowie die relativen Häufigkeiten für die 3 Ereignisse „Sektor 1“, „Sektor 2“ und „Sektor 3“ notiert.

	Absolute Häufigkeit			Relative Häufigkeit		
Versuche	Sektor 1	Sektor 2	Sektor 3	Sektor 1	Sektor 2	Sektor 3
100	47	41	12	0,470	0,410	0,120
200	88	73	39	0,440	0,365	0,195
300	141	101	58	0,470	0,337	0,193
400	185	137	78	0,463	0,343	0,195
500	229	164	107	0,458	0,328	0,214
600	260	229	111	0,433	0,382	0,185
700	307	239	154	0,439	0,341	0,220
800	367	266	167	0,459	0,332	0,209
900	406	312	182	0,451	0,347	0,202
1 000	449	350	201	0,449	0,350	0,201

Mit zunehmender Versuchszahl stabilisieren sich die relativen Häufigkeiten offensichtlich bei den Werten 0,45 für „Sektor 1“, 0,35 für „Sektor 2“ und 0,20 für „Sektor 3“.

Legen wir diese relativen Häufigkeiten zugrunde, so können wir die Mittelpunktswinkel der 3 Sektoren unseres Glücksrades angeben.

Sektor 1: $\varphi_1 = 360° \cdot 0{,}45 = 162°$
Sektor 2: $\varphi_2 = 360° \cdot 0{,}35 = 126°$
Sektor 3: $\varphi_3 = 360° \cdot 0{,}20 = 72°$

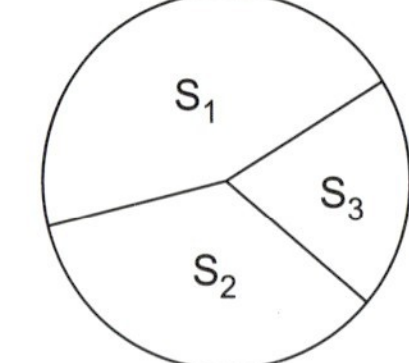

Aufgabe 205

Ein Reißnagel wird von 5 Schülern jeweils 1 000-mal geworfen. Der Reißnagel kann entweder auf dem „Kopf“ oder auf der „Kante“ liegen bleiben. Die folgende Tabelle zeigt die absoluten Häufigkeiten des Experiments.

	Absolute Häufigkeit		**Relative Häufigkeit**	
Schüler	Kopf	Kante	Kopf	Kante
1	756	244		
2	802	198		
3	739	261		
4	779	221		
5	793	207		

Berechne in der Tabelle die relativen Häufigkeiten.
Triff eine Vorhersage für das Ereignis „Reißnagel landet auf dem Kopf“.

10.5 Mehrstufige Zufallsexperimente

Merke

Mehrstufiges Zufallsexperiment

- ein Zufallsexperiment wird mehrfach nacheinander (auf aufeinander folgenden Stufen) ausgeführt.
- die Wahrscheinlichkeit eines Ereignisses hängt von den Wahrscheinlichkeiten auf den einzelnen Stufen ab, die zu dem Ereignis führen.

Sind dabei die Wahrscheinlichkeiten für die einzelnen Ereignisse auf jeder Stufe gleich, so spricht man von einem **Bernoulli-Experiment**.

Beispiel

Eine Münze wird dreimal hintereinander geworfen. Es fällt jeweils entweder Wappen (W) oder Zahl (Z). Es handelt sich also um ein Bernoulli-Experiment.

Zur Veranschaulichung mehrstufiger Zufallsexperimente stellt man häufig die Verhältnisse in einem so genannten **Baumdiagramm** dar. Jeden der drei Würfe denkt man sich dabei auf einer eigenen **Stufe** durchgeführt.

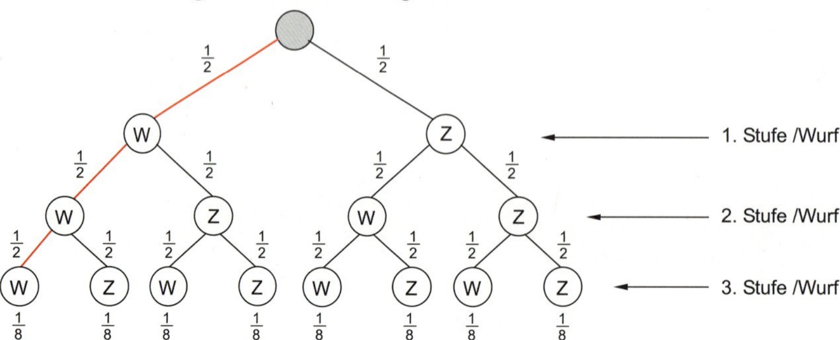

a) Wie groß ist die Wahrscheinlichkeit, dass dreimal hintereinander (also bei allen 3 Würfen) Wappen (W) fällt?

b) Wie groß ist die Wahrscheinlichkeit, dass beim dreimaligen Werfen der Münze zweimal hintereinander Zahl (Z) fällt?

Lösung:

a) Um diese Frage zu beantworten, geht man im Baumdiagramm einfach den zugehörigen Weg (im Diagramm rot eingezeichnet).
Wahrscheinlichkeit für das Ereignis $E_1 = \{(W; W; W)\}$:

$$p(E_1) = \frac{1}{2} \cdot \frac{1}{2} \cdot \frac{1}{2}$$

$$p(E_1) = \frac{1}{8}$$

$$p(E_1) = 0{,}125 \text{ bzw. } 12{,}5\,\%$$

b) Hierfür gibt es 3 Möglichkeiten, also 3 verschiedene Wege:
(Z; Z; Z) (W; Z; Z) (Z; Z; W).
Für jeden dieser drei Pfade beträgt die Wahrscheinlichkeit $\frac{1}{8} = 0{,}125$. Um die Wahrscheinlichkeit für das Ereignis E_2 (zweimal hintereinander (Z)) zu erhalten, müssen wir die Wahrscheinlichkeiten für die 3 Pfade addieren.
Wahrscheinlichkeit für das Ereignis $E_2 = \{(Z; Z; Z) (W; Z; Z) (Z; Z; W)\}$:

$$p(E_2) = \frac{1}{8} + \frac{1}{8} + \frac{1}{8} = \frac{3}{8} = 0{,}375 \text{ bzw. } 37{,}5\,\%$$

Merke

Wahrscheinlichkeit von Ereignissen mehrstufiger Zufallsexperimente

1. Pfadregel oder Produktregel: Im Baumdiagramm ist die Wahrscheinlichkeit eines Pfades gleich dem Produkt der Wahrscheinlichkeiten der einzelnen Pfadabschnitte.

2. Pfadregel oder Summenregel: Im Baumdiagramm ist die Wahrscheinlichkeit eines Ereignisses gleich der Summe der Wahrscheinlichkeiten, die zu diesem Ereignis führen.

Die Summe der Wahrscheinlichkeiten auf den Zweigen, die von einem Verzweigungspunkt ausgehen, ist stets 1.

Beispiel

Eine Urne enthält 4 rote (r), 3 schwarze (s) und 1 grüne (g) Kugel. Es wird eine Kugel gezogen und dann, ohne die erste Kugel zurückzulegen, eine zweite Kugel gezogen. Wir erstellen für die möglichen Ereignisse dieses Zufallsexperiments ein Baumdiagramm und geben für die einzelnen Ereignisse die entsprechenden Wahrscheinlichkeiten an.

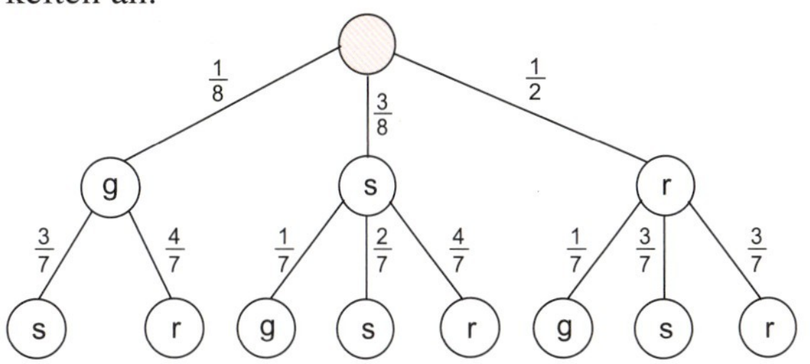

Die Ergebnismenge lautet: $\Omega = \{(r; r)\ (r; s)\ (r; g)\ (s; r)\ (s; s)\ (s; g)\ (g; r)\ (g;s)\}$
Mit der 1. Pfadregel finden wir die Wahrscheinlichkeiten für die 8 Ereignisse unseres Zufallsexperiments „zweimaliges Ziehen einer Kugel ohne Zurücklegen“:

Ereignis	(r; r)	(r; s)	(r; g)	(s; r)	(s; s)	(s; g)	(g; r)	(g; s)
Wahrscheinlichkeit	$\frac{3}{14}$	$\frac{3}{14}$	$\frac{1}{14}$	$\frac{3}{14}$	$\frac{3}{28}$	$\frac{3}{56}$	$\frac{1}{14}$	$\frac{3}{56}$

a) Wahrscheinlichkeit für das Ereignis (r; s):

$p = \frac{3}{14}$

$p = 0,21$ bzw. 21 %

b) Wahrscheinlichkeit für das Ereignis „die zweite Kugel ist schwarz (s)“:
(r; s) (s; s) (g; s)
2. Pfadregel:

$p = p(r; s) + p(s; s) + p(g; s)$

$p = \frac{3}{14} + \frac{3}{28} + \frac{3}{56}$

$p = \frac{21}{56}$

$p = 0,375$ bzw. 37,5 %

Bei einer großen Anzahl von Versuchen wird mit einer Wahrscheinlichkeit von 21 % das Ereignis (r; r) eintreten und mit einer Wahrscheinlichkeit von 37,5 % die zweite gezogene Kugel schwarz sein.

Aufgaben

206 In einem Betrieb sind 97 % der hergestellten Produkte brauchbar. Dabei werden von jeweils 100 brauchbaren Produkten im Mittel 75 der Güteklasse I zugeordnet.
Wie groß ist die Wahrscheinlichkeit, dass ein Produkt Güteklasse I hat?
Wie groß ist die Wahrscheinlichkeit, dass ein Produkt nicht zur Güteklasse I gehört?

207 Aus einem Kartenspiel mit 32 Karten werden nacheinander 3 Karten gezogen. Wie groß ist die Wahrscheinlichkeit, dass
- genau ein König,
- genau zwei Könige,
- drei Könige

gezogen werden?

208 Das Zufallsexperiment aus Beispiel 3 auf Seite 141 wird wiederholt, wobei jetzt die gezogene Kugel zurückgelegt wird, bevor die zweite Kugel gezogen wird.

a) Bestimme mithilfe eines Baumdiagramms die Wahrscheinlichkeiten der möglichen Ereignisse.

b) Wie groß ist die Wahrscheinlichkeit, dass die zweite gezogene Kugel schwarz ist?

c) Wie groß ist die Wahrscheinlichkeit dafür, dass beide gezogenen Kugeln grün sind?

Interaktive Aufgaben

1. Urne
2. Baumdiagramm ausfüllen (mit ZL)
3. Baumdiagramm ausfüllen (ohne ZL)
4. Produktformel (mit ZL)
5. Produktformel (ohne ZL)
6. Lose
7. Urne mit ZL
8. Urne mit ZL
9. Billard

Aufgabe im Stil der Abschlussprüfung

Aufgabe im Stil der Abschlussprüfung

Hauptteil I

1

a) Kreuze die richtige Lösung der folgenden Aufgabe an:
$0{,}835 \cdot 11{,}2 =$

☐ 0,9352 ☐ 9 352 ☐ 93,52 ☐ 9,352

b) Zeige, wie du mit einer Überschlagsrechnung die richtige Lösung finden kannst.

2

Berechne.

a) $140{,}58 - 39{,}123 - 0{,}07$
b) $-56{,}95 - 34{,}23 - 15{,}054$
c) $1{,}5^2$
d) $4\,556 : 8{,}5$

3

Wandle in die angegebene Einheit um.

a) 9,5 t in kg
b) 16 min in s
c) 8 dm^2 in cm^2
d) 4,5 ℓ in cm^3

4

Das Haar eines Menschen wächst durchschnittlich etwa 1 mm in drei Tagen. Wie viele Meter ist demnach das Haar eines 16-jährigen in seinem Leben gewachsen?

a) 20 m b) 4 m c) 2 m d) 40 m

5

a) Welcher Bruchteil des Rechtecks ist grau gefärbt?

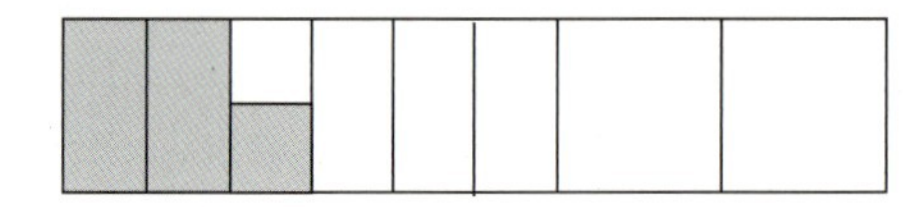

b) Färbe $\frac{2}{5}$ des Rechtecks.

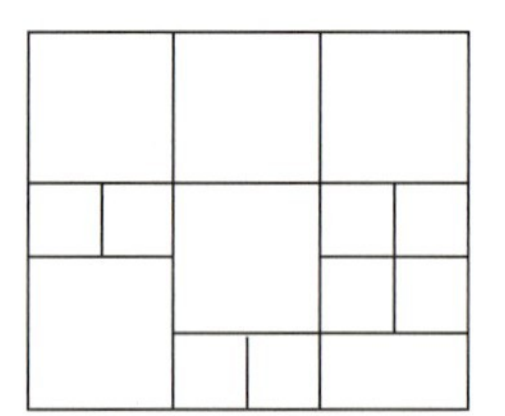

c) Gib einen Bruch zwischen $\frac{1}{3}$ und $\frac{1}{4}$ an.

6

In untenstehender Abbildung ist der Verlauf einer Radtour dargestellt.

a) In welchem Teilabschnitt war der Radfahrer am schnellsten? Begründe.

b) Mit welcher durchschnittlichen Geschwindigkeit (km/h) hat der Radfahrer die gesamte Strecke zurückgelegt?

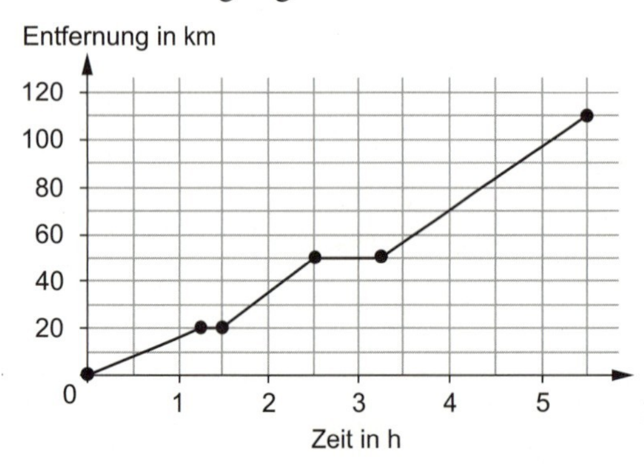

7 Das Diagramm zeigt die Anteile der wichtigsten Tätigkeiten eines Monteurs an einem durchschnittlichen Arbeitstag. Stelle die Anteile im Kreisdiagramm dar.

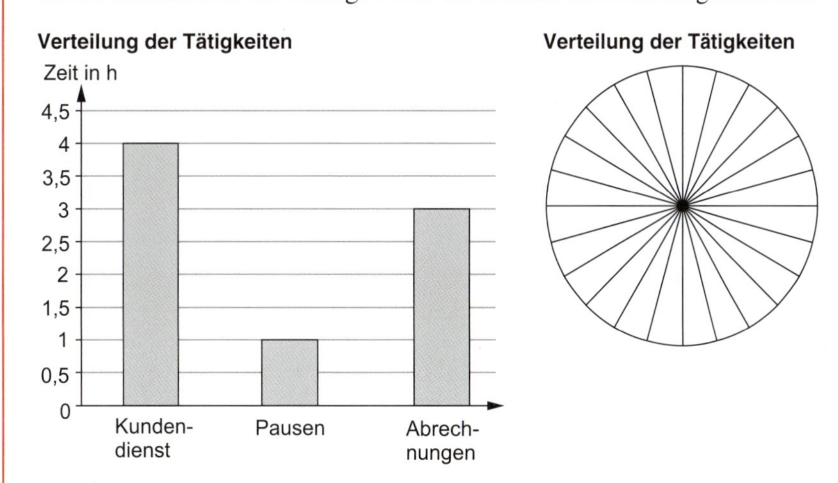

8 Anna möchte ein Handy zu einem Preis von 350 € kaufen. Sie zahlt 100 € sofort an. Zur Begleichung des Restbetrages erhält sie zwei Angebote:
Angebot 1: In 6 Monaten sind die 250 € fällig, zuzüglich 5 %.
Angebot 2: Rückzahlung in 6 Raten: Pro Monat sind 45 € zu zahlen.
Ermittle das günstigere Angebot. Begründe.

9 Der Teich einer Gartenanlage wird mit einem Schlauch gefüllt. Nach 3 h sind 1 200 Liter Wasser eingelaufen. Nach welcher Zeit sind 4 000 Liter im Teich?

10 Für eine Expedition mit vier Personen reicht der Vorrat an Lebensmitteln etwa 12 Tage. Wie viele Tage würde dieser Vorrat etwa reichen, wenn drei Personen an der Expedition teilnehmen?

11
a) Erhöhe den Betrag von 360 € **um** 20 %.
b) Vermindere den Betrag von 520 € **auf** 20 % des Betrages.
c) **Auf** wie viel Prozent wurde ein Wert vergrößert, wenn er verdreifacht wurde?
d) **Um** wie viel Prozent wurde ein Wert verkleinert, wenn er geviertelt wurde?

12 Lea legt 5 000 € auf ein Sparbuch, welches mit 4 % verzinst wird.
Stelle die Zinsformel $Z = \frac{K \cdot p}{100} \cdot \frac{t}{360}$ nach der Zeit t um und berechne nach wie vielen Tagen die Zinsen genau 5 € betragen.

13 Hannes hat beim Vereinfachen eines Terms leider zwei Fehler gemacht.
$(x + 7)^2 - 7(x + 3) = x^2 + 14x + 14 - 7x + 21$
a) Finde die Fehler, berichtige sie und vereinfache den Term.
b) Beschreibe, welche Fehler Hannes gemacht hat.

14 Berechne x:
$(x + 3)^2 - 5(x - 2) - 2x^2 = 124 - x^2$

Aufgabe im Stil der Abschlussprüfung

15 Bei einem Rechteck soll der Umfang 20 cm betragen. Die Seite a ist um 2 cm länger als die andere Seite b. Gib das Gleichungssystem an, mit dem die Seitenlängen a und b berechnet werden können.

a) I $a + b = 20$
II $a - 2 = b$

b) I $2a + 2b = 20$
II $a = b + 2$

c) I $2a = 20 - 2b$
II $a + 2 = b$

d) I $2a = 20 + 2b$
II $a - b = 2$

16 Zwei parallele Geraden g und h werden von zwei weiteren Geraden geschnitten. Berechne die Größe der Winkel α und γ.

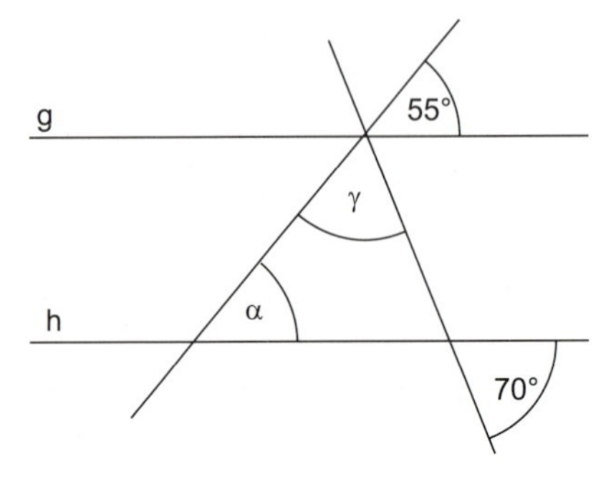

17 Um die Höhe eines Turmes zu bestimmen, wurden nebenstehende Strecken gemessen. Bestimme die Höhe h des Turmes.

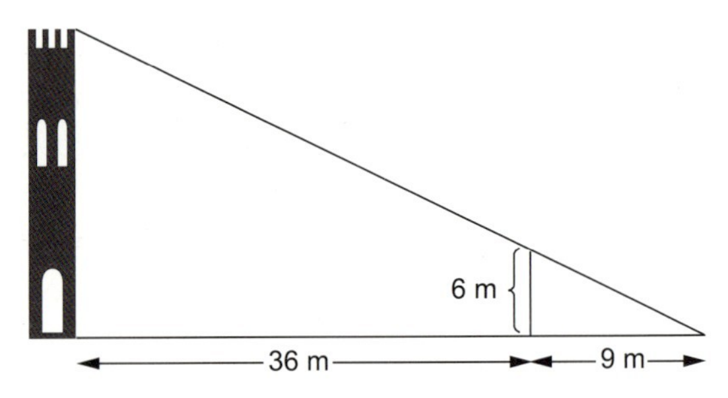

18 In ein Aquarium sollen 150 Liter Wasser passen. Wie hoch muss es mindestens sein, wenn es 5 dm breit und 6 dm lang ist?

19 Konstruiere die fehlenden Flächen, sodass ein vollständiges Netz eines Prismas mit trapezförmiger Grundfläche entsteht.

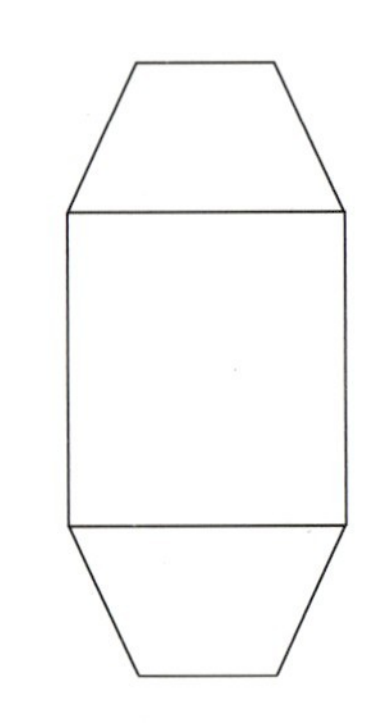

20 Gib an, mit welcher Formel sich das Volumen des abgebildeten Körpers berechnen lässt.
Es sind mehrere Lösungen möglich.

a) $V = (c^2 - 4a^2) \cdot h$
b) $V = 4 \cdot a \cdot b \cdot h + b^2$
c) $V = c^2 \cdot h - 4 \cdot a^2 \cdot h$
d) $V = c^2 \cdot h - 4 \cdot a \cdot b$

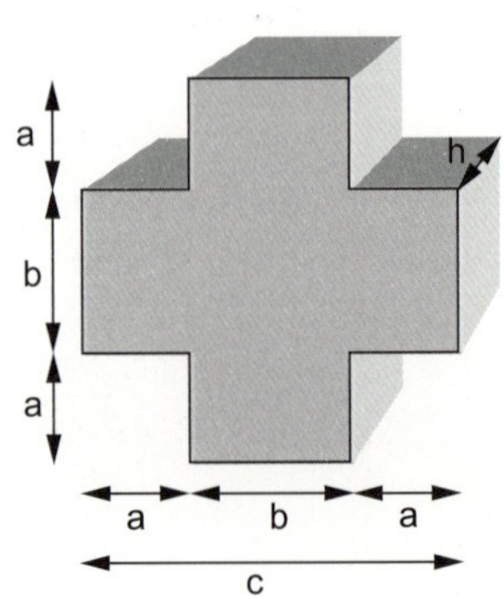

Hauptteil II mit Wahlaufgaben

21 Im Rahmen einer Werbeaktion soll die Form einer Salzverpackung auffälliger gestaltet werden (siehe Skizze).

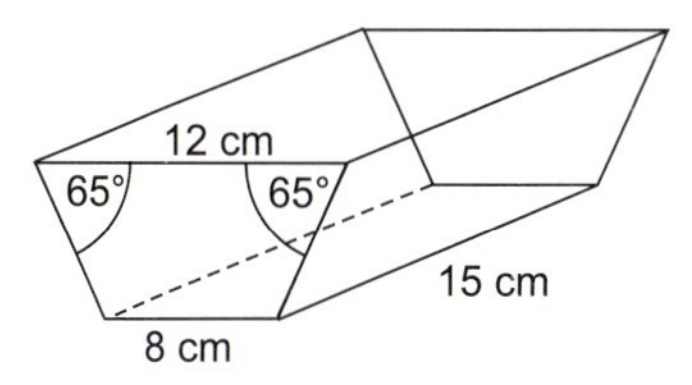

a) Wie viel m^2 Pappe wird für die Herstellung einer Packung benötigt, wenn man für Klebekanten und Verschnitt zusätzlich 16 % einkalkuliert?

b) Die Masse des verwendeten Salzes beträgt etwa 1,56 g pro cm^3. Bestimme die Masse, die in eine Packung passt, wenn diese vollständig gefüllt ist.

22 Manche Firmen verpacken Zucker kegelförmig, sodass ein Zuckerhut entsteht (siehe Skizze).

a) Wie hoch müsste ein Kegel mit einem Durchmesser von 12 cm sein, damit 650 cm^3 Zucker hineinpassen?

b) Wie viele Kubikzentimeter Zucker befinden sich ungefähr in dem Kegel aus Teilaufgabe a, wenn man ihn umdreht und bis zur halben Höhe h_k mit Zucker füllt?
Kreuze an und begründe deine Antwort.

☐ 80 cm^3 ☐ 130 cm^3 ☐ 250 cm^3 ☐ 325 cm^3

23 Eine Baugesellschaft plant, auf dem dargestellten Gebiet ein Sport- und Fitnesscenter zu bauen. Das Gebiet soll durch eine Straße, die von A nach C führt, in zwei Teile geteilt werden. Im linken Teil sollen Bungalows zum Vermieten gebaut werden, im rechten Teil die Sport- und Fitnessanlagen.

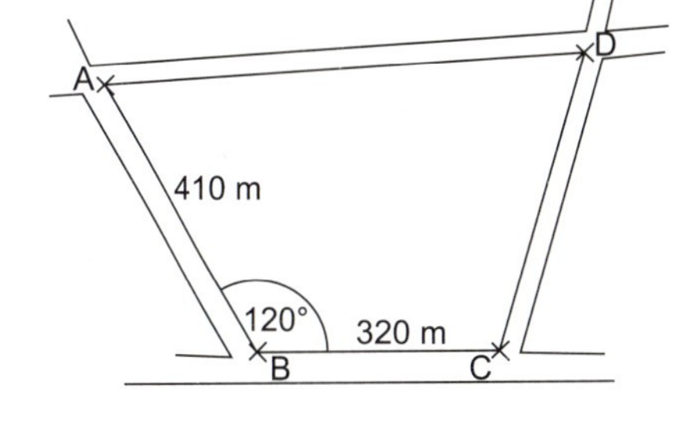

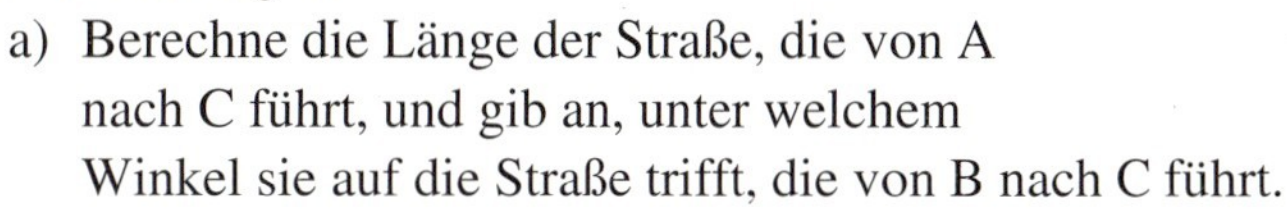

a) Berechne die Länge der Straße, die von A nach C führt, und gib an, unter welchem Winkel sie auf die Straße trifft, die von B nach C führt.

b) Im linken Teil ABC sollen 65 % der Fläche für Zufahrten und Bepflanzungen genutzt werden. Wie viele Bungalows kann es dann maximal geben, wenn pro Bungalow eine Grundfläche von mindestens 500 m^2 zur Verfügung stehen soll?

24 a) Skizziere die zeichnerische Darstellung eines Gleichungssystems (2 Gleichungen) mit *keiner Lösung*. Beschreibe den Verlauf der Geraden. Wie liegen sie zueinander?

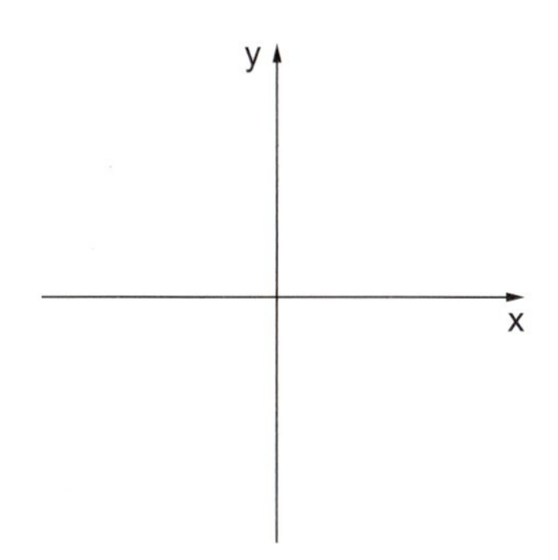

b) Notiere ein Gleichungssystem mit 2 Variablen x und y, für das es ebenfalls keine Lösung gibt.

Wahlaufgaben

25 In der Bäckerei Klinsi werden während der Erdbeersaison runde Törtchen mit frischen Erdbeeren und Sahne angeboten. Die kleinen Törtchen haben einen Durchmesser von 8 cm und kosten 1,50 €. Die großen Törtchen mit einem Durchmesser von 16 cm kosten 4,50 €. Anna überlegt, ob es günstiger ist, drei kleine Törtchen zu kaufen, oder ein großes. Was würdest du ihr raten? Begründe deine Antwort.

26 In einem Rechteck ist die Seite $a = 16$ cm und die Seite $b = 27$ cm lang. Verlängert man beide Seiten um dieselbe Länge x, so vergrößert sich der Flächeninhalt um 408 cm^2. Bestimme die Seitenlängen des großen Rechtecks.

27 Auf der Internetseite einer Autoversicherung findet man auf der Ratgeberseite folgende „Faustregeln" für den Straßenverkehr:

Faustregeln

Bitte Abstand halten! Aber wie viel? Lernen Sie die wichtigsten Faustregeln und Formeln am besten auswendig.

Bremsweg

- **Zehntel-Tacho hoch zwei**
  Formel für den Bremsweg s in Meter bei der Geschwindigkeit v in Kilometer pro Stunde: $s = \left(\frac{v}{10}\right)^2$

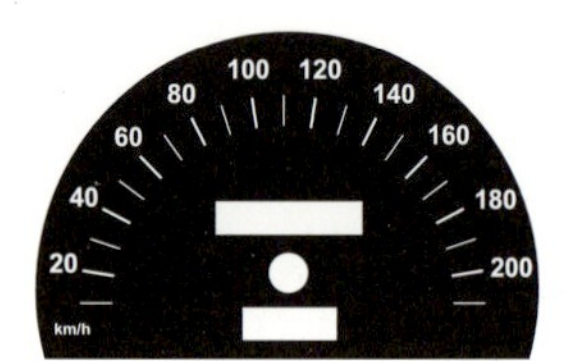

Abstandsregel

- **Halber Tacho**
  Für den Sicherheitsabstand außerhalb geschlossener Ortschaften gilt: „Sicherheitsabstand = halber Tachostand in Metern"

a) Berechne den Bremsweg für Geschwindigkeiten von $0\,\frac{km}{h}$, $10\,\frac{km}{h}$, $20\,\frac{km}{h}$, …, $100\,\frac{km}{h}$. Erstelle dazu eine Wertetabelle und zeichne den Grafen dieser Funktion in ein Koordinatensystem.

b) Peter meint, wenn ein Fahrer die Geschwindigkeit verdoppelt, so verdoppelt sich auch der Bremsweg. Hat er Recht? Begründe.

c) Berechne den Abstand, den man laut der Abstandsregel bei Geschwindigkeiten von $0\,\frac{km}{h}$, $10\,\frac{km}{h}$, $20\,\frac{km}{h}$, …, $100\,\frac{km}{h}$ einhalten sollte. Erstelle eine Wertetabelle und zeichne den Grafen in das Koordinatensystem der Teilaufgabe a. Weshalb ist diese Abstandsregel fragwürdig? Begründe.

28 Gegeben sind die Punkte $P_1(-2|-5)$, $P_2(2|1)$ und $P_3(10|-5)$, sowie die Geraden g_1: $y = 1{,}5x - 2$ und g_2: $y = -5$.

a) Zeichne die Punkte und Geraden in ein Koordinatensystem. ($-4 < x < 11$; $-6 < y < 11$; Einheit 1 cm)

b) Setze einen Punkt P_4 so, dass ein gleichschenkliges Trapez mit der Strecke $\overline{P_1P_3}$ als Grundseite entsteht. Verbinde P_2 mit P_4 und P_3 mit P_4 ebenfalls durch Geraden g_3 und g_4.

c) Notiere für P_4 die Koordinaten und für g_3 und g_4 jeweils die Funktionsgleichung.

d) Zeichne in das Trapez eine Normalparabel p so ein, dass ihr Scheitelpunkt im Trapez liegt und sie die Punkte P_2 und P_4 schneidet.

e) Gib die Funktionsgleichung der Normalparabel p in Scheitelform an.

Abschlussprüfung

Abschlussprüfung zum Realschulabschluss/Sekundarabschluss I
Niedersachsen – Mathematik 2019

Hauptteil I

1. Berechne.

2 Punkte

a) $240 - 65 =$

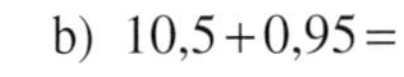

b) $10{,}5 + 0{,}95 =$

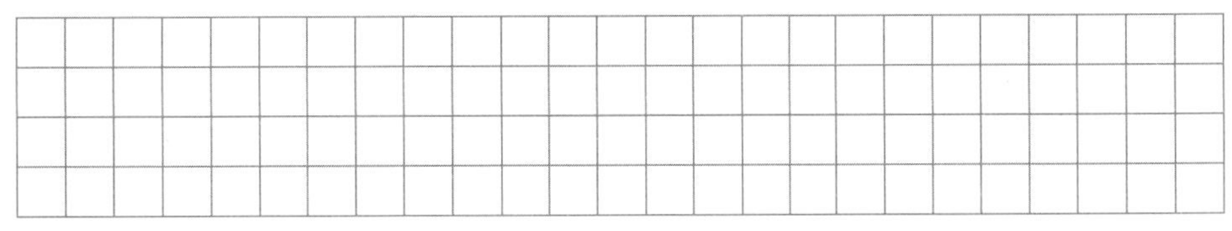

2 Punkte

c) $12 \cdot (-6) =$

d) $\frac{5}{8} : 2 =$

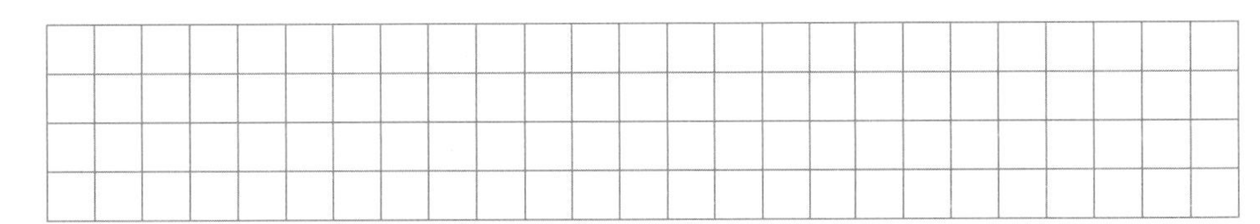

2 Punkte

2. Berechne.

$95 + 5 \cdot (20 - 5) =$

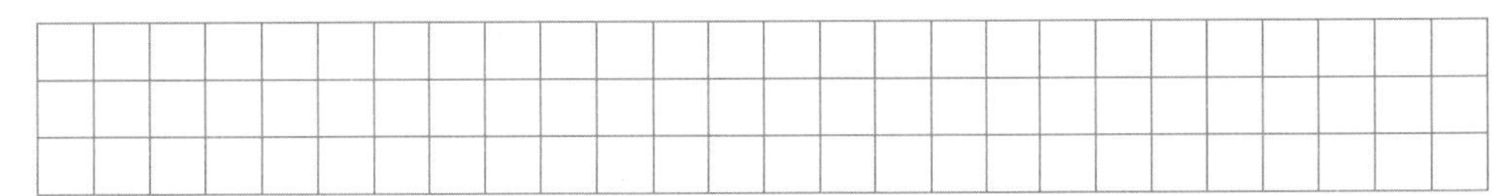

3. Gegeben ist der Term $2x + 3y + 4x - 5y$.

1 Punkt

a) Fasse den Term so weit wie möglich zusammen.

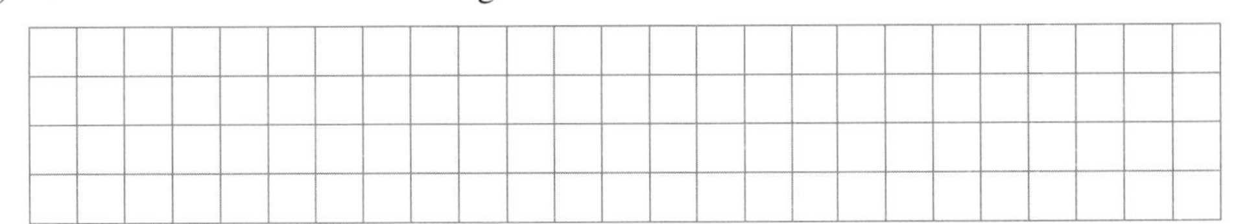

1 Punkt

b) Berechne den Wert des Terms für $x = 2$ und $y = -1$.

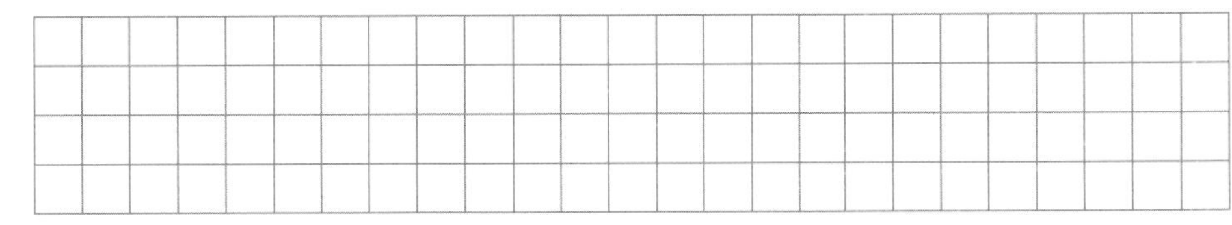

2 Punkte

4. Löse die Gleichung.

$2x+5=-4x+17$

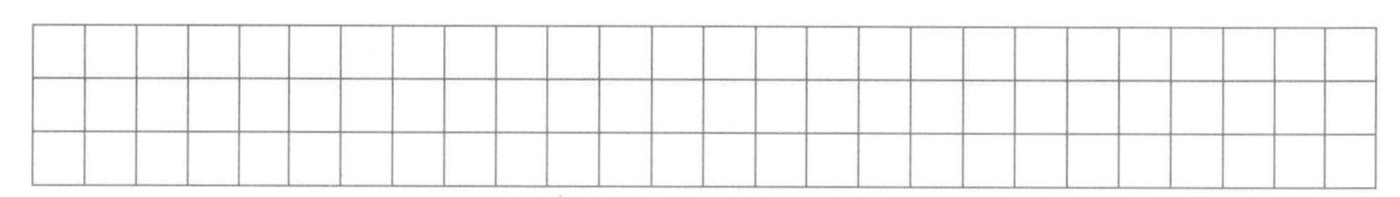

5. Abgebildet sind die ersten drei Figuren eines Musters.

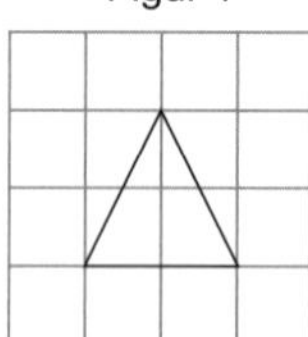

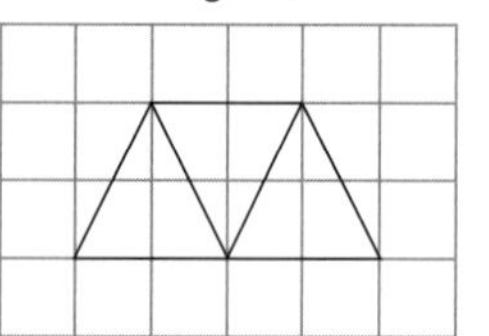

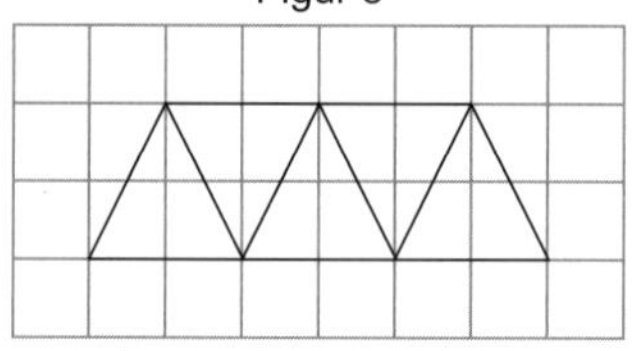

1 Punkt

a) Zeichne die Figur 4 des Musters.

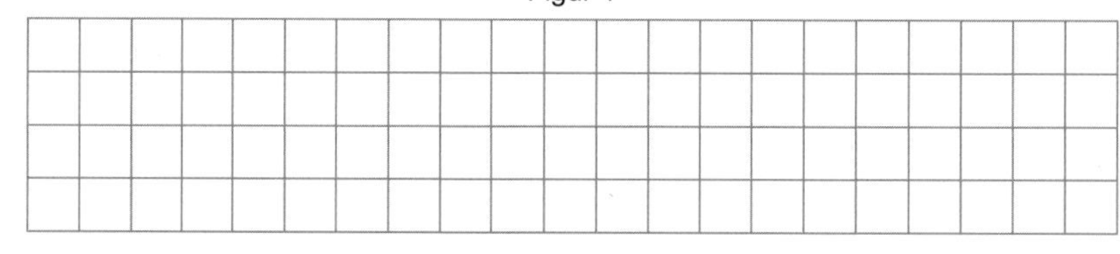

1 Punkt

b) Gib die Anzahl der Dreiecke in der Figur 10 des Musters an.

Die Figur 10 besteht aus _____ Dreiecken.

Die Anzahl der Dreiecke einer beliebigen Figur x des Musters soll bestimmt werden.

1 Punkt

c) Stelle einen allgemeinen Term in Abhängigkeit von x auf.

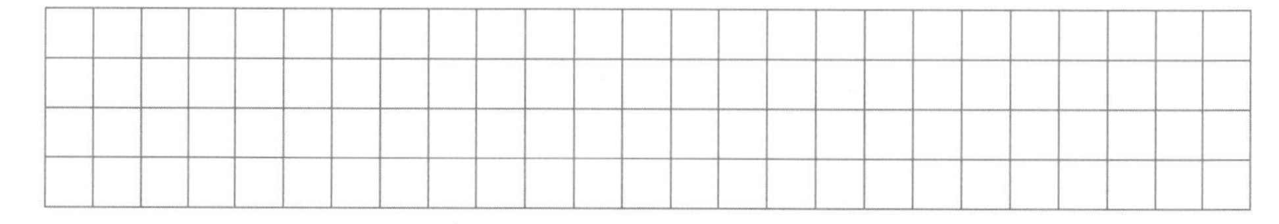

6. Ein Quadrat hat einen Umfang von 14 cm.

2 Punkte

a) Zeichne das Quadrat.

1 Punkt

b) Kreuze die richtige Aussage an.
Wenn sich der Umfang des Quadrates verdoppelt, dann …

- ☐ verdoppelt sich der Flächeninhalt des Quadrates.
- ☐ vervierfacht sich der Flächeninhalt des Quadrates.
- ☐ verachtfacht sich der Flächeninhalt des Quadrates.

2 Punkte

7. Gib die Größe der Winkel α und β an.

$\alpha =$ ______ °

$\beta =$ ______ °

α 32° β g h g||h

(Skizze nicht maßstäblich)

2 Punkte

8. Für einen Ausflug mieten 6 Personen einen Kleinbus zu einem Festpreis. Jeder muss 20 € bezahlen. Kurzfristig fahren 2 Personen mehr mit.
Berechne, wie viel jede Person jetzt bezahlen muss.

Jede Person muss jetzt ________ € bezahlen.

2 Punkte

9. Am Sportfest nahmen 400 Kinder teil. 80 Kinder erhielten eine Ehrenurkunde.
Berechne den prozentualen Anteil der Kinder, die eine Ehrenurkunde erhielten.

Eine Ehrenurkunde erhielten _______ % der Kinder.

10. Abgebildet ist ein Glücksrad.

1 Punkt

a) Färbe auf dem Glücksrad so viele Felder grau, dass die Wahrscheinlichkeit für „grau" $\frac{1}{4}$ beträgt.

Sabine möchte auf dem Glücksrad noch weitere Felder grau färben, sodass die Wahrscheinlichkeit für „grau" $\frac{1}{3}$ beträgt.

1 Punkt

b) Begründe, dass Sabine das bei einem Glücksrad mit 8 Feldern nicht kann.

11. An einem Tag wurde stündlich die Niederschlagsmenge und die Temperatur gemessen.

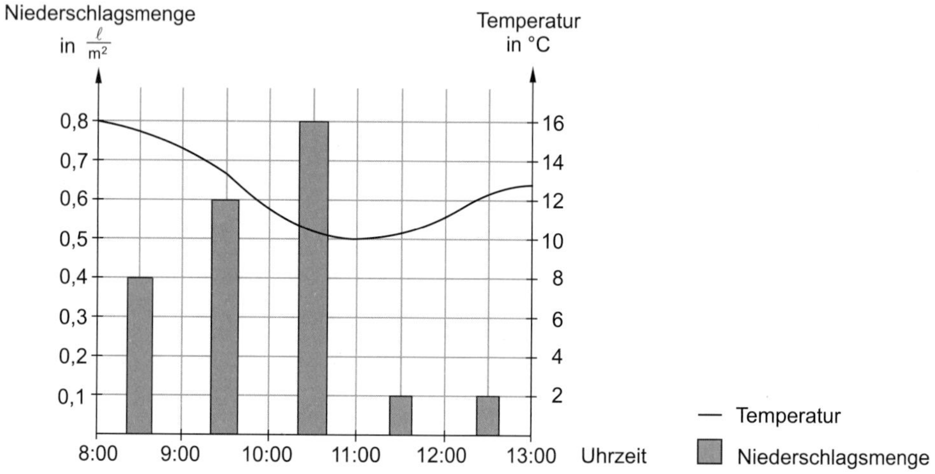

Niederschlagsmenge in $\frac{\ell}{m^2}$

Temperatur in °C

0,8 0,7 0,6 0,5 0,4 0,3 0,2 0,1

16 14 12 10 8 6 4 2

8:00 9:00 10:00 11:00 12:00 13:00 Uhrzeit

— Temperatur

Niederschlagsmenge

1 Punkt

a) Gib an, zu welcher Uhrzeit die tiefste Temperatur gemessen wurde.

Die tiefste Temperatur wurde um ________ Uhr gemessen.

2 Punkte

b) Berechne die durchschnittliche Niederschlagsmenge in dem dargestellten Zeitraum.

Die durchschnittliche Niederschlagsmenge beträgt ________ $\frac{\ell}{m^2}$.

1 Punkt

c) Begründe, dass die Temperaturen als Kurve dargestellt werden dürfen.

Hauptteil II mit Wahlaufgaben

Wichtige Hinweise für alle Aufgaben:
Runde Endergebnisse auf 2 Stellen hinter dem Komma.
Schreibe deine Lösungswege ausführlich auf.

Aufgabe 1

Ein Fahrradhändler macht das nebenstehende Angebot.

2 Punkte a) Berechne den Preis des Fahrrades.

850 €
– 20 %

Auf alle bereits reduzierten Fahrräder gibt es noch einmal 15 % Preisnachlass. Leon behauptet: „Dann kann ich doch gleich 35 % abziehen.“

2 Punkte b) Entscheide, ob Leon recht hat. Begründe deine Entscheidung.

Aufgabe 2

In einer Urne sind 2 grüne und 8 rote Kugeln. Marcel zieht zwei Kugeln, ohne sie zurückzulegen.

2 Punkte a) Ergänze im folgenden Baumdiagramm die fehlenden Wahrscheinlichkeiten. Verwende Brüche.

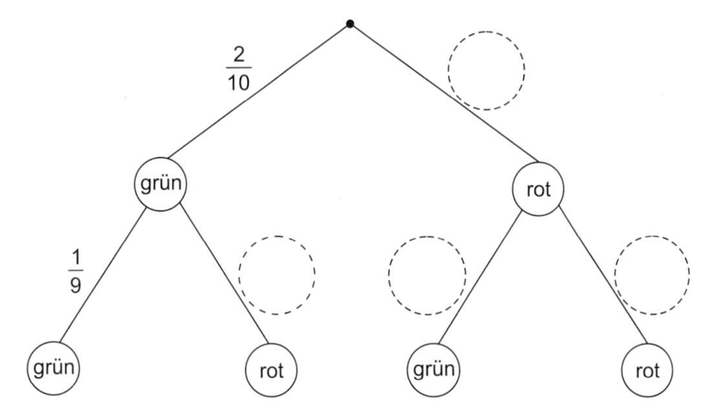

2 Punkte b) Berechne die Wahrscheinlichkeit, dass Marcel zwei grüne Kugeln zieht.

2 Punkte c) Berechne die Wahrscheinlichkeit, dass Marcel höchstens eine grüne Kugel zieht.

Aufgabe 3

Ein Glas enthält Tee mit einer Temperatur von 90 °C.

2 Punkte a) Die Temperatur des Tees nimmt pro Minute um 8 % ab. Berechne die Temperatur des Tees nach 10 min.

Im Kühlschrank hat der 90 °C heiße Tee nach 5 min eine Temperatur von 45 °C.

3 Punkte b) Berechne die prozentuale Temperaturabnahme des Tees pro Minute.

Aufgabe 4

Bei einem Schulfest werden Saft und Wasser verkauft. Annette bezahlt für 1 Glas Saft und 4 Gläser Wasser 13 €. Sandra bezahlt für 4 Gläser Saft und 2 Gläser Wasser 17 €.

2 Punkte a) Stelle ein lineares Gleichungssystem auf, mit dem du den Preis für ein Glas Saft und den Preis für ein Glas Wasser berechnen kannst.

3 Punkte b) Löse das Gleichungssystem und gib den Preis für ein Glas Saft und den Preis für ein Glas Wasser an.

(Solltest du Teilaufgabe a nicht gelöst haben, rechne mit $\left| \begin{array}{ll} \text{I} & 4x + y = 12 \\ \text{II} & 2x + 4y = 13 \end{array} \right|$ weiter.
Dabei ist x der Preis für ein Glas Saft und y der Preis für ein Glas Wasser.)

Aufgabe 5

Gegeben ist die quadratische Gleichung $x^2 - 6x + 5 = 0$.

3 Punkte a) Löse die Gleichung.

1 Punkt b) Gib den Zusammenhang zwischen den Lösungen der Gleichung und dem Graphen der Funktion $y = x^2 - 6x + 5$ an.

Aufgabe 6

Ein Rollstuhlfahrer muss eine 20 cm hohe Stufe überwinden. Dazu wird eine Rampe mit einem Steigungswinkel von 5° angelegt.

3 Punkte a) Berechne die Länge x der Rampe.

Aus Sicherheitsgründen darf die Steigung der Rampe höchstens 6 % betragen.

3 Punkte b) Überprüfe mit einer Rechnung, ob die Rampe lang genug ist.

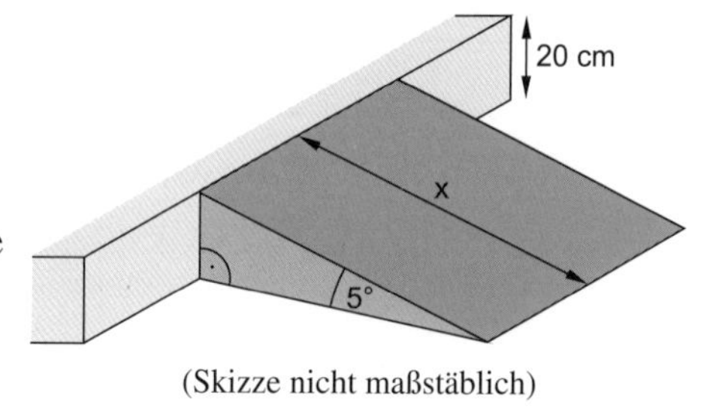

(Skizze nicht maßstäblich)

Aufgabe 7

Ein Oktaeder besteht aus zwei quadratischen Pyramiden.
Alle Kanten haben eine Länge von $a = 4$ cm.

3 Punkte a) Berechne die Höhe h_a einer Seitenfläche.

3 Punkte b) Berechne die Oberfläche des Oktaeders.

(Solltest du Teilaufgabe a nicht gelöst haben, rechne mit $h_a = 3{,}52$ cm weiter.)

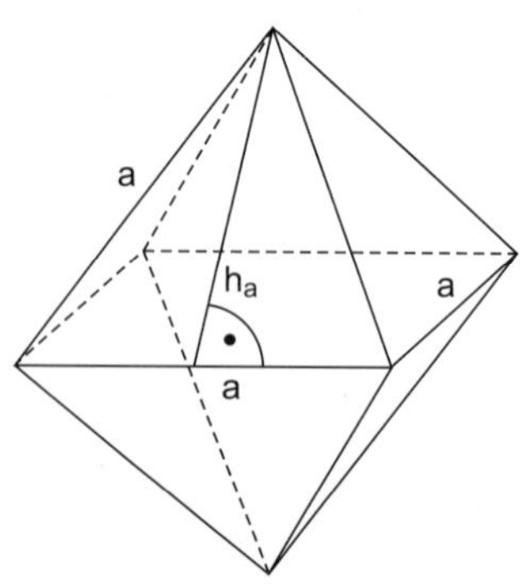

(Skizze nicht maßstäblich)

Wahlaufgabe 1

Justin steht auf dem Leuchtturm. Er misst zwischen dem Hafen und einem Schiff den Winkel $\beta_1 = 44°$.

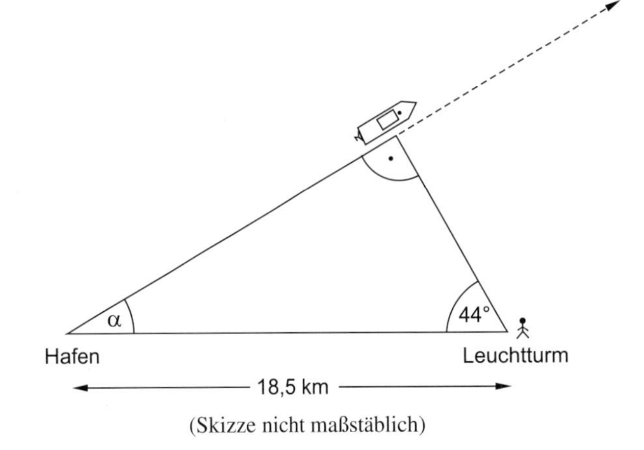

(Skizze nicht maßstäblich)

1 Punkt — a) Berechne den Winkel α.

2 Punkte — b) Berechne die Länge der Strecke vom Leuchtturm zum Schiff.

Das Schiff fährt auf geradem Kurs weiter. Justin misst den Winkel zwischen dem Hafen und der neuen Position des Schiffes. Der Winkel beträgt jetzt $\beta_2 = 78°$.

1 Punkt — c) Skizziere in die Grafik die Strecke vom Leuchtturm zur neuen Position des Schiffes.

4 Punkte — d) Berechne die neue Länge der Strecke vom Leuchtturm zum Schiff.

2 Punkte — e) Stelle eine allgemeine Formel für die Berechnung der Länge der Strecke x vom Leuchtturm zum Schiff in Abhängigkeit vom Winkel β auf.

Wahlaufgabe 2

Eine Sanduhr besteht aus zwei annähernd kegelförmigen Glasgefäßen. Die Sanduhr ist insgesamt 24 cm hoch und hat oben und unten einen Durchmesser von 9 cm.
Zu Beginn ist der obere Teil 8 cm hoch mit Sand gefüllt.

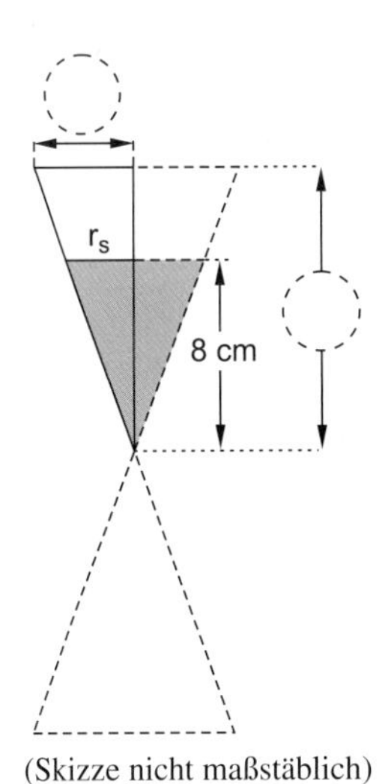

(Skizze nicht maßstäblich)

2 Punkte — a) Ergänze in der nebenstehenden Abbildung die fehlenden Maße.

2 Punkte — b) Berechne den Radius r_s des Sandkegels.

2 Punkte — c) Berechne das Volumen des Sandkegels. (Solltest du Teilaufgabe b nicht gelöst haben, rechne mit $r_s = 4$ cm weiter.)

Sobald die Sanduhr läuft, entsteht unten ein weiterer Sandkegel. Zu einem bestimmten Zeitpunkt sind die Grundflächen des Sand- und des Glaskegels gleich groß. Der Winkel zwischen dem Radius r der Grundfläche und der Seitenlinie s des Sandkegels beträgt 30°.

2 Punkte

d) Berechne die Höhe des Sandkegels zu diesem Zeitpunkt.

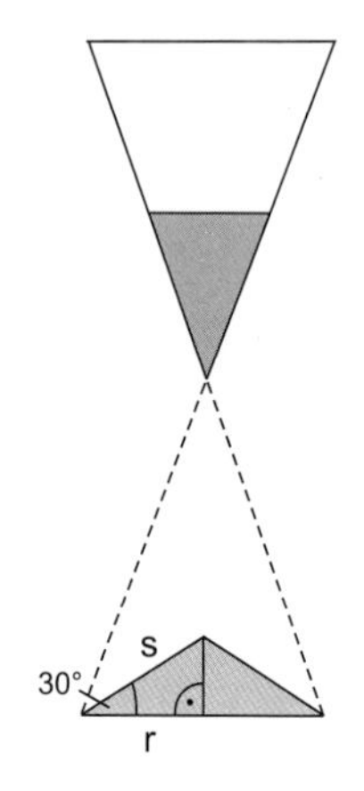

(Skizze nicht maßstäblich)

Bei einem anderen Sandkegel ist der Winkel zwischen dem Radius der Grundfläche und der Seitenlinie immer gleich groß. Lisa behauptet: „Verdoppelt sich der Radius des Sandkegels, dann ist der Sandkegel auch doppelt so hoch.“

2 Punkte

e) Hat Lisa recht? Begründe deine Aussage.

Wahlaufgabe 3

Der Computervirus *Minlock* verbreitet sich sehr schnell. Alle 2 Tage wächst die Anzahl der infizierten Computer um 40 %. Zurzeit sind 10 000 Computer infiziert.

2 Punkte a) Vervollständige die Tabelle.

Anzahl Tage x	0	2	4	6	8	10
Anzahl infizierte Computer y	10 000					53 782

3 Punkte b) Zeichne den Graphen in ein Koordinatensystem. (Wähle bei der x-Achse 1 cm für 2 Tage und bei der y-Achse 1 cm für 10 000 Computer.)

1 Punkt c) Ermittle, nach wie vielen ganzen Tagen 45 000 Computer infiziert sind.

2 Punkte d) Berechne die Anzahl der infizierten Computer 4 Tage vor Beobachtungsbeginn. Runde dein Ergebnis sinnvoll.

Die Anzahl der infizierten Computer soll nicht für alle zwei Tage, sondern jeden Tag berechnet werden.

2 Punkte e) Entscheide, welche der beiden Funktionsgleichungen das tägliche Wachstum des Computervirus beschreibt. Begründe deine Entscheidung.

$y_1 = 10\,000 \cdot 1{,}4^{\frac{x}{2}}$ $\qquad$ $y_2 = 10\,000 \cdot \left(\frac{1{,}4}{2}\right)^x$

Wahlaufgabe 4

Ein Torbogen hat annähernd die Form einer Parabel mit der Gleichung $y = -0{,}75x^2 + 5{,}25$.

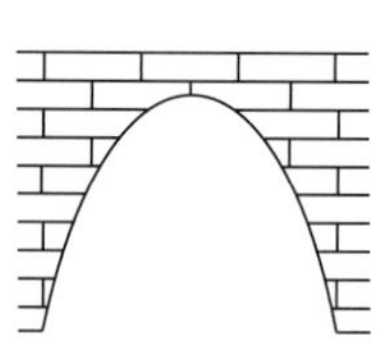

2 Punkte

a) Vervollständige die Tabelle.

Breite x (in m)	–3	–2	–1	0	1	2	3
Höhe y (in m)	–1,5		4,5				–1,5

3 Punkte

b) Zeichne den Graphen in ein Koordinatensystem.
(Wähle bei den Achsen jeweils 1 cm für 1 m.)

Der Torbogen hat eine Höhe von 5,25 m.

1 Punkt

c) Begründe, dass nur ein Teil des Graphen der Funktion $y = -0{,}75x^2 + 5{,}25$ den Torbogen abbildet.

Ein Lkw muss durch den Torbogen fahren. Der Lkw hat eine Höhe von 4 m und eine Breite von 2,50 m.

1 Punkt

d) Skizziere den Lkw mit den angegebenen Maßen in deine Zeichnung.

3 Punkte

e) Entscheide mithilfe einer Rechnung, ob der Lkw durch den Torbogen passt.